中國學術思想 研究輯刊

十一編

林慶彰 主編

第 10 冊

孔廣森經學思想研究

黃佳駿 著

花木蘭文化出版社

國家圖書館出版品預行編目資料

孔廣森經學思想研究／黃佳駿 著 — 初版 — 新北市：花木蘭
文化出版社，2011〔民 100〕
目 2+192 面；19×26 公分
（中國學術思想研究輯刊 十一編：第 10 冊）
ISBN：978-986-254-457-0（精裝）
1.（清）孔廣森 2.學術思想 3.經學
030.8 100000693

ISBN-978-986-254-457-0

9 789862 544570

中國學術思想研究輯刊
十一編 第 十 冊 ISBN：978-986-254-457-0

孔廣森經學思想研究

作　　者	黃佳駿
主　　編	林慶彰
總 編 輯	杜潔祥
出　　版	花木蘭文化出版社
發 行 所	花木蘭文化出版社
發 行 人	高小娟
聯絡地址	新北市永和區中正路五九五號七樓之三
	電話：02-2923-1455／傳眞：02-2923-1452
網　　址	http://www.huamulan.tw 信箱 sut81518@ms59.hinet.net
印　　刷	普羅文化出版廣告事業
封面設計	劉開工作室
初　　版	2011 年 3 月
定　　價	十一編 40 冊（精裝）新台幣 62,000 元

孔廣森經學思想研究

黃佳駿　著

作者簡介

黃佳駿,高雄市人,民國 66 年生。畢業於國立暨南國際大學中文學士班、國立彰化師範大學國文研究所碩士班,現就讀國立彰化師範大學國文研究所博士班。專長在於清代公羊學、清代禮學、清代義理學、先秦道家、晚清諸子學。進入研究所後受業於國立彰化師範大學張麗珠教授門下,早期的興趣在於清代思想與先秦道家,目前則全心投入於晚清諸子思想的研究。

提　　要

　　孔廣森(1752～1786 A.D),字撝約,又號檼軒,孔子第七十代孫,清代乾嘉學者,曾入姚鼐、莊存與、戴震之門,並長於治諸《經》、《公羊》、《三禮》、《大戴禮》等。而其治經之特色,能兼融各家學說的優點,去蕪存菁,以通說為標的,並多疏通清學與漢學之旨趣,《清史稿》說他有成「孤家專學」之意。可知孔氏實具有相當之學術企圖。乾嘉時期,恰好是禮學興盛之時,經學研究之熱潮亦帶動禮學的研究。而孔廣森的禮學,其旨趣在於對《三禮》與《大戴禮》的注解與詮釋,並積極的運用對禮圖、儀文的考證,以古禮之恢復為學術目的,故其禮學思想亦是清禮學研究的諸多代表議題之一。

　　至於孔廣森公羊學之著作,可視為清代《公羊傳》註解的開展,《清史稿》說他治《公羊》能「旁通諸家,兼采左、穀」有「成一家之言」的志趣。其《春秋公羊通義》與莊存與的《公羊正辭》皆為乾嘉公羊學的代表作,但在論述與理論之創新又多過於莊氏,故實具有研究上的意義與價值。有鑑於學界對孔廣森之研究仍為少數,而孔廣森其學亦頗有可觀處,因此本論乃針對孔氏之公羊學、禮學等,為其學術成果作一整理。再進而尋求其與漢學、清學之聯繫,而冀望能呈現孔廣森經學思想之體系。

　　此外,孔廣森的壽命並不長,於三十五歲遇祖母及父喪,在奔走與悲痛過度後夭亡,然清史對其紀載並不完備,且生平重要之佚事多有遺缺。故本論於研究其經學思想外,意欲詳為考證其年份事蹟,故特撰作其年譜,以此聊備學海同志研究興趣者之一籬,並俟方家之斧正。

感　言

　　這份論文的完成大致是經歷一年半的時間，如果再加上題目的擬定，與文獻的收集、大綱的纂寫等，前後也有兩年之譜了。但很幸運的是，在學業與生活上一直都有師長親友們的協助，讓我得以順利的完成這份論文。在學業上，我首先要感謝麗珠師的嚴厲教誨，沒有麗珠師的引導，恐怕在寫作上所遭遇的困難絕不謹於此，而老師的點播往往是鉅細靡遺，且字字珠璣，或許只是一個小細節，但卻可能是很大的學問。麗珠師的督導，使我深深的體會學術研究所必須下的工夫，是必須要有相當的耐心與細心的；而麗珠帥的自我要求近乎嚴苛，亦讓我見識到學術研究的專業與典範，這對於在求學階段的我，是有著相當的激勵影響的。此外，同門學長姐的提攜也使我獲益良多，昌佳學長、商琔學姐在學業上的幫助，每每於瓶頸之際，適時的伸出援手，這種雪中送炭的情感，讓我有深刻的感懷。

　　在生活上，則要感謝我家人的默默支持。我的父母雖無法日夜督促在側，但每天一通電話，如同親在身旁，有了這份鼓勵使我能更安心的投入學業，能為論文盡到最大的努力，而沒有後顧之憂。

　　或許，在寫論文的平常日子裡，有時也會萌生懈怠或者放鬆的心態，然即使如此，終日心中所掛念的仍然是未完成的論文，深怕有不足之處。荀子云：「全之盡之，然後學者。」戴震也說：「君子於書，懼其不博也；既博矣，懼其不審也。」因此唯有不斷的學習、反省，才是學問可以精進之道。如今這份論文得以完成，雖不敢視為精博，但反省與檢討仍是我學習一個很大的努力方向。

　　最後還要感謝在無形或有形中曾經幫助過我的親人師長。我心中有一份

慚愧，總以爲得之於人者太多了，但出於己力的卻是相當有限，如同陳之藩的「謝天」一般，或許最終並無法一一的致謝，但感激之意必然是常存於無言中。

佳駿　2006 年 12 月於台中

目

次

第一章 緒　論 …………………………………………………… 1

　第一節　研究動機、方法與研究文獻之回顧 ………… 1

　　一、研究動機與方法 ……………………………… 1

　　二、研究文獻之回顧 ……………………………… 4

　第二節　清代前中期的學術發展 …………………… 7

　　一、清初的經世思想 ……………………………… 9

　　二、清初疑經風氣的興盛 ……………………… 13

　　三、乾嘉考據學風之形成 ……………………… 21

　　四、清代新義理學的建構 ……………………… 27

　第三節　清前中葉《禮》學之發展 ………………… 33

　　一、清代《禮》學之繼承 ……………………… 35

　　二、清前中葉《禮》學之特色 ………………… 40

　　三、清代治禮名家舉隅 ………………………… 45

第二章 孔廣森傳略 ………………………………………… 51

　第一節　孔廣森之生平與年譜 …………………… 51

　　一、生　平 ……………………………………… 51

　　二、年　譜 ……………………………………… 53

　第二節　孔廣森與乾嘉學人交遊述略 …………… 61

　　一、孔廣森的師承 ……………………………… 62

二、孔廣森的交友 ………………………………… 68

第三節　孔廣森的學術著作述略 ………………… 71

一、《禮》學著作 ………………………………… 71

二、《公羊》學著作 ……………………………… 74

三、其他學術著作 ………………………………… 75

第三章　孔廣森的治經特色 ……………………… 79

第一節　以經傳、諸子釋經傳的解經方法 ……… 79

一、以經傳釋經傳 ………………………………… 80

二、以諸子釋經傳 ………………………………… 89

第二節　兼融各家學說的解經方法 ……………… 94

一、以漢學爲宗，兼採宋說 ……………………… 94

二、不溺於舊例，會通諸說 ……………………… 98

三、與乾嘉學術的呼應 …………………………… 99

第四章　孔廣森的禮學趨向 …………………… 103

第一節　《大戴禮記補注》的思想趨向 ………… 103

一、論「孝」 …………………………………… 103

二、論「明堂」 ………………………………… 105

三、論「陰陽」 ………………………………… 110

第二節　《禮學卮言》的經學思想 ……………… 115

一、對古禮的詮釋 ……………………………… 116

二、對典制的詮釋 ……………………………… 123

第五章　孔廣森的公羊學思想 ………………… 137

第一節　《春秋公羊通義》的禮學思想與政治觀 … 137

一、《春秋公羊通義》的「變禮」思想 ………… 138

二、華夷之辨與「大一統」思想 ………………… 143

三、強調戰爭的合理性 ………………………… 149

四、《春秋公羊通義》的「三世」說 …………… 153

第二節　《春秋公羊通義》的「三科九旨」與災異
　　　　思想 …………………………………… 159

一、《春秋公羊通義》之「三科九旨」 ………… 159

二、《春秋公羊通義》的災異思想 ……………… 169

第六章　結　論 ………………………………… 181

參考書目 ………………………………………… 187

第一章　緒　論

第一節　研究動機、方法與研究文獻之回顧

一、研究動機與方法

（一）研究動機

孔廣森者（1752～1786 A.D），字撝約，又號顨軒，孔子第七十代孫，清代乾嘉學者，曾入姚鼐、莊存與、戴震之門，並長於治諸《經》、《公羊》、《三禮》、《大戴禮》等。而其治經之特色，能兼融各家學說的優點，去蕪存菁，以通說爲標的，並多疏通清學與漢學之旨趣，《清史稿》說他有成「孤家專學」之意〔註1〕。可知孔氏實具有相當之學術企圖。乾嘉時期，恰好是禮學興盛之時，經學研究之熱潮亦帶動禮學的研究。而孔廣森的禮學，其旨趣在於對《三禮》與《大戴禮》的注解與詮釋，並積極的運用對禮圖、儀文的考證，以古禮之恢復爲學術目的，故其禮學思想亦是清禮學研究的諸多代表議題之一。至於其公羊學之著作，可視爲清代《公羊傳》註解的開展，與莊存與的《公羊正辭》皆爲乾嘉公羊學的代表作，但其論述與創新又多過於莊氏，故實具有研究上的意義與價值。有鑑於學界對孔廣森之研究仍爲少數，而孔廣森其學亦頗有可觀處，因此本論乃針對孔氏之公羊學、禮學等，爲其學術成果作一整理。再進而尋求其與漢學、清學之聯繫，而冀望能呈現孔廣森經學思想之體系。

〔註 1〕《清史稿》，收入《百納本二十五史》（浙江：浙江古籍出版社，1998 年），頁1501。

此外，孔廣森的壽命並不長，於三十五歲遇祖母及父喪，在奔走與悲痛過度後夭亡，然清史對其紀載並不完備，且生平重要之佚事多有遺缺。故本論於研究其經學思想外，意欲詳爲考證，聊備學海同志研究興趣者之一籬，並俟方家之斧正。

（二）研究方向與研究方法

1. 以聯繫清代學術為研究之議題

清代學術的發展，清初有所謂「經世」之學，乾嘉而後則重視「考據」的議題，然此二階段都必須是循經學爲根基而開展。本論乃以這兩個層次爲前提，進而涉入孔廣森經學之研究。

由經學的立場而論，清代學術之發展，即有相當濃厚的「經世」意味，誠如魏源所言：「《詩》《書》《禮》《春秋》備經世法。故〈坊記〉以《春秋》律禮，〈緇衣〉以《詩》《書》明治，體用顯微，同源共貫，于道之大而能博者，其亦具體而微矣。」〔註2〕經書本寄托經世之思想，清儒以爲是治學之本，於此經學實多有用力處。故論清學必不能遺此經世之旨趣。到了乾嘉時期，考據學興起，學者便以此作爲治經的途徑，而孔廣森身爲乾嘉學者，其師友亦是乾嘉學人，故其師承及學術之繼承，與考據學亦頗有聯繫。故本文之研究孔廣森經學，於清代經學之源流亦作一釐清，以此知巽軒之學術淵源，循皮錫瑞之說：「學者誠能於經學源流正變研究一過，即知今之經學。」〔註3〕因此本論析辨清學術之發展與源流，又闡明巽軒之學與乾嘉學術的聯繫，進而探討巽軒學術研究之方向。

2. 以聯繫先秦漢代學術為研究之議題

孔廣森之學術多有發明先秦漢代之學術，故會通孔氏學術與先秦漢代學術的聯繫，乃爲本文重要的旨趣之一。從解經之旨趣而論，其有以經傳釋經傳及集眾說釋經傳之特色。在禮學上，孔氏多借重《三禮》及鄭玄等漢儒之說，嘗曰：「敢希後鄭足，申禪于毛義。」〔註4〕故其景仰鄭玄之學，則充分表現在禮學上。鄭氏注《三禮》不囿於一家之言，而是能會通諸《禮》，其治

〔註2〕 魏源：〈子思子章句・序〉，收入《皇朝經世文編》（台北：文海出版社，1966年），卷五，學術五，頁19。

〔註3〕 皮錫瑞：《經學歷史》（台北：藝文印書館，2004年），頁381。

〔註4〕 孔廣森：《大戴禮記補注・序錄》，收入《續修四庫全書》（上海：上海古籍出版社，1995年），第一〇七冊，頁510。

經理念亦爲孔氏所取，姚鼐曾贈之〈儀鄭堂記〉曰：「鄭君康成總集其全，綜貫繩合，負閎洽之才，通群經之滯義。……撝約願不自足，作堂於其居，名之曰『儀鄭』，自庶幾於康成，遺書告余爲之記。」〔註5〕因此孔氏仰慕鄭玄之學明矣，其書齋又名爲「儀鄭」，可知顯然有效法鄭學之意。此外，孔氏亦廣引諸子之言解《禮》，乃知其禮思想並無崇門之見。而其公羊學，則多藉董仲舒、何休之說，此二儒爲漢代公羊大家，孔氏對二儒之理論有繼承亦有創新，故孔氏之公羊思想與漢代公羊學實頗有淵源。從以上言，論孔廣森之經學研究則必然是須由先秦兩漢學術著手了。

3. 以禮學、公羊學爲主軸之研究議題

　　孔廣森所重視者在於禮學、公羊學，故本文乃以此爲探討之主軸。孔氏之學，受注目的有《春秋公羊通義》、《大戴禮記補注》、《禮學巵言》等書，孫星衍曾論其：「言爲《三禮》及《公羊春秋》之學，或自道其所得超悟絕人。」〔註6〕可知孔氏對於二學之研究，實具有相當的識見與成績。而孔氏亦嘗在《春秋公羊通義·序》自言：「冀備一家之言。」〔註7〕可知其於此學實具有相當之企圖心。因此，本論便針對其禮學與公羊學而加以探討，並冀望對孔氏之諸多論點給予析辨與論述。

　　此外，在經學的研究方法上，另以兩個層面的方法來深入對孔氏經學之探討。首先，禮學著重的是具體的事物，故必須以實際的典制儀文與圖器之輔助而突顯其義，於此乃借重張壽安先生之禮學論點爲方法的主軸，其以爲：

> 禮學思想的研究，很難以單一概念或相關概念組群的方式來進
> 行，……而且在進行討論時也很難純用思維方式，而必須有具體指
> 實。……它必須針對特定禮典，展開每一細節之儀文的討論。並至
> 少得含攝四個方面：禮經、禮制、禮教、禮俗。〔註8〕

張先生視「禮經、禮制、禮教、禮俗」爲禮學研究四個不可缺的概念，而此

〔註5〕《惜抱軒文集》，收入《惜抱軒全集》（台北：世界書局，1960年），卷十四，頁109～110。
〔註6〕〈儀鄭堂遺文序〉，收入《百部叢書集成》（台北：藝文印書館，2001年），《文選樓叢書》之《儀鄭堂文》，第十三函，卷二，頁13。
〔註7〕孔廣森：《春秋公羊通義·序》（台北：復興書局，1961年），頁8194。
〔註8〕張壽安：《十八世紀禮學考證的思想活力·緒論》（台北：中央研究院近代史研究所，2001年），頁21。

四概念所涉及的層面，則大致可呈現其所認為禮學研究之「禮意」與「禮儀」兩個議題。故對於孔廣森之禮學研究，本論乃以「禮經、禮制」之運用為主，其中「禮經」即儒典之《禮》書，「禮制」即《禮》書所闡明之儀文禮制，故可通過此「禮經、禮制」之緒，而旁及於「禮教、禮俗」等俗世禮典之探討。因此治禮由《禮》經入手，並進而處理與禮學相關之議題，此亦符合清儒所講求「經世」之旨，顧炎武所謂：「故凡文之不關於六經之指，當世之務者，一切不為。」〔註9〕因此作為經學一環之禮學，亦是由通過對諸《禮》經之疏通而開展，此與顧氏所標榜的「通經」以「致用」論點實不違。

至於公羊學的研究方面，本論乃先設定《春秋》經傳的幾個特質，一為視《春秋》為一部闡述歷史哲學之著作，也就是《春秋》之作者，是有意藉《春秋》二百四十二年之史事，而闡揚其哲學思想之意旨的；二是認定孔廣森之思想，是存有一定的「天人」旨趣。從上述二層意義而論，則孔氏之公羊學可從兩個方法切入，一是以西哲黑格爾的「歷史哲學」觀點而闡釋。也就是其《歷史哲學》所認同的，所謂「哲學用以觀察歷史的唯一思想，便是理性這個簡單的概念。」〔註10〕以此來疏通《春秋》經傳之史傳性格，則可凸顯與歷史聯繫的實際狀況，亦闡明《春秋》作者對《春秋》史事認同之重要性。二是借重董仲舒之《春秋》學。從孔廣森之公羊學思想而論，其與董仲舒的觀念實有合同處，而此亦影響其對理論之解釋，其嘗言：「漢初，求六經於燼火之餘，時則有胡毋子、董仲舒皆治《公羊春秋》。……胡毋生、董生既皆此經先師，雖義出傳表，卓然可信。」〔註11〕漢初，治公羊學有胡毋子、董仲舒等學者，二儒大致可代表當時《春秋》研究的一個思想趨向。而孔廣森多援用董氏之學以解釋《春秋》，如其「三科九旨」、陰陽思想、災異思想、華夷之論等，皆涉於董氏之論。因此經由董仲舒之見解，則更有助於釐清孔廣森之公羊學思想與漢代公羊學之間的意義。

二、研究文獻之回顧

學術界關於孔廣森學術的研究專論目前仍然不多，除了博碩士論文無專

〔註9〕顧炎武：《亭林詩文集‧與人書三》，收入《續四庫全書‧集部‧別集類》（上海：上海古籍出版社，1995年），冊一四〇二，卷四，頁108。
〔註10〕黑格爾著，王造時譯：《歷史哲學》（上海：上海書店出版社，2001年），頁8。
〔註11〕《春秋公羊通義》，頁8190～8192。

篇研究外，亦無關於孔廣森學術研究的專書。考察海峽兩岸現有研究成果的單篇論文，孔廣森的公羊學是最爲注目的研究領域，而清代的禮學研究總論部分也對孔廣森的禮學有所略述，但都不是成篇的專論。其次，孔廣森的音韻學部分也多有學者加以鑽研，但本篇並不以音韻小學爲研究方向，爲了避免過份離題，故不針對義理思想研究之外的議題發論。要對人物作思想性的全面研究，需博採眾說並加以分析，所以歸納與彙總前人的研究要點，也是本研究的重要工作之一。

（一）孔廣森學術總論研究之文獻

《清史稿》的〈儒林傳〉有孔廣森的專傳，對於孔廣森的家世與生平，提供了史實上的證據，不過其細節多有疏略，故仍有待考究。此外，清代江藩的《國朝漢學師承記》則爲孔廣森立了專傳，處理了孔廣森與乾嘉學人的師承和交遊狀況，對於孔廣森與當時文人的往來關係提供了相當多的資料〔註 12〕。其次，民國初年徐世昌所編的《清儒學案》則列孔廣森學術爲「巽軒學案」，並對其學術著作作略述，其以爲廣森：「特達經史小學，沈覽妙解，所學在公羊春秋。」〔註 13〕可知學術界認同孔廣森的成就之一，即在其公羊思想之建立。另又比較孔廣森與武進莊存與、劉逢錄公羊二家立說宗旨之異。近人楊向奎所編的《清儒學案新編》則繼承《清儒學案》的研究方法，亦可參考之。

（二）孔廣森《禮》學思想研究之文獻

孔廣森的禮學著作有《大戴禮記補注》及《禮學厄言》一書，但專論孔廣森禮學思想的專篇論文目前還是屬於空白的一頁。至於清儒對於孔廣森禮學的整理，有王聘珍之《大戴禮記解詁》十三卷，其中多引孔廣森之說，並對其說法多有發明，或以補充，或以校正，頗可參考之。另外，清末民初的孫詒讓有《大戴禮記斠補》一書，亦多有參考孔氏著作，且以爲歷來注《大戴禮記》者，以孔廣森的《大戴禮記補注》爲善本，故此書實可與孫氏本相互參看。民國初年的王樹柟先生著有《校正孔氏大戴禮記補注》一書，旨在爲《大戴禮記補注》校正與考訂，使孔氏之說更趨完備。其次，今人方向東

〔註 12〕江藩：《國朝漢學師承記》，收入《奧雅堂叢書》（台北：華聯書局，1965 年），第十八冊，卷六，頁 17～22。

〔註 13〕徐世昌：《清儒學案·巽軒學案》（台北：世界書局，1979 年），卷一〇九，頁 7523。

先生的〈大戴禮記釋詁〉一文，對孔廣森及治《大戴禮記》各家的文字與用例多有比較與分析，故亦可參考之。〔註14〕

（三）孔廣森《公羊》學思想研究之文獻

　　學者對於孔廣森的論述，以研究其《公羊》學的單篇論文居多，在內容方面也最爲詳細，並且以比較的方法，研究與其他清代《公羊》學說體系的關係。如陳其泰先生的《清代公羊學・復興序幕的揭起》一文就對孔廣森的《公羊》學思想作全方位的批評，以爲孔廣森雖自立創三科九旨，但根本上卻不能分別今文與古文兩家解經的一些問題〔註15〕。其次，對於孔廣森的《公羊》學與其它家《公羊》學的比較，近年來有楊濟襄先生的國科會研究專案〈天道、王法、人情——從「釋義取捨」論孔廣森《公羊通義》與何休《公羊解詁》解經觀點之異同〉，其主旨是對孔廣森與何休兩家的《公羊》學作異同的比較；又〈孔廣森公羊學之「三科九旨」論述〉一文，則探討了孔廣森受爭議的「三科九旨」思想，並與漢代的公羊家之旨趣作一比較。而丁亞傑先生所撰的〈孔廣森公羊通義的學術系譜與解經方法〉一文，旨在釐清孔廣森的《公羊》學說與其師承學者學術的差異，文中導出孔廣森與莊存與、姚鼐、戴震等三學者師承的關係，及學術上的差異。其次，又論述了孔廣森解《公羊傳》的態度，認爲孔廣森的方法是不拘漢宋門戶之見，而兼採漢宋之說。此外，陳居淵先生撰有〈論孔廣森與劉逢錄的公羊學研究〉一文，明白指出清代中葉兩位公羊學者，在歷史觀與解經思想上的差異〔註16〕。而陸振岳先生的〈常州公羊學派的萌生及演進〉，則論述了孔廣森與常州學派的關係，其提出孔廣森的《公羊》學非源於戴震的經學，而是師承於莊存與的《公羊》學，此文的看法對釐清孔廣森之公羊學系譜有一定的幫助。〔註17〕

　　綜觀以上，孔廣森思想的首要是爲禮學和公羊學，經兩學的互證推衍可深入其思想核心，則孔廣森的學術思想明矣，其「經世」的理想亦可得於其

〔註14〕方向東：《大戴禮記釋詁》（江蘇：南京師大學報，2000 年 9 月第五期），頁136～140。

〔註15〕陳其泰：《清代公羊學・復興序幕的揭起》（北京：東方出版社，1997 年 4 月），頁79～94。

〔註16〕陳居淵：〈論孔廣森與劉逢錄的公羊學研究〉，收入《孔子研究》（山東：中國孔子基金會，1995 年第二期），頁76～84。

〔註17〕陸振岳：〈常州公羊學派的萌生及演進〉（江蘇：江蘇社會科學學報，2000 年第二期），頁133～139。

中。前人學者對於孔廣森研究的用力是相當有學術價值的，且值得後進者以此爲重要的學術參考更爲精進。筆者拙劣，對於前人的研究成果應虛心進修，並加以整理與彙總出一套完整的思想體系，以期待顯現孔廣森學術思想的全旨，進而對清代的學術研究提供一份淺薄的貢獻。

第二節　清代前中期的學術發展

　　清代前中期學術的發展，到了乾嘉時期成爲一個巔峰，此時的考據學成爲乾嘉學術的重心，學者的大舉加入蔚成風潮，著作也如雨後春筍般的相繼問世，可謂儒學史上的一大盛況。其次，理學的餘波仍在學界蔓延，但學者未必能完全接受，所以持反對的學者便積極提出新論點，以先秦的經典再結合新的研究方法，故能開拓清代的義理思想。

　　從學術流變的觀點而言，清學能興盛之因有二，一是外緣環境的影響，二是學術內部特質的轉移。外緣因素雖非學術轉移的核心條件，但由外緣而來的政治、社會問題，是造成明末清初的學術環境轉變的重要因素之一。清初，滿人剛入關時便採取高壓的政策，以方便於統治，滿漢之分的隔閡造成社會極大的恐懼，漢人的地位終究是逃不出被統治異族貶低的命運。至於士人，清廷對其是又怕又愛，對於士人的管理政策，先是大舉以文字獄的殘忍手段，肅清其對清政權的不滿，因此清代初期因文字而遭禍的士人屢見不鮮。如康熙二年的「明史案」，莊廷鑨被殺，牽連下獄者有兩百多人，七十餘人死亡，其中以社集文人居多；又康熙五十年的「《南山集》案」，戴名世被處斬，方孝標戮屍，方苞（1668～1749 A.D）被下獄，死有七十餘人，株連者數百人，《清史稿・方苞傳》言此事曰：「五十年，副都御史趙申喬劾編修戴名世所著南山集、子遺錄有悖逆語，辭連苞族祖孝標。名世與苞同縣，亦工爲古文，苞爲序其集，並逮下獄。」〔註18〕可見清初的高壓統治之殘酷，目的就是要針對士人的言論與著作，進而整頓異己者。因此，在這種社會環境下，士人多不敢談論時政，而是潛身寄言於學術研究之中，抱持言論低調，轉而以著述爲安。但是，清政府未必就忽略了士人的社會影響力，當政局稍安定後，便採取功名籠絡的手段，來吸引漢人學者的投效，比如招攬知名的士人領袖入博學宏詞科，或者加開恩科取士等，以利祿的手段誘使士人歸心。如錢謙

〔註18〕《清史稿・方苞列傳》，頁 1152。

益降清後，竟官至禮部侍郎，明史館開館後又除史局副總裁，可謂重用；又，吳偉業（1609～1671 A.D）本爲明末官吏，受到清廷詔舉，入京後授秘書院侍講，後官至國子監祭酒，此二人雖晚節不保，但清廷以清流待之，可說是極諷刺之事，這種文人領袖受清廷詔舉的例子，實有其政治的意味在。然而，姑且不論是否有政治上的考量，清政府之所以能夠優恤士人，統治者的好儒學卻也是原因之一。如康熙皇帝本人的熱愛儒學，其推廣儒學頗用其力，甚至以儒生自許，康熙十年，康熙帝恢復了中斷多年的經筵大典，使春秋二季的經筵講學成爲儒學界的一大盛事，和明代相比，儒學顯然更受禮遇；之後，又親身拜謁孔廟，以三跪九叩之禮來祭祀孔老夫子，在當時成了一段佳話，此舉不但得到許多文官的支持，更籠絡了不少山東士人的心，使讀書人甘願爲清廷服務。客觀的說，康熙之世是中國史上難得的盛世，自明代中葉以來社會就未曾如此安定過，所以在這種良好的時空環境，是極有利於學術事業發展的，士人在這種環境的激勵下，莫不大舉對學界投入心力，於是清初學術便逐漸走入榮景。

而清學能夠取代宋明理學成爲學術主流，其學術內部特質的轉移，實爲重要。當理學末流還未完全在明末清初之際衰敗時，學者就已主張學術要能「經世致用」，顧炎武認爲理學的源頭還是在經學，所以傳統經學的回歸，才能導正理學所帶來的學術問題及其所影響的社會風氣〔註19〕。故亭林曰：「故凡文之不關於六經之指，當世之務者，一切不爲。而既以明道救人，則於當今之所通患而未嘗專指其人者，亦遂不敢以辟也。」〔註20〕顧炎武認爲寫文章應當能與六經相貫通，並且需留心當世事務，以至於能端正社會的民情。其又曰：「所謂聖人之道者如之何，曰：『博學於文。』曰：『行己有恥。』自一身以至於天下國家，皆學之事也。」〔註21〕顧氏所謂聖人之道的內容，便是以博學爲出發點，然後最終能端正道德修養，以至於天下國家之事，這亦可以視之爲顧氏的經世理念，顧氏能以天下國家爲終身學問的依歸，實具有

〔註19〕 考亭林畢生言語，其未嘗有「經學即理學」一語，近世學者喜用此說，實爲全祖望撰〈亭林先生神道表〉時所引亭林生平語，今特究之。〈亭林先生神道表〉云：「古今安得別有所謂理學者，經即理學也。自是舍經以言理學者，而邪說以起。不知舍經學，則其所謂理學者，禪學者。」此見全祖望：《鮚埼亭集》，收於《續修四庫全書》，集部，第一四二九冊，卷十二，頁 56 下。

〔註20〕 《亭林詩文集‧與人書三》，頁 108。

〔註21〕 《亭林詩文集‧答友人論學書》，卷三，頁 90。

大儒的風範。總之，顧炎武雖未曾在政治上達到他的用心，但在學術上卻極力標榜，所以清初學術的入門即由經書入手，而以天下國家和人倫日用為職務，學者在吸收了這種觀念後，甚至影響了整個清代學術。

清初的經世之風興起後，學界逐漸重視務實的治學理念，在實證精神與考證方法的推波助瀾之下，更帶動了乾嘉考據學盛況，這百年中間的學術事業是名家輩出，著述的繁富亦精彩可期。首先是疑經風氣的成立，士人對於經典的正確性提出質疑，於是建立了講求證據，實事求是的學術精神，在這種風氣下學界為一變，由疑經再轉入更為寬廣的學術領域，再經過數十年學術成果的累積，清學終於建立了質樸務實的考據學風，並且廣泛的深入各個學科，如文字、聲韻、金石、訓詁、校勘、輯佚等。此外，考據方法所講求的實事求是，並非就是小學的專利，以考據經史的研究方法，以致於義理思想的解析，這其中所存在的新論點、新解釋方法，都是學術發展所面臨的新課題。

一、清初的經世思想

清學的特質是屬於儒學的經驗層面，十七世紀以降的中國興起的一股傾向實證的、應用的新學問，其中求知求實的經驗論成為一個普遍的核心問題。事實上，先秦儒學自孔孟荀以來，在理論系統上大致得以全面，基本上已經俱備「天人之學」方面的議題，在《論語・憲問》的文辭中所謂：「不怨天，不尤人，下學而上達，知我者其天乎。」〔註22〕這其中的「天」，可視為萬物之本源，更是人情事物的歸依，而「人」指的是人事，「學」則是人事之功夫，下學上效以貫通天人之際，乃是「天」理與「人」情之間的統一，是「人」情之所以能參透「天」道的功夫。故從《論語》的文辭論「天」理與「人」情的關係，可知儒家對「天」與「人」是並重的，這也是前儒所謂無人情則無可行天理也，人情通過學的功夫便可上達天理。然而，宋明理學所強調的，卻是一個趨向形上之本「體」的學術，專以形上之天、理來總括人情心性的變化，宋儒曰：「人之一心，天理存則人欲亡，人欲勝則天理滅。」又曰：「學者須是革盡人欲，復盡天理，方始是學。」又曰：「有天理自然之安，無人欲陷溺之危。」〔註23〕明顯對天理的論述要重於人情，天理對於人

〔註22〕《論語注疏・憲問十四》，收入《十三經注疏》，第八冊，頁129。
〔註23〕見朱熹：《朱子語類》，收入《朱子全集》（上海：上海古籍出版社，2004年），第十四冊，卷十三，頁388～389。

則是有指標作用，並有絕對的主導地位，此是宋儒過於重天理而忽略人用的明證。相對的，清學則呈現不同的面貌與意義，它散佈實證研究的精神與辨證的種子，再由知識思想作爲明清學術過渡的橋樑，從「經世致用」的過程體現儒家思想之「用」，如余英時先生所言：「談到外王方面的『用』的問題，這尤其是儒學的一大癥結。儒家的『用』集中地表現在『經世致用』的觀念上。」〔註 24〕清學經過數十年的蘊釀，經過清初「經世」的學風，終於帶動乾嘉考據學的興盛，更把經驗儒學的層次帶上另一巔峰，其中「經世」的學術風氣實功不可沒，以下略舉清初時期的經世思想：

（一）清初的經世學者與經世學說

清兵入關後，明朝對中國的統治結束，稍後雖有明王室在南方所建立的小朝廷，但也因內部不合，短短時間內就被清兵所消滅。然而，明朝雖亡，但其遺民逸老在當時的社會卻還是有一定的影響力，尤其是從明代所存活下來的知識份子，這些知識份子便成爲清初學術的核心人物。由明入清的士人，其情緒經常是悲慟的，在他們感悟國亡家破的悲痛時，接著是對時政提出批評，甚至對學術的反省。前明遺老中，以顧炎武、黃宗羲等人學術旨趣最高。其中顧炎武提出了以經學治世的口號，他認爲：「博學於文，行己有恥」，又云「國家興亡，匹夫有責」完全是以士人修身服務社會的關懷來立論；在學術立場上，黜王尊朱，他認爲「古之所謂理學，經學也。」〔註 25〕其說明在明代之前，理學的根本亦是經學，並呼籲世人把沉浸於心學的態度轉回傳統經學上面。而觀其早年的著作《肇域志》、《天下郡國利病書》等書，是爲遊歷中原後之作，內容多闡述地理、山川、物產、民情、賦稅的情況，頗關心天下之事，對於當時政治、社會現象的考察不餘遺力。顧氏中年後，著《日知錄》一書，屬於讀書筆記類，此書內容多述經史、典章制度、文藝、山川地理，其知識的博大，見識的深廣，歷來少見。小學著作則有晚年著筆的《音學五書》，此書對文字聲韻多有發明，並搜集前人的研究成績旁加考證，顧氏以爲：「據古經以正沈氏唐人之失」，專以文字音韻考據釐清千百年來經書注疏的謬誤，後學評價甚高。〔註 26〕

〔註 24〕余英時：《歷史與思想》（台北：聯經出版社，1999 年初版四刷），頁 137。
〔註 25〕《亭林文集》，卷四，頁 62。
〔註 26〕顧炎武，字寧人，生於明萬曆四十一年，早年曾加入復社，明亡後，投身抗清活動，失敗後即雲遊各地，並觀察中原地理的形勢，以圖謀復明的根據地。

　　清代黃宗羲則以史學爲根基，而推之於當世之務〔註27〕。黃宗羲爲明末大師劉蕺山的門下，屬於王學一派，但不同於王學，甚至不談靜坐參禪之事，其《明儒學案》、《宋元學案》，把宋明兩代的學派分門別類，人物則歸之於傳記，強調在正史的地位，並注重史料的搜集和補遺，在方法上影響了浙東史學派，並爲近三百年中國的學術史界樹立了典範。其《明夷待訪錄》則表現其政治理想與經濟思想，關於斥君權、革新田賦、兵制、財稅之議，可見其獨特的眼界。同時，王夫之（1619～1692 A.D）在經學、義理上多有論述，著述豐富，光是經學一門，就有《易經》類五種、《書經》類三種、《詩經》類三種、《禮經》類一種、《小學類》一種，清初時雖曾仕於永曆朝，但南明亡後就轉而隱居山林著書，書成後多藏於深山之中，王氏之著作在清初被列爲禁書，故於世流傳不豐，直到同治年間才經由曾國荃刻印成《船山遺書》〔註28〕。梁啓超說他是清初的畸儒，此語未必可信，但是船山不近王學、不近朱學亦不近時學的治學風格則相當特殊，自成一家之言可說是其特色，論其對儒史的深入及其對子學的淵博，亦可列爲清初大師之一〔註29〕。

　　　　其學術淵博，熟識經史百家之學，在學術上提出「經世致用」口號，對天文、山川、疆域、兵防皆有涉獵，後學稱亭林先生。

〔註27〕黃宗羲，字太沖，號南雷，生於明萬曆三十八年，爲東林名士黃素尊之後。明亡後，曾組義軍抗清，失敗後退歸山林，隱居著述，著有《明夷待訪錄》、《明儒學案》、《宋元學案》、《南雷文定》、《行朝錄》、《易學象數論》等。學問淵博，以史學爲其學術之長，後人以其開清一代史學之風氣，學者稱爲黎洲先生。

〔註28〕王夫之，字而農，號薑齋，先世江蘇高郵人，後遷於湖南衡陽，遂定居，晚年築草堂於石船山，故事稱船山先生。船山早年曾中鄉舉，但隨清兵入關，旋改以抗清爲己任，曾在清順治五年舉兵抗清，事敗後轉入於粵，清順治七年，仕於永曆朝，後因黨爭，以嚴起恒事出走桂林，又逢桂林陷落，遂歸於湖南，自此始有歸隱之心。清順治十一年，年三十七歲，作《周易外傳》、《老子衍》；清順治十三年，作《黃書》，以辨夷夏之別，其以「黃」爲華夏民族也；清順治十七年，築室在湘西「敗葉廬」；清康熙四年，年四十七歲，重訂《讀四書大全說》；清康熙七年，作《春秋家說》、《春秋世論》等；清康熙十五年，作《周易大象解》一卷；十六年，作《禮記章句》；十八年，三番之亂起，避於橘林山中，期間著有《莊子通》、《莊子解》；二十年，著有《相宗絡索》；二十一年，著有《噩夢》一卷，論明代政治之失；二十三年，撰《俟解》；二十四年，撰《周易内傳》十二卷，欲與《外傳》相表裡；二十六年，六十九歲，作《通鑑論》、《宋論》；二十七年，編《七十自定稿》；二十八年，著《識小錄》；三十一年，船山卒。此外，另撰有《周易稗疏》、《考異》、《思問錄》、《正蒙解》、《搔首問》等。

〔註29〕梁啓超：《中國近三百年學術史》，頁109～118。

其次，在經學研究上取得相當成果者，還有閻若璩、胡渭、陳啓源、臧琳、張爾岐等人，此時期的學者能致力於經學研究，專心實務之事，也為稍後乾嘉考據學的學風開啓了研究門戶。

（二）務實的顏李學派

顏元（1635～1704 A.D）可代表清代初期重視經驗領域的學者之一，他於清學上的貢獻，是把儒學與實務經驗相接軌，並且普及實用的學科與術科，此對於清代儒學的經驗化有一定的影響〔註30〕。顏元生平最反對死讀書，此舉的用意是在鼓吹活用知識的重要，並且能在行習中得到眞智，他所提倡的「務實習行」的學術精神，代表清代重經驗實行的學風，突破傳統理學束縛的一個里程。顏元是反對理學的，在本體論上，他認為形下之氣才是統御萬物的根源，宋明理學所謂的形上之理，他斥為虛妄無垠的空談。其次，顏元在方法上反考據，但對於儒家思想卻也作了一番辨證與議論的工夫，而又未必完全相合於考據學，這種與清學有異有同的特殊性，則開出顏元學術在明末清初智識思想的特殊地位。顏元學說最為重要是為「習」、「行」的知識觀；「習」即為學習，「行」即為身體力行，顏元以為「習」與「行」兩者本有一致的關係，所謂：「為做事故求學問，做事即是學問」〔註31〕。習行的具體內容就是「學」、「教」、「治」，即在於學習中體會做事方法，做事即是學問的表現，所以顏元曰：「聖人學教治，皆一致也。」〔註32〕又曰：「僕妄謂性命之理，不可講也，……性命之作用，如詩書六藝而已。即詩書六藝，亦非徒列坐講聽，要惟一講即教習。」〔註33〕教習就是教育習行，顏元認為聖人以經書六藝教諭弟子，但不是要弟子死讀書，須與習行做結合才能表現出務實的人生方向。總之，顏元提出習行的主張，並非是無根據的空言，而是要上承先儒堯、舜、周、孔經世的奉獻精神，然後開出質樸的經藝學問，再進而服務社會。然而，顏元的習行哲學雖有其思想旨趣，但與清初的學者聯繫有限，

〔註30〕 顏元，字易直，又字渾然，號習齋，河北省博野縣人。清初教育家、思想家。著作有《四存篇》、《習齋記餘》其學生鍾錂收輯有《顏習齋先生言行錄》，李塨（1659～1733 A.D）編《顏習齋先生年譜》。

〔註31〕 此梁啓超語，見《清代學術概論》（上海：上海古籍出版社，1998 年），頁22。

〔註32〕 顏元：《存學篇·總論諸儒講學》，收入《畿輔叢書》（台北：藝文印書館，1985 年），第二十三函，卷一，頁6。

〔註33〕 《存學篇·總論諸儒講學》，卷一，頁3。

故以致無法與重要的時代學風相接軌，梁啓超說他：「足不出戶，不輕交一人，尤厭見時貴。」〔註34〕可知其性情不善於交際；因此顏元的學問雖博，卻不能流行於當世，並與當時的學者交遊。所以其後學李塨，在一遊歷京師，接觸當時文士，同萬斯同、閻若璩、毛奇齡等人交往後，則學風一變，反而走向趨向考據風格的學問了。

二、清初疑經風氣的興盛

疑經的風氣於宋代造成風氣，但眞正以考證方法來研經的，則要晚至明中葉以後了，而清初又形成另一風氣。至於清代經學史上較爲突出的疑經事件，如對《易》圖之疑、對《古文尚書》之疑、對《大學》、《中庸》之疑等，此皆爲經學造成一定的影響，甚至撼動了數千年以來的儒學視野。在宋代，學者治經，多喜用己意來論述，或者以義理來解經，所以往往造成對經書質疑的學術風氣，但在懷疑的過程中卻難免有過度之嫌，因此動輒刪經、改經者屢見不鮮。疑經者如北宋之歐陽修，其《易童子問》疑「十翼」中的〈繫辭〉、〈文言〉、〈說卦〉非孔子之作，此舉已是直接挑戰儒學的權威，而其《毛詩本義》更是不守《毛傳》，不用〈毛序〉，並對某些小序的眞僞表示了懷疑，這對於保守師法、家法的經學家是相當聳動的；又如朱子的《詩集傳》，不用〈毛詩序〉而另發新義，這也造成朱子詩學的一個特殊情況；其次，改經者如王柏（1197～1274 A.D），其著有《書疑》一書，謂《書》有脫簡，不可全信之，又以己意任意更改文字，造成經書的支離破散。宋代疑經改經風氣之盛可見一般，明代王應麟的《困學紀聞》就曾引南宋陸游的一段言論來說明這種現象，曰：「唐及國初，學者不敢議孔安國、鄭康成，況聖人乎。自慶曆後，諸儒發明經旨，非前人所及；然排〈繫辭〉，毀《周禮》、疑《孟子》、譏《書》之〈胤征〉、〈顧命〉，黜《詩》之序，不難乎議經，況傳注乎！」〔註35〕從明末到清初，疑經的學風有復甦的傾向，對經書的質疑態度往往是因爲不合理而懷疑，但是異於宋學者的妄自改經，取而代之的是更加「實事求是」的考證方法。換言之，清學把考據這種方法帶到疑經的過程，使得疑經更爲合理也更接近經書的原貌。在宋代，疑經影響經學發展深遠，而疑經往往改動古文獻的文字語義，故疑經的學者或有被後人評爲離經叛

〔註34〕《中國近三百年學術史》，頁155。
〔註35〕王應麟：《困學紀聞・經說》（台北：中華叢書編審委員會，1960年），卷八，頁28。

道，是背離儒學的罪人，即使其疑經是具有相當的尊經旨趣。然而，假使疑經能提供更正確的解經方法，那未必就對學術完全有害，張師麗珠在《清代義理學新貌》言：「疑古本身並不是一種哲學、或學說理論，也不代表特殊的義理傾向，但它卻可以是建立新哲學、或提出某種反省理論的基礎。」〔註36〕疑古本身並非是一種特定的學科，但它可以成爲一種治學的態度，從追尋眞相的考辨中所形成疑古風潮，從疑古所提供的治學方法與治學觀念，無疑能爲學術開創另一番新興的視野。今舉清初重要的疑經思想，如下：

（一）對《易》圖之考辨

清初疑經一個很重要的焦點，是在於對《易》圖的合法性作出質疑。歷代對《易》之考辨，宋代的歐陽修已開其先，其《易童子問》以爲「十翼」非聖人之作，而是出於多人之手，此舉無異打破了《易》學千百年來所建立的權威性。而《易》學另一項特點則是代表上古儒家權威的《易》圖──「河圖」、「洛書」〔註37〕。「河圖」、「洛書」是太平盛世的象徵，孔子就曾在《論語》中提到，並且相當重視，可見其對儒家的重要性。《論語‧子罕》言：「子曰：鳳鳥不至，河不出圖，吾已矣夫！」故儒者據此便以爲「河圖」是儒家的重要文獻。又《周易‧繫辭》亦云：「河出圖，洛出書，聖人則之。」有了儒家這些權威性的經典作背書，後代對於《易》圖更是深信不疑。在漢代象數易學發達之前，關於「河圖」、「洛書」的文獻就相當發達，也相當受重視。《史記集解》就嘗引西漢孔安國之言曰：「聖人受命，則河出圖，今無此瑞，吾已矣夫者，傷不得見也。河圖，八卦是也。」〔註38〕《後漢書‧祭祀志》也記載〈河圖赤伏符〉、〈河圖會昌符〉、〈河圖合古篇〉這類的讖緯文書，並且是用在正式封禪的刻文之上，因此可見當時「河圖」流行的情況。

但到了魏晉六朝時期，清談盛行，釋、道思想一時風靡，儒家的地位則

〔註36〕張師麗珠：《清代新義理學‧諸論》（台北：里仁書局，2003 年），頁 38。
〔註37〕從先秦兩漢的文獻看，屢屢有提到河圖、洛書是爲上古盛世所出現過的吉祥符應，但都沒有提到圖形的樣式，而劉歆或以爲河圖爲八卦，但實際的圖樣亦不明。到了宋代，河圖、洛書終於出現了明確的圖形，劉牧所著的〈易數鈎隱圖〉、〈洛書五行生數圖〉、〈洛書五行成數圖〉就以白子黑點的方法，畫出河圖、洛書的圖樣與方位。其次朱震的《漢上易圖》與朱熹的《周易本義》，則附有邵雍所定的河圖與洛書。但一般認爲，宋學者的這些圖形，有很大部分是受了道家學說的影響，所以後學者如黃宗羲、黃宗炎皆頗懷疑之。
〔註38〕見司馬遷：《史記‧孔子世家》，收入《百納本二十五史》，第一冊，頁 164。

有下降的趨向，於是原本爲儒家所重視的《易》圖也轉入民間，甚至爲宗教所用，其中道教吸收《易》圖最爲積極，至於認爲《易》圖是出於道教系統，紀昀所編《四庫全書總目提要》則以爲是始於元朝陳應潤《周易爻變義蘊》﹝註 39﹞。從《易》圖的流傳的史實看來，把《易》圖發揚光大的，道教佔有重要的地位，如《道藏》所收的《河圖記命符》、《上清河圖寶籙》之類，就是運用《易》圖理論而轉出的道家經典。《易》圖到了宋代，更爲理學者所鍾愛，宋代理學之祖周敦頤（1017～1073 A.D）就運用《易》圖再結合五代時期道士陳摶的「先天太極圖」發展出一套「太極圖」模式，以代表他的宇宙論，著名的著作有《太極圖說》。稍後的朱熹亦收受了這一套「太極圖」理論，其著作《周易本義》便有論述這套易圖理論，但此套理論畢竟是參雜有道教思想，未必就是純儒家的學說，所以當時的陸九淵頗懷疑之。到了清代，懷疑《易》圖的風氣終於開展，研究易圖以黃宗羲《易學象數論》爲最早，其次黃宗炎著有《圖學辨惑》，毛奇齡（1623～1716 A.D）有《河圖洛書原舛篇》、《太極圖說遺義》皆對《易》圖提出懷疑。其中胡渭（1633～1714 A.D）的《易圖明辨》爲其中最有成績者﹝註40﹞。胡渭接承黃宗羲、黃宗炎、毛奇齡的說法，批駁《易》圖乃是和道教思想結合的產物，從各朝代所產生的《易》圖學說，幾與道教或者道教人物不離。鄭吉雄先生以爲胡渭分判《易》圖有三個方法，一是對儒道思想的分判，二是對易圖學說源流的分判，三是對劉牧、陳摶和邵雍的分判﹝註 41﹞。從胡渭辨《易》圖的方法可知他是確認《易》圖就是儒家受道教學說影響的產物，因此在以經學研究爲主流的學術風氣中，胡渭對於《易》圖的釐清，實有助於經學的發展，也加強了經學於學術上之價值。

（二）對《古文尚書》之考辨

對《古文尚書》之考辨，亦是清初疑經的另一焦點，其中最有成績者爲

﹝註39﹞紀昀等編：《四庫全書總目提要》（河北：河北人民出版社，2000 年），第一冊，卷四，頁 126。

﹝註40﹞湖渭，字朏明，浙江德清人，年十五爲生員，應試不中，後遊學於京都，教學於馮溥家。後應徐乾學之邀，入館修《大清一統志》。《易圖明辨》是胡渭的生平力作，此書一出，奠定他在清代易學的地位，又有《禹貢錐指》一書傳世。

﹝註41﹞鄭吉雄：〈易圖明辨與儒道之辨〉（《周易研究》第四期，2000 年），頁 66～71。

閻若璩之《尚書古文疏證》〔註42〕。閻若璩斷《古文尚書》爲僞作，完全是以考證的立場出發，無一是無根之說，首先，他發現《古文尚書》的出土眾說紛紜，光是漢代就有很多版本，並且每一版本的書目與數量都有問題。閻氏認爲，考辨《古文尚書》眞僞的關鍵是各時代的文獻，比如東晉時期，因爲戰火的關係此時的經書大多散落，所以，要考辨梅賾所獻的《古文尚書》到底是否爲眞，把它與漢代的書目資料加以比對即可證明，閻氏發現，《古文尚書》多是梅賾之僞作，即使還保存的舊本遺文，也是經過梅賾改動過〔註43〕。比如對於二十九篇中最有爭議的〈泰誓〉三篇，閻氏斷然判其爲僞書，其認爲：「僞泰誓三篇，或云宣帝時得，或云武帝時得，皆非也。武帝建元元年，董仲舒策對即引僞泰誓曰：『白魚入於王舟，有火復於王屋，流爲鳥，周公曰：「復哉！復哉！」，則知此書出於武帝之前決矣。』或武帝時方立於學官，故曰武帝時得，亦未可知，東漢馬融始疑之。」〔註44〕閻氏的方法就是旁徵古書，以講求證據的方法辨僞，以史實來釐清千百年來經書的公案，文中以《漢書·董仲舒傳》的對策時間，來表明僞〈泰誓〉是出於武帝之前，而非武帝之後，這種以歷史文獻來比對的方法，可說是已經具有科學求證的精神。

　　清代考據《古文尚書》實由閻氏開了風氣，稍後的學者鑽研《書》經者，多有以閻書爲宗的，如龔自珍作《泰誓答問》，以爲伏生所傳二十九篇本無〈泰誓〉，孔壁所出亦非〈泰誓〉，董仲舒所引乃戰國之書，原文只稱書傳，並未稱〈泰誓〉；劉逢祿作《書序述聞》，亦云今文〈泰誓〉非百篇中之泰誓，而是周史記的載文。閻書的徵引之廣、考證之嚴，爲經學史上之難得著作，對於清一代的《尚書》學實有斷僞辨正的貢獻，梁啓超認爲，在閻氏精密的考據之下，《古文尚書》是僞書的事實已經了然確定。然而，清學者中亦有反對閻氏者，如毛奇齡作《古文尚書冤詞》，力辯《古文尚書》二十九篇非僞書，但《四庫全書總目提要》已對其駁斥；又王鳴盛（1722～1798 A.D）作《尚書後

〔註42〕閻若璩，字百詩，山西太原人，家世代以鹽商爲生，生而口吃，性鈍，六歲入小學，讀書千遍不能背頌，十五歲時方以商籍而補縣學生，但之後，一夜之間突悟，自此聰明異常。二十歲時讀《古文尚書》便疑其僞，《尚書古文疏證》則是他鑽研二十餘年之作，《四庫全書總目提要》稱其辨疑《古文尚書》成績無人可及。

〔註43〕梅賾，或通作枚頤，字仲眞，汝南人，東晉元帝時爲豫章內史。

〔註44〕閻若璩：《尚書古文疏證》，收入《四庫全書》（台北：台灣商務印書館，1983年），經部，頁63。

案》，江聲（1721～1799 A.D）作《尚書集注音疏》，皆是指明二十九篇非僞。總之，清代疑《書》眞僞的兩方雖交互辨難，但閻氏以客觀的態度考證，又抱持懷疑求眞、實事求是的精神，實爲經學的研究投入更多客觀的視野。

（三）對《周禮》和《大學》、《中庸》之考辨

1.《周禮》之考辨

《周禮》，亦名《周官》，爲三禮之一，書目以周代之禮爲名，所以儒者多以爲是秦火前的儒家典籍，是周公所纂之書。「周禮」之名，要到荀悅作《漢紀》才提及，最初都是用「周官」之名，最早提到的，是《史記》的〈封禪書〉，其曰：「《周官》曰：『冬日至，禮天於南郊，迎長日之致；夏至日，祭地祇，皆用樂舞，而神乃可得禮也』。」〔註45〕其次，《漢書・藝文志》記載，在西漢孝文帝時，樂人竇公就曾獻《周官・大宗伯》之〈大司樂章〉，而武帝時，好儒的河間獻王曾與毛生共采作〈樂記〉，之後東漢的馬融、鄭玄亦爲之作注，所以此書最晚出也應當在東漢之前〔註46〕。《隋書經籍志》亦曰：「漢時有李氏得周官，上於河間獻王，獨缺〈冬官〉一篇，獻王購以千金不得，蓋以〈考工記〉補成六篇奏之」一條〔註47〕。再論其內容，從分其六部而言，除〈考工記〉爲後人所補之篇外，其他五部多是記載西周王朝的官制與禮制，且組織井然恢宏，一般以爲非西周的周公不能述，所以仍有許多學者相信其中的典章是西周的古制無疑。

《困學紀聞》引蔡沈（1167～1230 A.D）的話云：「周公方條治事之官，而未及師保之職，〈冬官〉亦缺，首尾未備，周公未完之書也。」〔註48〕蔡沈認爲，《周禮》是周公論述其官制思想的書，但來不及完成師保的職制部分，又缺〈冬官〉一部，所以全書未完成。又《四庫總目提要》引張載的話云：「夫《周禮》作於周初，而周事之可考者，不過春秋以後。」〔註49〕張載雖未提《周禮》的作者，但亦認爲《周禮》是西周初年之作，因此，《周禮》有歷來的名家背書，其在經書的地位更爲穩固。但《周禮》一書的來歷仍有相當可

〔註45〕　見《史記・封禪書》，頁110。
〔註46〕　見《漢書・藝文志》，收入《百納本二十五史》，第一冊，頁406～407。
〔註47〕　見《隋書・經籍志》，收入《百納本二十五史》，第三冊，頁1060。
〔註48〕　蔡沈，字仲默，南宋建陽人，少學於朱子，後隱居九峰，以理學爲志業，學者稱爲九峰先生。其《書集傳》一書，自元代延祐年間後，科舉多用爲定本。王應麟：《困學記聞・周禮》，卷四，頁2。
〔註49〕　《四庫全書總目提要》，卷十九，頁502。

疑點，所以懷疑是偽書者亦多。漢武帝時，就斥以為是「末世潰亂不驗之書」，何休則歸之為是六國時的「陰謀之書」。宋代時，懷疑者更多，竟多至數十家，如歐陽修與李覯懷疑《周禮》記載官屬太多，非周代之規模所能負荷；王開祖懷疑《周禮》非周公所作，應為後人所纂；蘇軾則懷疑《周禮》誇大了周代封地的幅度，認為周代的封地大概如〈王制〉所言，只有「公侯百里，伯七十里，子男五十里」的程度，要達到《周禮》上所言之封地千里，則較為不可信。從以上看，宋學者的疑經雖多，但多為揣測之言，並無較為精詳的考辨，所以宋代的疑經仍屬於一家之說。到了明代，方孝孺、楊慎等人亦疑之，方孝孺辨《周禮》專著有〈周官〉二篇、〈周禮辨疑〉、〈周禮考次目錄序〉等（皆收入《遜志齋集》），方氏生平最喜讀《周禮》，但疑之也最深，他考《周禮》所論述的官制，認為並非是出於周公之意，再旁證多個與周制不合的職掌，所以認為《周禮》一書「今之所傳者，蓋出於諸侯毀黜之餘，而成於漢儒之所補。」〔註 50〕因此，方氏對於《周禮》一書，認為其是秦火後殘缺的篇章，又加上漢儒補充而成。到了清代，辨《周禮》有萬斯大（1633～1683 A.D）。

萬斯大，浙江鄞縣人，字充宗，號跛翁，學者稱褐夫先生，精通春秋三禮，著有《學禮質疑》、《周官辨非》等。萬斯大纂有《周官辨非》，收入其《經學五書》中，為專門辨《周禮》之書。萬氏認為，《周禮》絕不是周公所纂，更非周代之作，他抱持「非通諸經，不能通一經」的看法，專從《五經》、《論語》、《孟子》下手，期望可以在其中找到與《周禮》不合的線索，在反覆對照後，萬氏整理出許多與古制不合的例子，竟有五十條之多。例如〈夏官‧職方氏〉載：「乃辨九服之邦國。」〈夏官‧職方氏〉以為邦國有九種服制，但《尚書‧周官》、《禮記、王制》卻都只言「五服」，萬氏認為經書既然都同出於一源，不可能會誤載朝廷的重要典制，而《尚書》、《禮記》所言的五服都是有證可據，故為合理之說，但相形之下，《周禮》的「九服」卻無他書應和，自然就無可徵信了，因此，《周禮》的來歷可說是相當可疑，萬氏認為是偽書無疑。《周禮》一書，至民國初，梁啓超已論定其大部分是偽作，且絕非是出於周公之手，梁氏從各家的考辨判斷，認為應該是西漢的劉歆夾雜戰國文獻所作。〔註51〕

〔註 50〕方孝孺：《遜志齋集》（台北：商務印書館，1968 年），卷十二，頁 351。
〔註 51〕《中國近三百年學術史》，頁 362。

2.《大學》之考辨

歷代考辨《大學》的學者，南宋的楊簡（1141～1225 A.D）先之，但明末清初陳確（1603～1677 A.D）的考辨最具代表性，其《大學辨》一書，文辭詳盡、精於論辨，並以史實考證，對舊說反覆斟酌，可說是辨疑《大學》的精粹。此書一出，當時學者如吳蕃昌、劉汋、黃宗羲、張履祥等就大加批評，並且在書信往來中質疑，認為陳書有非議聖人之嫌，並且動搖了其師劉宗周（1578～1645 A.D）尊《大學》「慎獨」之宗旨，所以陳確的《大學辨》除了本文外，又附錄了與當時學者的辨難書信，之中可見陳確對古籍存疑的辨證，以及與師門友人論學的審慎態度〔註52〕。林慶彰先生在其《清初的群經辨偽學》一書認為，《大學辨》的質疑可以整理如下，其一從史料鑑定《大學》、其二從義理的分析證明《大學》不符孔門宗旨，林慶彰先生認為，陳氏從史料鑑定，由文字的應用與從流傳的過程都可說明《大學》非孔曾之書；而在義理的分析上，則以為《大學》所列的綱領條目順序皆與孔門思想不合。〔註53〕

基本上，陳氏著《大學辨》的用意，首先是他並不相信《大學》是春秋時期孔子所作，故一再於考辨中論斷《大學》非聖人之書；再次，陳氏有意要抨擊宋明理學的理論根基，他認為《大學》一書是理學能立足的重要根據，其《大學辨序》言：「竊欲還《學》、《庸》於《戴記》，刪性理之支言琢磨程朱，光復孔孟。出學人於重圍之內，收良心於久錮之餘，庶無忝於所生，差有辭於後死。」〔註54〕陳氏認為，《大學》、《中庸》既然都是西漢《小戴禮記》之篇章，則其作者就未必會是先秦的孔曾，所以照陳確的說法，《大學》、《中庸》兩篇都應非先秦之作而是漢儒之說；陳確眼見當時的學者對《大學》深信不疑，是因為這些學者都信服在理學的權威之下，但是程朱理學畢竟是宋

〔註52〕陳確，字乾初，初名道永，字非玄，入清後始改名，浙江海寧人，生於明末，卒於清康熙年間，一生未仕。為劉宗周學生，但生平不喜理學，故後人才認為其有非議師門之說。陳確的《大學辨》成於清順治十一年，共有四卷，除了《大學辨》本文外，又附有與當時學者的辨難書信如卷一的〈答格致誠正問〉、〈答唯問〉、〈辨述補〉、〈翠薄山房帖〉，卷二的〈答查石丈書〉、〈答吳仲木書〉、〈又答吳仲木書〉、〈答沈朗思書〉、〈與劉伯繩書〉、〈與吳袞仲書〉卷三的〈與張考夫書〉、〈答張考夫書〉、〈又答張考夫書〉、〈答仲升書〉、〈書大學辨後〉，卷四的〈與陸麗京書〉、〈答蕭山來成書〉、〈再與來成夫書〉、〈寄劉伯繩書〉、〈答張考夫書〉、〈又答張考夫書〉、〈與劉伯繩書〉。

〔註53〕林慶彰：《清初的群經辨偽學》（台北：文津出版社，1990年），頁371～380。

〔註54〕陳確：《陳確集》（北京：中華書局，1979年），頁559。

人之說，而《大學》畢竟是出於《小戴禮記》，所以要還原儒學的本旨，就要先質疑《大學》之真，再進而質疑理學之實，從陳氏《大學辨》一出，多少有動搖《大學》在經學界的聲望了。

　　清代辨《大學》者，另有姚際恆（1647～1715 A.D）。姚際恆，字立方，號善夫，為諸生，著有《九經通論》、《古今偽書考》、《考釋》等，但《九經通論》今只存《詩經通論》、《儀禮通論》，故姚氏的辨《大學》的思想，都出於杭世駿《續禮記集說》所引。姚氏對於《大學》的著作年代頗有微詞，首先，他認為假使《大學》是西周之書，則文句語氣必然不會與《爾雅》雷同，畢竟《爾雅》創作已晚至戰國末。其次，再從義理的觀點而論，《大學》的思想頗類似於禪學之書，其用語竟然與釋論相似，例如「明明德」的用意類似於「明心見性」，「定」、「靜」與「入定」、「靜慧」相像。因此，姚氏在引證中、屢屢把《大學》與佛書反覆參照，認為《大學》的創作可能是有受到漢末佛教的影響。客觀的說，姚氏從義理思想上考辨《大學》，或者有排斥王明心學的意味在，這與清初的反王學思潮有所關聯，但能以經書的義理來考辨，在考據史上還是有其特殊之處。

3.《中庸》之考辨

　　《中庸》之出處與《大學》相同，都是從《禮記》析出。對《中庸》之重視，始於漢代，漢人已有專講《中庸》者，如《漢書‧藝文志》就列有《中庸說》二篇〔註55〕。到了六朝，《中庸》越來越受注目，《隋書‧經籍志》就載有宋戴顒的《中庸傳》，梁武帝的《中庸講講疏》、《私記制旨中庸義》等。到了北宋，帝王常以《中庸》錄本賞賜文臣，以為取《中庸》之義，可以有益於修身正心。到了南宋，高宗朝以石刻《中庸篇》賞賜新科進士，孝宗朝則下詔以《中庸》進講，此時的學者石憝與呂大臨、游酢、楊時等人則編有《中庸集解》，稍後朱子則據《中庸集解》來編《中庸章句》，此書與《論語集註》、《孟子集註》、《大學章句》集為《四書集註》一書，到了元延佑年間，《四書集註》正式被列於官學，此後的七百年間皆以其為科舉定本，因此《中庸》在經學的地位，可說是在宋元明清達到了極盛。但《中庸》是否真偽，林慶彰先生《清初的群經辨偽學》一書中認為，歷代之辨《中庸》，大致有三個問題，一為其書的作者問題，因《中庸》並無署名作者，最早提到《中庸》作者的，是《史記》的〈孔子世家〉，其以為子思因困於宋地而後作《中

〔註55〕《漢書‧藝文志》，頁406。

庸》，此說東漢鄭玄因之，所以到了唐代，孔穎達編《五經正義》亦信此說，但到了宋代，漸有學者疑之。二是《中庸》的錯簡問題，歷代的學者因疏釋方便，從而析分《中庸》的章節，如《禮記正義》分爲三十段，程頤分三十七章節，朱子分爲三十三章。三是《中庸》的義理問題，因中庸多言性命天理，所以學者多把《中庸》之義與佛理相提並論，顯然有「援佛入儒」的味道，如智圓作《中庸子傳》、契嵩作《中庸解》，皆借《中庸》以闡述佛說，但此舉是否能合於儒學，學者頗有微詞〔註56〕。至於對《中庸》的考辨，宋代已開之，如歐陽修懷疑《中庸》非子思所作，王十朋則認爲《中庸》的思想與孔子有異。到了清代，專辨《中庸》者，有姚際恒，姚氏的《禮記通論》對《大學》、《中庸》二書頗費力辨證，此書已佚，但杭世駿的《續禮記集說》可見佚文。姚氏考辨《中庸》以文詞、義理入手，一是以史料文獻辨之，姚氏認爲，從字詞而論，《中庸》的文獻似乎有抄襲《孟子》之嫌，所以《中庸》應該是晚於《孟子》，因此非子思所能作。二是從義理辨之，姚氏認爲《中庸》的義理有許多不符合儒學宗旨，但卻與佛、老合，可見其內容參雜有佛、老思想。姚氏以「盡性」和「眾生皆有佛性」同之類義理來考辨《中庸》，其求證的精神固然可貴，但最後竟認爲《中庸》是禪書一類，如果從儒學史與禪宗史相互比照，《中庸》之出不可能晚於漢末，而禪學之盛卻要到隋唐，二學還是有數百年以上之差距，所以姚氏之說還是頗有可議處。

三、乾嘉考據學風之形成

　　乾嘉考據學得以形成，固然有諸多條件，但是如從學術復興的觀點而入，則乾嘉學者之能夠凝聚成一個學術思潮，是由尊漢學而起的。如梁啓超所言，清學乃是：「以復古爲解放。」〔註57〕梁氏這一主張，正點出清學與其他學術的不同特質，如漢學是以注疏之學爲學術的中心，而清學則是以能復漢學之古爲旗幟。江藩撰《國朝漢學師承記》的宗旨，亦以爲兩漢經學爲儒學之正統，而清學能繼之爲嫡傳，其序曰：「兩漢之學，純粹以精者，在二氏（道、釋）未起之前也。」〔註58〕又皮錫瑞言：「經學自兩漢後，越千餘年，至國朝

〔註56〕《清初的群經辨偽學》，頁388～390。

〔註57〕梁啓超以爲清代二百多年之學史，影響其思想界最深者，在於清學能以復古爲解放。梁氏以清學復古程序有四，一爲復宋之古，二爲復漢唐之古，三爲復西漢之古，四爲能達先秦之古。見《清代學術概論・二》，頁7。

〔註58〕江藩：《國朝漢學師承記》，收入《奧雅堂叢書》，第十八冊，卷一，頁1。

乃復盛。兩漢經學所以盛者，由其上能尊崇漢學，稽古右文故也。國朝稽古右文，超軼前代。」〔註 59〕皮氏認爲，清學者能崇尙漢人經注，發揚先秦經書，所以能復興漢代以來注疏之學的盛況，此與明中末之學者的治理學又有所不同。因此，皮氏把清代稱爲「經學的復興時代」，經學既然復興，則必然日需小學的知識，小學明則經學明，小學便成爲治經的主流，更是治經不可缺的研究工具，所以考據學之盛，亦可說是應經學之復興而起。再言之，清學能褪去宋明之學，皆是由經學入手爲始，所以經學與理學之爭學術地位，便有所謂「漢宋之爭」，「漢宋之爭」亦影響了乾嘉之學的興起，而代表漢學界的家派，即是由惠棟（1697～1758 A.D）領導的惠派與戴震爲首的戴派，此二派嚴然成爲乾嘉考據學的核心學派。〔註 60〕

（一）吳派的學風

首先，是以惠棟領導的惠派，因爲此學派的文人多是江南人，所以又有學者稱之爲吳派。其中的代表人物，惠士奇（1671～1741 A.D）、惠棟父子是江蘇吳縣人，王鳴盛是江蘇嘉定人，錢大昕（1728～1804 A.D）是江蘇嘉定人，余蕭客（1729～1777 A.D）是江蘇吳縣人，江聲是江蘇元和人，江藩（1761～1830 A.D）是江蘇甘泉人，故可說吳派是以江南士人所組成的學術團體，而其中又以惠棟爲首。惠士奇，字仲儒，又字天牧，號半農居士，人稱紅豆先生，康熙五十年進士，以侍讀學士致仕，著有《易說》、《禮說》、《春秋說》等，其說效法漢儒，在考證上多作工夫。

惠棟，字定宇，一字松崖，初爲吳江學生員，早年就篤志向學，家中藏書甚多，日夜講誦，於經史子集無所不通，一般以爲，惠棟之學是爲家傳，或有稱其學爲家學，著有《明堂大道錄》、《禘說》、《易漢學》、《易例》、《古文尙書考》、《九經古義》、《松崖文鈔》、《松崖筆記》等。江藩撰《國朝漢學師承記》對惠棟評價很高，認爲其在乾嘉學術的輩份，相當於漢學的何休、

〔註 59〕《經學歷史》，頁 323。

〔註 60〕在清乾嘉時期，歷屬於惠棟、戴震二門下之學者，實無明顯的派系之別，二門之弟子多少都能相互問學並以學友相稱。致於惠、皖二派之名，乃爲清末章太炎對乾嘉學術之師承所作的方便劃分，其曰：「其成學著系統者，一自吳，一自皖南。吳始惠棟，其學好博而尊古；皖南始自江永、戴震。」故可知，章氏之分乃以地域爲前提，吳派乃爲江蘇地方之學者，而皖派則是安徽地方之學者也。本文爲求章節上的方便，亦取章氏的劃分爲之論述。見章炳麟：《訄書》（香港：三聯書店，1998 年），頁 30～31。

服虔，甚至認為其地位高於戴震，江藩說他：「宋元以來說經之書，盈屋充棟，高者蔑棄古訓，自誇心得，下者勦襲人言，以為已有儒林之名，徒為空疎藏拙之地，獨惠氏世守古學，而先生所得尤深。擬諸漢儒當在何邵公、服子慎之間，馬融、趙岐輩不能及也。」〔註61〕江藩以漢學者來比擬惠氏，並非不可，但以何休（128～182 A.D）、服虔來匹配，卻是無所根據，但其言及惠氏世守古學，則是較為中肯的說法。至於惠氏之學，張素卿先生認為從「訓」字可以洞窺整個大概，他說：「他揭櫫『經之義存乎訓』的宗旨，主張藉由『訓』來探求經義，而所謂『訓』兼指古訓與訓解。古訓，尤指漢儒古訓，乃考求於既有文獻；而稽考所得，即以之注釋經義，這就是訓解。流風所煽，學者紛紛博考古訓，並依此識字審音的訓解之法研經之義。」〔註62〕惠氏從「訓」字入手，「訓」則包含古訓與訓解，古訓指漢儒古訓，訓解指的是注解經義的方法，二者皆是乾嘉之學的精神所在，亦是惠氏用力之要，所以從「訓」的理解大致可見惠氏之學術意趣了。

因此，惠氏既然以漢訓為宗，勢必是尊循漢儒的治經方法與漢儒所重視的師法與家法，考察惠氏的治學，首重是家學與其父的庭訓，並且以之為治學的入手，而其治學實也影響其門人的學風；其次，惠氏的解經多依於漢人舊說，文獻訓解亦墨守漢人舊規，故後學者多以為其學術不能超出古義，惠氏自云：「棟少承家學，《九經》注疏龎涉大要。自先曾王父樸庵公以古義訓子弟，至棟四世，咸通漢學。以漢猶近古，去聖未遠故也。」〔註63〕惠氏自己承認他的學術是家學的四世之傳，所以其經書的注疏無不受父祖的影響，惠氏這種拘泥於家法與漢儒舊說的治學，雖有一定的規矩與方法可循，但是和戴震所領導的戴派相較，就顯得較不客觀了。惠棟受業弟子著名的有王鳴盛、余蕭客、錢大昕等，皆受到其治學態度影響。

王鳴盛，字鳳喈，一字禮堂，別字西莊，江蘇嘉定人，生而聰慧，四歲時人便以為神童，乾隆十二年以五經中鄉試，十九年中進士第二，授以翰林院編修，累官內閣學士兼禮部侍郎，之後左遷光祿寺卿，致仕，閉門讀書三

〔註61〕　《國朝漢學師承記》，頁 8659。
〔註62〕　張素卿：〈「經之義存乎訓」的解釋觀念——惠棟經學管窺〉，收入《乾嘉學者的義理學（上）》（台北：中央研究院中國文哲研究所經學研究叢刊，2003 年），頁 281。
〔註63〕　惠棟：《松崖文鈔・上制軍尹元長先生書》，收入《續叢書集成》（台北：藝文出版社，1960 年），卷一，頁 17 上。

十年專以寫作，學風尊漢學，研經必以師法、家法，著有《尚書後案》、《十七史商榷》、《蛾術編》等書。《十七史商榷》一百卷，校勘精詳，對歷代史事多有補正，尤工於職官典制地理的考察，但不喜褒貶人物，以爲空言無益。

錢大昕，字曉徵，一字辛楣，又號竹汀，江蘇嘉定人，年十五爲諸生，嫻熟經史，又精於算學、天文學、筆記小說、金石文字，成乾隆十九年進士，著有《周禮文獻通考》、《二十二史考異》、《元詩紀事》、《潛研堂文集》，又敕修《續文獻通考》、《續通志》、《一統志》等。

余蕭客，字仲林，號古農，惠棟門人，一生未仕，曾遊京師，與紀昀、朱笥河友善。長於經史音韻，其著有《注雅別鈔》，以辨北宋王學之誤，又編《古經解鉤沉》，收集漢晉唐代三代以來所亡佚的注疏，後收入《四庫全書》經部，又著有《文選音義》，等。

江聲，字濤，改字叔雲，號艮庭，江蘇元和人，嘉慶初年曾舉孝廉，不仕，師事惠棟。著有《尚書集注音疏》，此書存今文尚書二十九篇，有別於僞尚書的二十八篇，並輯錄鄭玄舊注與漢人之說，再自己論說成疏，經十多年間四次易稿而成書，可謂精詳於訓詁，不好詩賦，工於詞，另著有《艮庭詞》。

江藩，字子屏，號鄭堂，江蘇甘泉人，爲國子監生，專長於文字、訓詁，對學術史頗有研究，嘗拜於余蕭客門下，著有《國朝漢學師承記》、《國朝宋學淵源記》、《國朝經師經義目錄》、《爾雅小箋》、《隸經文》等。

（二）皖派的學風

戴派是由戴震所領導的士人團體，因多是由皖地的人士所組成，所以又有學者謂之爲「皖」派，「皖」是指的是安徽地方。一般言乾嘉之學，以惠、戴二派齊名，代表學者有戴震（1723～1778 A.D），段玉裁（1735～1815 A.D），王念孫（1744～1832 A.D）、王引之父子（1766～1834 A.D），世稱戴段二王，以戴震爲宗師。戴震，字慎修，一字東原，安徽休寧人，曾入江永（1681～1762 A.D）門下，與惠棟交好，感情在師友之間，東原於乾隆二十七年舉於鄉，但後會試累不第，乾隆三十八年，因紀昀之薦，以舉人特召充四庫館纂修官，之後於乾隆四十年，才詔賜同進士出身，授翰林院庶吉士。

東原一生，發揚儒學不卷，著作頗豐，可視爲乾嘉之學術巨擘，著有《考工記圖注》、《句股割圜記》、《戴氏水經注》、《毛鄭詩考證》、《儀禮正誤》、《方言疏證》、《原善》、《原象》《孟子字義疏證》、《聲韻考》、《聲類表》、《爾雅文

字考》、《策算》等。東原的治學，以六經爲內容，但不懾於權威，見有可疑者，則爲之考辨，必求得證據而後妥當，東原於學術並不主任何一家，而是以實事求是爲目標，東原要做到所謂：「不以人敝己，不以己自敝。」〔註64〕這是說，做學問不要以他人的言論而擾亂自己的思想，也不要以自己的武斷而任意下定論，東原這種治學精神，實符合近代研究所推舉的科學方法，一板一眼，以要求眞相爲職志。此外，東原認爲學者作學問有三件事最難，分別是「淹博」、「識斷」、「精審」〔註65〕。所謂「淹博」，指的是學問的廣博，學者需廣泛的吸收知識，有了知識學問後，才算具備治學的能力；所謂「識斷」，指的是判斷力的精準，這種判斷力與見識的廣博有關；所謂「精審」，指的是考辨的精密，東原治學講求的是實際眞切，所以對於經書往往是無字不考、無徵不信，從東原的學術成就來看，這三者可說都已具備了。至於東原學術之宗旨，並非都是自己的空談，其根源在於六經，東原曰：「聖人之道在六經。」〔註66〕又曰：「古故訓之書，其傳者莫先於爾雅，六藝之賴是以明也。所以通古今之異言，然後能諷誦乎章句，以求適致於道。」〔註67〕東原雖固執於考據，但其核心思想仍不離六經，而通古今之言的目的，其旨趣則在於致道，戴震能以客觀方法從事考據，而大意又不離經學，故其治學精神與惠棟相較實有過之而無不及，因此梁任公亦認爲戴學之精深，實過於惠，且可以代表乾嘉學派的研究精神，這實是眞知灼見〔註68〕。而戴震之弟子如段玉裁、王念孫父子等皆受其治學態度所影響。

段玉裁，字若膺，號茂堂，江蘇金壇縣人，戴震門生，乾隆二十五年舉人，曾任知縣，專長於文字、音韻之學，著有《說文解字注》、《六書音韻表》、《古文尚書撰異》、《毛詩故訓傳定本》等。而段氏的代表作是《說文解字注》一書，《說文解字注》爲專注《說文解字》之書，其中多有辨正許愼之誤，是段氏畢生之作。此書可說是以客觀見長，對於許書穿鑿附會之處，段氏往往不爲其遮掩，見文字有疑處，則以經史的資料或者徐鉉本《說文注》加以正誤，但如許愼的說法有優越處，則多闡發之，比如許愼所講的「六書」，段氏

〔註64〕　戴震：《東原文集》，收入《戴震全書》（安徽：黃山書社，1995年），第六冊，卷九，頁373。
〔註65〕　《東原文集》，卷九，頁375。
〔註66〕　《東原文集》，卷九，頁375。
〔註67〕　《東原文集》，卷三，頁275。
〔註68〕　見《清代學術概論・十一》，頁34。

保留了全部的用法。此外，段式對《說文解字》作了許多凡例，用淺顯易懂的例子來解釋少見的文字，而段氏也把擅長的音韻學運用到《說文解字注》中，段氏以其所發現的古韻配合前人的反切，使文字的音讀有所根據。另外，段氏音韻學之功力可見於《六書音韻表》一書，段氏早年推崇顧亭林，見其《音學五書》則嚮往不已，之後從戴震問學，又得江永的《古韻標準》，但發現二書在古音部分有不同見解，於是段氏便斟酌二書，並析出《詩經》與群經的用字，分古韻十七部，比二氏更爲精密（顧氏分古韻爲十部，江氏分古韻爲十三部），並寫成《詩經韻譜》和《群經韻譜》二書，之後段氏所纂的《六書音韻表》即以二書爲底本，當《六書音韻表》問世，當時學者爭相傳鈔，錢大昕亦爲此書作序。清代的言文字者，以段氏爲四大家之一，至於段氏之古韻十七部，對古音學則有繼往開來的貢獻。

王念孫，字懷祖，號石臞，江蘇高郵人，嘗從戴震學文字聲韻訓詁，乾隆四十年進士，授翰林院庶吉士，曾任陝西道禦史、永定河道等官，撰有《讀書雜記》、《古韻譜》、《廣雅疏證》等。王氏的代表作是《讀書雜記》一書，此書雖名讀書雜記，但網羅《逸周書》、《戰國策》、《管子》、《晏子》、《史記》、《漢書》等古今典籍，並對其作精密的考證，往往爲證求一字，論述竟可至萬字之多，可知規模非一般讀書筆記可以超越。其次，王氏對於古韻亦有研究，撰有《古韻譜》兩卷，多網羅《詩經》、《楚辭》的文字，分古韻爲二十一部，其中的脂韻三部，段玉裁也有提到，而王氏把祭、盍輯爲四部，這對古韻部的研究則是首創。又《廣雅疏證》一書，是王氏專研十年而成，凡三十二卷，《清史稿》謂其：「就古音以求古義，引伸觸類，擴充於《爾雅》、《說文》無所不達，然聲音文字之嚴一絲不亂。蓋集張輯之書以納諸說，而實多輯所未知及，同時惠棟、戴震所未及。」〔註69〕王氏從古音求古義，就是要對古文獻作一翻透徹的考證，又能觸類旁通，搜集其他典籍的資料，發現前人所未留意的論證，其對文字訓詁的嚴正態度，實可代表戴派精亦求精之學風。

王引之，字伯申，號曼卿，王念孫之子，嘉慶四年一甲進士，授翰林院編修，後官至工部尙書，卒於道光十四年，謚文簡。王氏承其家學，亦精通文字、聲韻、訓詁之學，著有《經義述聞》、《經傳釋詞》等。王引之的代表作是《經義述聞》一書，其書斟酌古書的文字聲韻，歸納諸家之說，並發明

〔註69〕《清史稿・儒林列傳》，頁 1515。

研讀的義例，對訛誤多有糾正。

四、清代新義理學的建構

　　有學者以爲：「清代無義理學」，所以執意清代乃是考據學的天下，而並非義理所流行的時代，如牟宗三先生所言：「夫宋明理學要是先秦儒家的嫡系，中國文化生命之綱脈。隨時表而出入，是學問，亦是生命，自劉蕺山絕食而死後，此學隨明亡而亦亡。自此以後，進入滿清，中國之民族生命與文化生命遭受重大之曲折，因而遂陷於劫運，直劫至今日而猶未已。噫！亦可傷矣！是故自此以下，吾不欲觀之矣。」〔註 70〕牟氏以嚴格的理論標準，判宋明儒學爲儒學正宗，進而排斥清代學術的整體，認爲清學並無法論述先秦以來的儒學思想，所以清學已不足爲觀。

　　然而，清學除了文字、聲韻等考據學外，還是有屬於經學與哲學思想的部分，考據學的內容可以是金石、文字、聲韻、訓詁等，或許以上這些學術本身並不牽涉義理思想層面，但儒學的義理思想還是可以在清代有所發展。思索之，假使文字、聲韻、訓詁等學不能發揚孔、孟學說，則孔、孟學術所干涉的義理思想應該在清代如何定位？則儒學思想的悠久傳統應當如何來進行？因此，誠如胡適所言，清代可以有迥異於「宋明理學」的「新理學」出現，可以發生有別於宋明理學的哲學思想〔註 71〕。學者余英時等人，在歸納其清代思想的特性，並重新解釋其迥異後，欲用之有別於宋明之義理〔註 72〕。所以說，清代未必就是沒有義理學，清學所宗爲經學，並以考據方法爲其治學根柢，所以從經學開始建立基礎，再以考據爲方法所發展的哲學思想，便是清代所開創的新思維，此即爲重經世、學智與情性的「清代新義理學」之脈絡。

〔註70〕　牟宗三：《從陸象山到劉蕺山》（台北：學生書局，1990 年），頁 3。

〔註71〕　在胡適的《戴東原的哲學》一篇，胡適認爲戴震的哲學思想是異於宋明理學的，故其把戴震哲學又稱之爲「新哲學」或者「新理學」。〈戴東原的哲學〉，收入《胡適文集》（北京：北京大學出版社，1998 年），第七冊，頁 252。

〔註72〕　近二十年來的學者如余英時、業師張麗珠先生、張壽安、周昌龍等學者，在歸納清代思想時，認爲清代義理能有別宋明義理，自成一門，故近二十年來有所謂清代義理學研究的盛況。而業師張麗珠先生則由哲學思想的角度入手，寫成《清代新義理學》一書，可謂清代義理研究的另一成績。從學術的特質比較，清代義理重經驗，以論述形下事物爲主，宋明理學重超驗，以論述形上性理爲主，兩學有迥然不同的思想脈絡。

（一）明清之際義理思想之丕變

1.重「情欲」

宋儒從天理人欲的立場，認為情、欲皆是氣質的雜染，朱子所謂：「人之一心，天理存，則人欲亡；人欲勝，則天理滅。」〔註73〕朱子把人心當為理與情的樞紐，當心認同於理的無疵時，則人便可保有理的純粹與純善，相對的，當人心被欲望所佔領時，則氣質便會惡化，隨而表現出雜染與混濁的情感，所以朱子呼籲：「學者需是革盡人欲，復盡天理，方始是學。」〔註74〕這無疑是以較高的標準來衡量學者的道德學問，朱子站在成聖成賢的角度來勉勵學者進德修業，這固然有值得尊崇的地方，但如要求每個平凡人都達到這個標準，或許有過於嚴格之嫌。

到了明中葉後，因為社會的發展與經濟的進步，「理」的社會約束力反而有下降的趨勢，從到處流竄的勾欄瓦子與言情小說，可知明中葉的社會對情欲表現較為開放，如李贄（1527～1602 A.D）就曾標榜「童心說」，提倡以真實的情感來應對日常生活，不要活在嚴肅的教條下，其曰：「聲色之來，發於性情，由乎自然，是可以牽合矯強而致乎？故自然發於性情，則自然止乎禮義，非性情之外復有禮義可止也。」〔註75〕李贄認為，所謂聲色也是由自然的情感而來，並非是矯揉造作，自然而來就是真性情，既是真性情就是合乎於禮義。李贄這種言論，對當時一些態度虛偽的士大夫頗有諷喻的作用，但李贄的言行畢竟不能動搖學界數百年來的舊說，所以學術上依然嚴守理學家的訴求。

到了乾嘉時期，戴震首先在學術上對這種「存天理去人欲」的高標準產生質疑，其曰：「此理欲之辨，適成忍而殘殺之具，為禍又如是也。……舉凡民之飢寒愁怨，飲食男女，常情隱曲之感，咸視為人欲之甚輕者矣。輕其所輕乃吾重天理也，公義也，言雖美，而用之治人則禍其人。」〔註76〕戴震認為自宋代以來的理欲之辨，實把人性的情欲感受都給抹殺了，畢竟大多數人本來就是有飲食玩樂的需求，但宋儒卻以極高的道德標準來限制人情的種種，使人的耳目得不到聲色的滿足，實為過於嚴苛甚至是殘忍之舉，所以戴

〔註73〕《朱子語類》，卷十三，頁388。
〔註74〕《朱子語類》，卷十三，頁390。
〔註75〕李贄：《焚書·讀律膚說》（北京：中華書局，1975年），頁132。
〔註76〕戴震：《孟子字義疏證·權》（台北：商務印書館，1978年），下卷，頁57。

震把宋儒之理視爲一大虛僞，以爲理的不合用會造成生活日常的禍害，並且認爲「情欲」的適當即是合「理」。至於情欲是否會有過度之嫌？戴震認爲要合乎自然之情，他提出「以情絜情」來達到對情感節制效果，戴震把人天生而有的情欲視爲道德衡量的基準，當情感的宣洩能合於自然之情，而不偏執過度，就是合理合義，所以戴震表示「無過情無不及情」就是得理的表現了。

　　而稍後的俞樾（1821～1906 A.D）也認爲，當人的情欲一旦能於生活日用上獲得滿足，則人民自然能夠安居樂業，此亦是德政流芳的結果。其《論語平議》曰：「君子懷德，小人懷土者，言君子歸於德，則小人各歸其鄉土，老子曰：『甘其食，美其服，安其居，樂其俗，鄰國相望，雞犬之生相聞，民至老死不相往來』是也。君子懷刑，小人懷惠者，言君子歸於刑，則小人歸於他國慈惠之君。」〔註77〕小人指的是一般的老百姓，當百姓有生活上的需求時，統治者便有責任要滿足這種人情上的欲望，而欲望能得以滿足便是要倚望有賢德的聖君，所以百姓的民生日用，其根本就是政治之事，也就是清代學者所要強調的經世治國之目標。俞氏認爲，古人「性」與「情」二字通用，故俞氏的「性」與「情」觀念是不分的，此與理學者言性爲純善、情爲氣之雜染而生有所不同，其《孟子平議》云：「性與情者，若果有表裡之分，則公都子所舉三說，皆自論性，孟子何獨與之言情乎，蓋性情二字在後人言之，則區以別矣，而在古人言之，則情即性也。」〔註78〕情與性既然不分，所以人情的需求便是人性自然的流露，一般人對日常人倫的欲望，亦是情性上需求了。

2. 理在氣中

　　宋儒談理、氣二分，清儒亦談理、氣的性質與功能〔註79〕。基本上，宋儒以爲理存在於氣之先，故「理」是萬物的本源，有形上的特質和無上的地

〔註77〕俞樾：《群書平議》（台北：河洛圖書出版社，1975年），下冊，頁1946。

〔註78〕《群書平議》，頁2164～2165。

〔註79〕本文之氣論立場乃援引劉又銘《理在氣中》之說，其曰：「所謂氣本論，狹義地說，就是『理在氣中』、『離氣則無道亦無理』的以氣爲本的基本主張和立場；廣義地說，則是進一步包括在上述立場下的心性論與修養工夫論在內的思想。」故劉先生之論「氣」，即是把「氣」提高到本體的地位，而「理」乃爲「氣之理」，是須在氣中而存有之理。見劉又銘：《理在氣中》，〈緒論〉（台北：五南出版社，2000年），頁3。

位，而「氣」不過是「理」的作用，是形下的、是被生成的。宋儒由形上之理來規劃其宇宙天地之範圍，把理的地位抬到最高，相形之下，形下之氣就被貶低了，如朱子所言：「天地之間，有理有氣，理也者，形而上之道也，生物之本也，氣也者，形而下之器也，生物之具也。」〔註80〕朱子認爲，天地之間由二個層次所成，一爲形上之理，一爲形下之氣，理是生物之理，而氣是生物之用，故理的地位等同於「道」，顯然是高過於氣，而氣不過是由理生成之器物，是理作用下的產物。

至於明代心學，則對氣的作用更顯得興趣缺缺，心學是以「心」爲思想的最高範疇，其認爲心能主宰萬有，所以心即是理亦是道，是一切天地萬物生成的本源，萬物乃是心的顯化，本質是空虛。但這種以理或者以心爲最高範疇的思考模式，到了清代（特別是乾嘉年代）卻不盡爲學者所同意，畢竟學界在經過明末王學的刺激下，已經對理學產生抵斥的心態，特別是受到經世之學講求實際的薰陶後，學者的理氣觀多有變化。明末，黃宗羲曾拜於劉宗周門下，屬於王學的一支，但其言理氣則與理學有異矣，嘗在《明儒學案》論羅欽順的理氣觀云：

> 先生之論理氣，最爲精確。謂通天地，恒古今，無非一氣而已。氣本一也，而一動一靜，一往一來，一闔一闢，一升一降，循環而已，積微而著，由著復微，爲四時之溫涼寒暑，爲萬物之生長收藏，爲斯民之日用彝論，爲人事之成敗得失，千條萬緒，紛紜皎亂而卒不克亂，莫知其所以然而然，是即所謂理也。初非所有一物，依於氣而立，附於氣以行也。或者因「易有太極」一言，乃疑陰陽之變易類有一物主宰乎其間者，是不然矣。斯言也，即朱子所謂理與氣是二物，理弱氣強諸論，可以不辯而自明矣。〔註81〕

黃宗羲的說法正足以代表明末至清初以來丕變的理氣觀，朱學的立場採取的是理強氣弱，把理識爲天地萬物之生生的本源，而把氣歸於理之用，但黃宗羲卻認爲，氣才是天地萬物之主宰，故氣化能造成萬物的生成與民生日用，所以氣才是理的本源，黃宗羲這種降形上之理而昇形下之氣的觀點，顯然已對以形上之理爲歸依的理學進行了批判。黃宗羲甚至認爲「夫在天爲氣者，

〔註80〕 朱熹：《朱子文集・答黃道夫書》，收入《朱子全集》，第二十三冊，卷五十八，頁2755。

〔註81〕 黃宗羲：《明儒學案》，收入《黃宗羲全集》（台北：里仁書局，1987年），第八冊，卷四十七，頁1109。

在人爲心。」〔註82〕連心性都是由氣化而成，可見以心爲宗，以理爲主的理學，在明末清初時，其理論已走入衰微。

到了清初之顏元，其對宋儒的理氣之說，亦頗有微詞，顏元以爲程朱理學把理氣分爲二元實過於瑣碎，並且有接引佛學理論而來的嫌疑，其曰：「程子云：『論性論氣，二之則不是。』……，朱子曰：『纔有天命，便有氣質，不能相離。』……。可惜二先生之高明，隱爲佛氏六賊之說浸亂，一口兩舌，而不自覺。」〔註83〕其以爲程、朱二人的理氣論皆援引佛家之說法而來，故論點亦儒亦佛，支離而不自在。其又曰：「若謂氣惡，則理亦惡，若謂理善，則氣亦善，蓋氣即理之氣，理即氣之理，烏得謂理純一善，而氣質偏有惡哉。」〔註84〕顏元認爲氣理是不分的，氣就是純善之性，而氣所發散的即是理，只有氣顯現出理，因此氣才是能生化萬物的本源，顏元又反駁程朱的理氣論，認爲是接引佛學理論而來，所以有違聖道，顏元這種嚴厲的批判，正代表清初義理思想對宋明思想的反彈。

至於乾嘉時期，學者對氣化的世界更顯興趣，由於理學已非主流，故除了少數理學者外，氣的理論被學者所重視，氣取代理成爲義理學上的主宰，如戴震曰：「在天地，則氣化流行，生生不息，是故謂之道。在人物，則凡生生所有事，亦如氣化之不可以已，是謂道。」〔註85〕東原認爲充斥在天地間的，是生生不息的氣，發生在人物之中的，亦是氣的變化，所以氣化流行就是道的顯化。又曰：「性者，分於陰陽五行以爲血氣心知，品物區以別焉。」〔註86〕既然氣能夠生化萬物，則屬於萬物之一的人類，亦由氣而化生，因此，東原認爲人的血氣心知是陰陽二氣再結合五行而生，而「性」的成份即是血氣心志，所以「性即氣」，此與朱子所謂的「性即理」，實有本質上的不同，故「氣」與「理」在清代學術思想上之地位，已經有所轉變。事實上，自宋代理學興起以來，理學的地位一直都是高高在上，其「理」之觀念更是學術界的焦點，但走入清代，學者轉重視經驗與實務，因此談形而下的氣化宇宙論逐漸被學者所重視，最終在時代的潮流下，其聲勢反而壓過了理學。

〔註82〕《明儒學案》，頁 1109。
〔註83〕顏元：《存性篇·駁氣質性惡》，收入《畿輔叢書》，第二十三函，卷一，頁 1。
〔註84〕《存性篇·駁氣質性惡》，卷一，頁 1。
〔註85〕戴震：《孟子字義疏證·天道》，下卷，頁 43。
〔註86〕戴震：《孟子字義疏證·性》，中卷，頁 25。

（二）戴震在清代新義理學的地位

乾嘉時期，考據學蓬勃發展，學者除了把考據方法用在如金石、版本、校勘等議題上，亦涉入義理思想之研究。而戴震身為乾嘉學術的先驅，對於清代新義理思想的研究，可謂是投入畢生精力，其所用力之「重情」、「重氣」的學術成份，使清代新義理的發展有了重要依據。胡適頗推崇東原之義理，其曰：「戴氏是一個科學家，他長于算學，精於考據，他的治學方法最精密，故能用這個時代的科學精神到哲學去，……他的哲學是科學精神的哲學。」〔註87〕以考據方法來研究義理，則理論更比宋明理學來得客觀，故胡氏贊其為哲學有「科學精神」，並非過當。鮑國順先生亦言：「事實上，東原思想的形成，除自得的部分之外，大抵亦受有時代環境影響。清代學術風氣，已由尊德性的程次，轉入道問學、重經驗、尊考證、尚客觀。」〔註88〕因此東原之哲學實符合經驗、客觀的研究趨向，與乾嘉學術的旨趣是不違的。梁啓超也說：「乾嘉諸老中有三、四位——如戴東原、焦里堂、章實齋等，都有他們自己的哲學，超乎考證學以上。」〔註89〕東原通過對經學的見解，而重新建構出一套涉及經驗價值的義理思想，此亦是超越考據學侷限的一大創變。而其於清代新義理思想之領袖地位，便隨著批判宋明理學與「情」、「氣」、「欲」等議題的發明而儼然成形。

基本上，東原是不滿宋明儒的論點，其認為學術的價值，必須建立在通經致用的基礎上，其有「夫士不通經，則材不純，識不粹，不足以適於化理」之說〔註90〕，故由經典的貫通，則才識便得以純粹，由此來論「理」亦恰當。而此務實的治學觀念，亦深駐於東原的學術事業。察東原早年曾撰有《原善》一書，此書前後稍有改過，初稿三章因字數過簡，唯有二千多餘字，之後東原曾花了數年的時間修改，欲以考據來研究義理，再以義理來剖析經學，其修改本的大旨，內容多言仁、義、禮、智、性、情、欲等。其曰：「比類合義，燦然端委畢著矣，天人之道，經之大訓萃焉。」〔註91〕因此，天人之道是可以在經學中發現的，也可以在經書的訓解中貫徹，由此實可觀察出，東原欲

〔註87〕〈幾個反理學的思想家〉，收入《胡適文集》（台北：遠流出版社，1979年），第三集，頁81。

〔註88〕鮑國順：《戴震研究》（台北：國立編譯館，1996年），頁359。

〔註89〕《中國近三百年學術史》，頁33。

〔註90〕《東原文集》，卷十一，頁403。

〔註91〕戴震：《原善‧序》，收入《戴震全書》，第六冊，卷上，頁7。

調合經學與義理的學術創見。

到了乾隆三十七年，東原的另一本義理著作《緒言》完成，此書的重要性在於東原開始對宋明理學進行批判，是東原欲「發狂打破宋儒家中太極圖」的著作。其中已深入論述理欲之辨與理氣之辨，其論述比《原善》更為純熟，可視為其中期思想的代表作。乾隆四十一年，東原四十四歲，其《孟子字義疏證》書成，此書的底本即是《緒言》，是東原晚年思想的定本，亦是集其思想之大作，東原以為此書乃是他生平最成功的論述，他曾對段玉裁說：「僕生平論述，最大者為《孟子字義疏證》一書，此正人心之要，今人無論正邪，盡以意見誤名之曰『理』，而禍斯民，故《疏證》不得不做。」〔註 92〕東原處在以理學治國的清代，統治者是以「理」的合法性來掌控百姓、規範社會的風俗民情，甚至嚴酷到以理殺人，在政治上則用理學來考科舉，東原感悟到理學的政治性與虛偽性，對理學莫不有極大反感。所以寄望於經學，冀望從經學之實而糾正理學之虛，此亦為《孟子字義疏證》成書的宗旨之一，其曰：「夫所謂義理，苟可以捨經而空胸臆，將人人鑿空得之，奚有於經學之云乎哉？」〔註 93〕東原以著重經學的立場，而批判宋明理學的空疏，因此東原所認知的義理，是要在以經學為而發展的。

其實可以說，《孟子字義疏證》非但是東原在義理學上的大作，亦是寄托其對國治民生、日用人倫的一部奇書，此書以經世為出發點，多談天道、性命、性善、血氣、心智、仁義禮智等議題，是東原在整理《孟子》後，對戰國動蕩社會之反思，其中多寓有對儒學的新見解，並能與當代學術相互呼應。故從清代學術的發展而論，東原之識見實頗具創新的意義與價值。

第三節 清前中葉《禮》學之發展

所謂《禮》學指的是《三禮》，即《儀禮》、《周禮》、《小戴禮記》，或又有學者加入《大戴禮》，而與《三禮》並列〔註 94〕。但從經學史的流傳來說，

〔註 92〕 戴震：〈與段茂堂等十一札・第十札〉，收入《戴震全書》，第六冊，頁 543。
〔註 93〕 〈題惠定宇先生授經圖〉，收入《戴震全書》之《戴氏雜錄》，第六冊，頁 505。
〔註 94〕 梁啟超言：「《三禮》依普通的次序，是一《周禮》，二《儀禮》，三《禮記》。有時加上《大戴禮記》，亦稱作《四禮》。」見梁啟超：《中國近三百年學術史》，頁 261～262。

學者對《大戴禮》的重視並不如《小戴禮記》，所以《三禮》的名稱實較學界所常用。〔註95〕

《三禮》學始盛於西漢，但當時較重視《儀禮》與《禮記》，並把《儀禮》視為《禮經》，《漢書‧藝文志》有：「立《禮》古經五十六卷、經七十篇、記百三十一篇」之說，魯恭王壞孔子宅，所得的五十六篇為古文經，而高堂生所傳的《士禮》十七篇，為今文經，一般相信就是古禮經七十篇的殘卷，其篇目皆著錄於劉歆的《七略》當中，所謂「古經七十篇」是也，所以依《漢書藝文志》之說，《禮》學的本經即是指《儀禮》而言。至於《禮記》，則是《禮經》的傳記部分，相傳是孔子弟子與再傳弟子解經的篇章，或說其中有參入漢儒解經的筆記，西漢時，經師講學都會有自己的筆記，戴德所傳有八十五篇，戴聖所傳有四十九篇，學術性質大略相同，但篇目有所增損，故後世以大小戴《禮記》來區分。至於《周禮》，先秦本無其名，《史記》的〈封禪書〉是最早提到《周官》一書，《漢書藝文志》載有《周官經》六篇、《傳》四篇，但需遲至西漢末，劉歆以《周官》十七篇為《周禮》，始有《周禮》之名〔註96〕。故考其年代與名稱，《周官》最早出現是在漢代的文獻中，而先秦莫傳，因而學者對此非議頗多。至於〈考工記〉的出處，歷代更是爭議不斷，雖是遞補〈冬官〉的篇章，但其名目就失去「六官」職守的涵意，且內容與〈冬官〉是否相同亦不可考，所以學者多認為〈考工記〉只是〈冬官〉亡佚後的充數之篇，與原文根本就格格不入。

總之，自鄭玄注《三禮》以來，《禮》學雖定於一尊，但宋明之際學者不全然相信鄭說，甚至攻擊鄭說，且往往割裂經傳，甚者以己意更改古經，因此《禮》學遂衰微於宋人的武斷之下，與古制漸行漸遠。到了清初，經學有復興的趨勢，《禮》學在此時期充份發揮，成為顯學，於是《禮》學研究形成風氣，在考據研究方法的推波助瀾下，代表清代特色的《禮》學逐漸成形。其次，清代《禮》學的名目繁多，《四庫提要》所列的《禮》學類就有五種之屬，除了《禮》義、《禮》儀的研究外，更旁及《禮》音、《禮》圖、

〔註95〕 在宋代，《大戴禮記》曾經被列為十四經之一，清代的朱彝尊參考宋代史繩祖的說法，特別把《大戴禮記》提出來與《小戴禮記》共列，但此說卻遭到《四庫提要》非議，認為史繩祖並不足信，從此可見學者對《大戴禮記》的重視並不如《小戴禮記》。

〔註96〕 荀悅《漢紀》云：「劉歆以《周官》經十六篇為《周禮》。王莽時歆奏以為《禮》經，置博士。」見荀悅：《漢紀》（台北：鼎文書局，1977年），頁210。

《禮》器的考察〔註97〕，《禮》學由此得到比宋明更全面性的發展。此外，清初治《禮》名家輩出，且著述頗豐，因此最後對清初治《禮》名家作一舉隅。論述如下。

一、清代《禮》學之繼承

《禮》學的流傳，上可追溯到先秦的周公、孔子。相傳《三禮》都是周公制《禮》作《樂》後所留下的典籍，所以歷來論述《三禮》的作者，都以周公為指歸，但此說法到了宋代以降，學者多抱持懷疑的態度。至於先秦論「禮」，除了《六經》外，亦可見於《論語》中，《論語》出現「禮」字有七十五次之多，僅次於「仁」字。孔子出生於魯國，而魯國是周公的封國，因此孔子能接觸的禮樂教養自然與眾不同，子曰：「不學禮，無以立。」又曰：「君子博學於文，約之以禮。」禮在先秦時期就是士人必須學習的一種知識，和學問是分不開的，受過禮儀節文的濡染，才算正式進入士君子的行列。而「禮」更是成德的必要修養，如《左傳・僖公二十七年》云：「禮樂，德之則也。」〔註98〕古人認為，通過禮、樂的實行，便能達到道德上的完美，因此，「禮」不但是一種儀文，亦是心性與行為上的準則規範，所以禮包含兩方面，一是具體的節文，一是道德心性之修養。入漢後，治《禮》學者眾多，因為政府的鼓吹與獎勵儒家思想，於是有所謂家派的出現，據《漢書藝文志》所載，西漢治《禮》者就有十三家，著作共五百五十篇之多，知名學者如高堂生、徐生、桓生、后倉等，皆以治《禮》顯於世，之後，后倉的弟子戴德、戴聖、慶普，當時號稱三家《禮》，皆被立為博士；到了東漢，治《禮》者有曹充、曹襃、董鈞等人，此時的學者受到今古文經之爭的影響，治經特色是強調師說與家法，且留意文字的訓詁，但格局並未能超出西漢學者的範圍。

到了東漢末，《禮》學有較大的突破，通儒馬融首先遍注群經，可惜其說未能流傳，之後其徒鄭玄集今古文經之大成，遍注《三禮》，容納各家的意見，其態度不拘師法，論說平實，於是漢代以降，鄭玄的《三禮注》便成了治《禮》的重要參考書。到了唐代，孔穎達奉勅編《五經正義》，在《禮》學這一門，採取的正是鄭注，並且進一步運用在國家的科舉考試上，成為明經取士的底

〔註97〕 在《禮》學音韻研究方面，段玉裁有《三禮漢讀考》，陳喬樅有《禮記漢讀考》，俞樾有《禮記漢讀考》等。

〔註98〕 《左傳正義》，收入《十三經注疏》，第六冊，頁 267。

本，此舉也確立了鄭注在經學史上的地位。

　　然而，到了宋代，因爲治學風氣的不同，《禮》學研究發生了巨變，其中，以王安石（1021～1086 A.D）的廢黜《儀禮》，而改立《周禮》於學官之影響最大〔註99〕。北宋神宗（1068～1085 A.D）時期，王安石以宰輔的地位行變法之事，爲了要讓法規的內容有所根據，所以他便參考了《周禮》的制度，再親自撰寫《周禮義》二十卷，內容大致是以己意來解釋《周禮》。到了熙寧年間，《周禮義》終於列入學官的課本，成爲國家取士的重要依據，《宋史‧選舉志》言：「古之取士，皆本於學校，故道德一於上，習俗成於下，其人材皆足以有爲於世。……今定貢舉新制，進士罷詩賦、帖經、墨義、各占治《詩》、《書》、《易》、《周禮》、《禮記》一經，兼以《論語》、《孟子》。」又言：「（熙寧）八年，頒王安石書、詩、周禮義于學官，是名三經新義。」〔註100〕王安石從政策的立場出發，在《禮》學上專取《周禮》、《禮記》，而廢黜了《儀禮》，雖說是爲了變法的需要，但結果確是使《儀禮》成爲冷門學科，這無疑是以政治干預學術的莫大後患，亦是學術界的一個巨變，因此顧炎武曰：「王安石變亂舊制，始罷《儀禮》，不立學官，而此經遂廢。此新法之爲經害者一也。」〔註101〕《儀禮》不立學官的結果，在科考上就不被重視，《儀禮》顯然成爲冷門學科，所以王安石罷黜後，士子多不攻習，宋世亦少有爲《儀禮》作解者，《四庫全書》有著錄者張淳、李如圭、魏了翁、楊復等人，但實爲少數，此影響則延續到元、明兩代之經學。

　　其次，宋學者不信漢人注疏，好用義理解經，此亦是經學史上的一大問題。好用義理解經，此法雖能發揮經傳中的義理觀念，但任意的把心、性、理、天道的議題貫注於經學上，其結果卻是與古經的原旨形成隔閡。如蔡沈《洪範皇極內篇》，雖名爲《尚書‧洪範》解，但內容多言理、氣、天道、陰陽等，完全是把〈洪範〉當作一部義理思想的典籍，漢人好言祥異，往往喜

〔註99〕王安石，字介甫，號半山，宋撫州臨川人，仁宗慶歷二年進士，歷任淮南判官，舒州通判等地方官，仁宗嘉佑三年，上萬言書，言天下財政、兵制等事，有改革天下世務之心，但之後丁母憂，離開朝廷，直到了神宗朝才受重用，後被任命參知政事、宰相，故得以實行變法，之後有著名的「熙寧變法」，完全由王氏主宰，著有《三經新義》、《字說》、《群經新說》等書，宋史有傳。

〔註100〕脫脫：《宋史‧選舉志》，收入《四庫備要本‧史部》（台北：中華書局，1965年），卷一五五，頁10。

〔註101〕顧炎武：《日知錄‧九經》（台北：中華書局，1984年），卷七，頁33。

用〈洪範〉作爲天人感應說的根據，參入陰陽家的五行之法，此舉後學已多抨擊之，而宋人以理、氣附會，亦是擾亂古經的原旨。又如楊簡《己易》一書，好以心性解《易》，心學顯然影響了解經的方向，楊簡認爲：「在天成象，在地成形，皆我之所爲也。」〔註102〕楊氏是象山門人，是心學的傳人之一，楊氏此說，以爲天象地物皆是因「我」而成，「我」的本質就是心性，所以一切萬物萬象都是心性所造成，然而一味以心性來會通《易經》，並勉強把古人的說法與自己的解釋合爲一談，就未免有太過武斷之嫌。所以宋人好以義理解經的態度，往往對經學造成衝擊，學者不滿經文與己說有異的，甚至改經文來要求的地步，所以好用義理、疑經、改經便成了宋人治經的另一特殊現象，如皮錫瑞所言，宋儒往往「以義理懸斷數千年以前之事實」，此說實令人玩味。〔註103〕

到了元代，因爲政府之重視學術不如宋代，士人的地位每況愈下，有學問的學者大多潛隱於民間，又著作的環境亦不如宋代，所以和歷代相比，《禮》學的著作與《禮》學者的比例更爲降低，《宋元學案》所列的禮學者實寥寥可數，雖有如熊朋來、敖繼公、陳澔、吳澄、汪克寬等學者以《禮》學稱於世，但對《禮》學的發展其幫助仍有限。《宋元學案・晦翁學案》有熊朋來一節言：「先生以《周禮》首薦鄉郡，而元制《周官》不與設科，治《戴記》者尤鮮。」〔註104〕熊朋來爲朱子再傳，是宋代咸淳年間（1265～1274 A.D）進士，長於《周禮》，入元後曾擔任州判的小官，算是少數以遺民仕官的學者，但元代不設《周禮》於學官，熊氏雖能得官，其《禮》學的長才仍不爲重用。以元代當時的學術環境而言，政府並不鼓勵學術創作，士人要借助科舉從此步入青雲，實有一定的困難，所以在宋代，曾被王安石鼓吹成科考的《周禮》，到了元代卻不設科，可見《禮》學的聲勢到了元代後更顯得卑弱了，元不如宋已然成爲定局。

明代中興以後，政治上多因襲元人的制度，在科舉考試仍慣用元代的取士之法，如底本依舊是朱子的《四書集注》，並以經義取士。但值得注意的是，明代的《五經》並未循用前代的舊書，反而是使用永樂十二年（1414 A.D）胡廣、楊榮等人所修的《五經大全》，按清儒皮錫瑞的《經學歷史》所載，《五

〔註102〕黃宗羲：《增補宋元學案》，第四冊，卷七十四，頁8。
〔註103〕皮錫瑞：《經學歷史》，頁254。
〔註104〕《增補宋元學案》，第四冊，卷四十九，頁27。

經大全》中，《春秋大全》全襲汪克寬的《胡傳纂疏》，《詩經大全》全襲元人劉瑾的《詩傳通釋》，《周易大全》則拼湊董楷、董眞卿、胡一桂、胡炳文四家之書，《書傳大全》則抄襲元人陳櫟的《尚書集傳纂疏》與陳師凱的《書蔡傳旁通》，《禮記大全》則採納四十二家之說，而以陳澔的《禮記集說》爲主，整體而言明代的科考並不是以古經取士，而是以元人之書取士，元學既然已不如宋，所以明學更顯衰微。

另外，明代的士人對於《儀禮》一書雖不熟悉，反倒是因爲朱子《家禮》的影響，特別注重家常的儀文形式。朱子對於教化有所謂「三綱五常」之說，《朱子文集》云：「三綱五常，天理民彝之大節，而治道之本根也。」〔註105〕其《論語集注・爲政》亦云「三綱，謂君爲臣綱，父爲子綱，夫爲妻綱。五常，謂仁、義、禮、智、信。」〔註106〕朱子認爲「三綱五常」是個人與家、國之間所以平治的重要樞紐，《大學》所謂「齊家」、「治國」、「平天下」就在於君臣、父子、夫婦之間的維繫，名份鞏固了，倫常自然能建立，治道就能落實。所以，在「三綱」中屬於家屬的關係就佔了兩位，由此可見，朱子是相當重視家庭倫理的學者，因此，朱子會編纂《家禮》這類典籍，其實並不意外。在明代，朱子學受到重視，朱子的《家禮》在這種情況下便對學界產生影響力，於是明代有所謂「四禮」之學的興起。〔註107〕

「四禮」指的是婚、冠、喪、祭等四種家禮，內容和家居禮節相關，也和社會禮俗有緊密的關係，但《四庫提要》卻歸入「雜禮」之屬，可見並未以正統經學看待。《四庫提要》列有「雜禮」共二十五種，只存目而不著錄的有十七種，其中以「四禮」爲名就有七種，如明代宋纁的《四禮初稿》、呂坤的《四禮疑》、《四禮翼》，呂唯祺的《四禮約言》，清代王心敬的《四禮寧儉篇》等。至於「四禮」學的研究動機，呂坤著《四禮翼》的例子可爲一個典型，《四禮翼・序》曰：「四禮者何，人道之始終也。翼四禮者何，計四禮之所未備也。冠祭一朝禮耳。婚自納采而親迎，六日禮耳。喪自含殮奠食，以致於喪而反哭也。……先慈告終，讀《禮》之餘，追平生踈節，成今日遺

〔註105〕朱熹：《戊申延和奏劄》，收入《四庫備要・子部》之《朱子大全》（台北：中華書局，1965 年），卷十四，頁 1。

〔註106〕朱熹：《四書集注・論語集注・爲政第二》（台北：藝文印書館，1974 年），頁 14。

〔註107〕明代「四禮」學之著重是爲家居的禮節儀文，其著作多爲明士人所發微，此與梁啓超所謂之經學上的《四禮》學有所不同。

恨，遂以一得愚，作四禮翼。」〔註108〕呂氏認為，「四禮」乃是生老病死的禮節，與人一生的日常作息是分不開的，這些家禮於平日未必會使用到，但到了有需要之時，禮制卻往往未能完備，所以呂坤在母親過世後，其哀慟之餘，頗感慨禮制的不足，因此便有了撰寫《四禮翼》的動機。可惜的是，「四禮」的內容雖豐富，但論說往往與古說不合，對禮制的考證亦不精密，其說雖能勉強應付於當時社會的需要，但確有論述過於俚俗之病，故清乾嘉以降，學者重視考證的工夫，對「四禮」學的俗說便有所不滿了。事實上，由明過度到清的這段時期，婚、冠、祭、喪等禮節仍然在一般社會上流行，並未受到異族統治的影響而廢棄，且流行的階層相當廣泛，可說是深入平民以至於士大夫之家，所以明代《禮》學的核心，無疑是集中在「四禮」之學的發展，其影響甚至遠至清代，如《四庫提要》所著錄「四禮」學書目，清儒仍有一定份量。

清初，在「經世」思潮的刺激下，學者多棄心學而趨於樸實的經學，到了乾嘉時期，學者重拾對漢唐《注》、《疏》的興趣，在崇尚考據方法的情況下，治學態度轉為嚴謹，以往被遺忘的古經，反而成了經學考證的大熱門。同樣的，宋人治《禮》的方法與明人的「四禮」之學，亦不能滿足清儒對《禮》學之熱情，如皮錫瑞所言：「宋人盡反先儒，一切武斷；改古人之事實，以就我之義理；變三代之典禮，以合今之制度；是皆未敢附和以為必然者也。」〔註109〕清儒實事求是，治學首在考校，其次才是經義的釐清，程序井然嚴密，因此和宋明儒好義理解經、而任意增損禮制的旨趣自然就格格不入了。

早在清初，大儒顧炎武就開啓《禮》學研究之先，顧氏雖無專門的《禮》學著作，但其校勘《儀禮》之舉，實是清代《禮》學的典範。之後，考據學盛行，研究方法的創新，《禮》學成了顯學，於是治《禮》家紛紛繼起，治《周禮》者有李光坡、方苞、惠士奇、沈彤、江永等，治《儀禮》者有張爾岐（1612～1677 A.D）、萬斯大、任啓運、姚際恆等，治《禮記》者有冉覲祖、姜兆錫、王心敬等，其中毛奇齡的《禮》學著作更至十餘種，其書雖以排宋、好辯駁著稱，但對《禮》學著述之功，可謂瑕不掩瑜。至於清儒治《禮》之特色，見於下節。

〔註108〕呂坤：《四禮翼・序》，收入《四庫全書存目叢書》（山東：齊魯書社，1997年），經部，第一一五冊，頁 80～81。
〔註109〕《經學歷史》，頁 280。

二、清前中葉《禮》學之特色

《禮》學在清代的發展，成爲經學研究的重要範疇之一，所以清儒對於治《禮》，無不是抱持著審慎積極的態度，欲褪去宋明以來理學的影響，從今日的眼光來看，清代《禮》學之復興無疑是清代經學復興的一個重要里程，不論是「質」或者「量」，都有相當好的成績。

以「質」的方面而言，清儒先由經傳著手，並試圖從原文的線索，回溯先秦的古《禮》學知識，但是有了經傳的原文還是不夠的，清儒解經上尊崇鄭注，認爲漢人的學問去古不遠，並非是空言無據之說；其次，清儒相當重視《禮》器與《禮》圖這些具體的器物，認爲通過這些實質器具的輔助，可以有助於《禮》制的還原；另外，考據學成爲一種新研究方法，以考證方式來糾正《禮》學千百年來的錯誤，成爲一種趨勢，所以舉凡宋代的義理學、明代的家禮學，甚至兩漢的注疏的訛誤，都可能在這種方法下重新被審視。

在「量」的方面，由於學者熱烈的投入，其著書的比重皆是優於宋、元、明各代，在政府的鼓勵下，各類《禮》書的出版如雨後春筍，如《皇清經解》所著錄的《禮》書類共有三十五種之多，其中總義類有八種、《周禮》類十種、《儀禮類》八種、《禮記》類九種，《續皇清經解》亦著錄有六十四種之多，其中總義類有八種、《周禮》類十二種、《儀禮類》二十三種、《禮記》類十一種，這些書籍其中以《儀禮》類的數目最爲可觀，從《四庫全書》的著錄與存目來看，宋元明三代的《儀禮》著述加總也不過就十種之多，而清代則以倍數成長，因此說清代是《儀禮》學復興之時代，實不爲過。清代《禮》學的特色大致可分爲以下幾點：

（一）考《禮》風氣之抬頭

清代之考《禮》〔註110〕，實是和清人不滿宋、明人治《禮》的方法有關。基本上，自宋代以降歷朝對《禮》文獻的存廢頗不一致，且文字脫落，以己意改經、傳抄錯誤者比比皆是，清儒在不滿古籍殘缺之餘，便積極投

〔註110〕本文「考禮」之用法，乃循張壽安先生之《十八世紀禮學考證的思想活力》一書，其關於「考禮」的議題而發微，張先生判清儒《禮》學的兩種性格爲「考禮」與「議禮」，其中「考禮」之說，乃爲本文所擷取。而「考禮」一詞，在清代之前已有出現之，如元代張理《易象圖說·序》：「因經以考禮，因律以正樂。」張氏以爲，可循著《經》說以考辨「禮」制之精確。見《增補宋元學案》，第六冊，卷九十二，頁36。

入歷代文獻的搜羅與文字的考證校訂，以求經文的正確與精密，此外，清初的「經世」思想相當重視務實面，而《禮》學正是諸《經》中最爲實際的，影響普及整個民生，所以清儒治《經》往往又致力於治《禮》，因此，習《禮》、考《禮》便成爲一種普遍共識，是清儒治《禮》的必要工作。至於清儒之考《禮》，主要對象是《三禮》的經傳，內容則是釐清《禮》書中的禮制、儀文、器具、服飾、度數等，但有時爲了還原經傳的原貌，也會以經、傳、疏、注互證，或者用禮制、禮器、儀文與經傳互證〔註111〕。在方法上大致是考文字、明訓詁、正音讀、校善本，過程都有一定的原則，張壽安先生以爲：「治禮經一定得通過文字考訂、斷句分節、禮例歸納，先釐清經文、傳文、記文、注文、疏文，才有被認定的經書『文本』可資研究，禮意的解析才有正確性。」〔註112〕清儒首重文字之考校，其次斷句分節、歸納禮例，再對經文的傳、注、疏作釐清，最後才疏通《禮》意，欲達到和古禮的精確無誤，整個成書的過程，歸納嚴謹，分析精密，實已接近近代研究的程序，故清代《禮》學之文字價值，實非宋明可比擬。

至於考《禮》的內容方面，張壽安先生以爲可以分爲「考國之大典」與「考民生禮典」二方面〔註113〕。「考國之大典」是屬於國家典制之考證，與宮廷的廟堂、禮器、服制相關。「考民生禮典」則是屬於昏、喪、吉禮之考證，受到「家禮」學的影響，清儒重視的非但是一般民間俗禮的進行，而且更要回歸古經的典制，以求其根源由來，使之歸於精當，清儒在這方面實用力頗深。

如程瑤田（1725～1814 A.D）的《儀禮經注疑直》一書，對《禮》制與宗法之考訂就相當嚴密，此書雖未脫稿，今只存輯本五卷，但其體例，可爲清代考《禮》著作的代表之一〔註114〕。此書大致分有二門，一爲校字，二爲說

〔註111〕彭林先生在〈論清人《儀禮》校勘之特色〉一文中認爲，清人校《儀禮》方法有三，一爲由注疏而正經注之誤；二爲由名物制度而考見經注之誤；三是以全書通例校定經文。彭林：〈論清人《儀禮》校勘之特色〉（上海：上海書局出版社，2002 年），頁 230～233。

〔註112〕《十八世紀禮學考證的思想活力・諸論》，頁 13～14。

〔註113〕《十八世紀禮學考證的思想活力・諸論》，頁 111。

〔註114〕程瑤田，字易疇，安徽歙縣人，江永門下，與戴震、凌廷堪同鄉，乾隆三十五年舉人，官至太倉州學正，嘉慶年間舉孝廉方正。精通《禮》學、小學，擅長考證，著有《禹貢三江考》、《解字小記》、《宗法小記》、《釋草釋蟲小記》、《琴音記》等。

義，多能釐正前人文字之訛誤，及疏通鄭賈先儒注疏之過失。全書以李元陽閩刻注疏爲底本，並引證前朝今人之善本進行校勘，所引古人之書有陸德明的《經典釋文》、杜佑的《通典》、唐石經《儀禮》、李如圭的《儀禮集釋》、朱子的《儀禮經傳通解》等，又錄取清儒前輩之意見，如顧炎武、張爾岐、沈廷芳、金追日等人之說，並廣收師友之見解，與前人意見相互對照，全書所列之名儒有戴震、金榜、汪肇龍、段玉裁、劉台拱、阮元等人，最後才抒發己意，爲條例做總結，而每條解說下都附上年月時間，胡培翬的《儀禮正義》對此書頗爲重視。

（二）對禮器與禮圖之重視

所謂禮器，指的是朝廷廟堂之上所使用的器具，但廣義上的禮器，其範圍從典禮用的祭器到日常生活的用具皆可包括，使用者自庶民以至於諸侯、士大夫等，舉凡生活周遭的食、衣、住、行都與這些禮器有關。《史記‧禮書》以爲：「人體安駕秉，爲之金輿錯衡以繁其飾；目好五色，爲之黼黻文章以表其能；耳樂鐘磬，爲之調諧八音以蕩其心，……是以君臣朝廷尊卑貴賤之序，下及黎庶，車輿、衣服、宮室、飲食、嫁娶喪祭之分，事有宜適，物有節文。」〔註115〕「禮」的制定和先民對生活的規範有很大的關係，禮器的製作，除了可滿足基本的生活需求外，更有輔助禮制、贊助教化的功用。此外，禮器製作的精良、樣式的美觀等，更是代表一國文化水平的高度，早在先秦兩漢時期，我國就以精良的工藝品聞名西域，絲織品、瓷器、漆器等都是輸出大宗，以當時世界的工藝技術而言，可謂是獨佔鰲頭。

至於禮圖，乃是禮器或禮制的圖本，是學者對禮器與禮制進行考察後，於圖書之上描繪出其形式樣貌，其中包括器具的形狀、衣飾的樣貌、宮室的佈置等，《周禮‧司徒》就說：「凡民訟，以地比正之；地訟，以圖正之。」〔註116〕故圖之功能，早在《周禮》編纂時代就受到重視，舉凡地形、建築、田產等名目都可用圖來表示之，所以用圖來贊助政教，可說是《禮》學的中心思想之一。在清代之前，禮器與禮圖仍然有一些研究學者，著作往往也涉及禮器的解說，如宋代楊復的《儀禮圖》、明代劉績的《三禮圖》、王應電的《周禮圖》等，但因爲治學不夠客觀，考證不夠精詳，所以內容的爭議很大。明代以降，學界轉而重視「家禮」學，「家禮」學的內容亦牽涉到禮器和

〔註115〕見《史記‧禮書》，頁94。
〔註116〕《周禮注疏》，第三冊，頁173。

禮制，考《禮》制也是必要的工作，只是明人不重古經，所以「家禮」的考訂反而往往流於俗禮之中，而難以對古制與古禮作出貢獻。有鑑於此，清儒對禮制的考證，並不只自滿於文字的敘述，而是以先秦兩漢的典籍為出發點，在詳加考證後，追求更細膩更正確的古禮原貌。

從《四庫全書》、《皇清經解》的著錄來看，清儒研究禮器與禮圖者，實不在少數，原因在於研究經義者多會旁及禮法的研究，比如戴震，其在二十四歲之時，曾著有《考工記圖注》一書，對古禮器便有詳細的說明，其曰：「立度辨方之文，圖與傳注相表裡者也。自小學道湮，好古者靡所依據。凡《六經》中制度禮儀，核之傳注，既多違誤，而為圖者，又往往自成詰詘，異其本經。古制所以日即荒謬不聞也。」〔註117〕東原作此書的目的，在於藉圖書的便利，釐清經書中被湮滅不詳的古禮器及古禮制，並對艱澀的器具詞語作一翻考察與求證的工夫，東原認為，古代生活的百態、典禮的規模、工藝的技術等，大致可以在這些器具中顯現，所以當這些禮器的度量、用法能夠詳明，則古代的典制亦能詳明。《考工記圖注》是東原早年的名著，用力頗深，東原考之於群經，對古禮器的典故詳加鑽研，故此書一問世後，見之者如名儒紀昀、名宦齊召南等，皆不噤嘆之為「奇書」了。

又張惠言（1761～1802 A.D）的《儀禮圖》一書，對禮器之典故亦有所發明〔註118〕。全篇除了精於考證外，其圖表清晰明白，解釋詳細，可謂是以圖表來解經的佳作。在體例上，其篇首先冠以各宮室衣服之圖，對宮室的位置、方向，及揖讓進退的禮數多有講解，《儀禮》十七篇中所載的古凶服冠器具亦用圖表來表示，並附加文字解說。梁啓超認為，宋代聶崇義之《三禮圖》，雖是治《禮》圖的先峰，但文多臆揣，實不能與張氏的《儀禮圖》相匹比。但可惜的是，張氏全篇大致是本南宋李如圭的《儀禮釋宮》一書，而不知《儀禮釋宮》非朱子之作，故其篇章多尊偽朱書之說法，此實為一小缺憾。〔註119〕

〔註117〕戴震：《考工記圖注》，收入《續四庫全書‧經部‧儒家類》（上海：上海古籍出版社，1995年），第八十五冊，頁61上。

〔註118〕張惠言，字皋文，嘉慶四年進士，官至翰林院編修。清代著名詞人，開常州詞派，又工古文，與惲敬齊名。著有《周易虞氏義》、《周易虞氏消息》、《儀禮圖》、《虞氏易禮》、《讀儀禮記》等，編有《詞選》。

〔註119〕李如圭約與朱子同時人，其《儀禮釋宮》一書誤收入《朱子大全集》中，後人遂以為此篇是朱子的作品，到了清代從《永樂大典》錄出後，才知非朱子之書，但之前學者皆誤以為是朱子之作。

（三）對《儀禮》學之重視

　　《儀禮》顧名思義，其論述的內容就是禮制與儀文，這些制度雖已有幾千年的歷史，但卻是保留先民生活方式、禮儀節度的重要文獻，其範圍包含冠、昏、喪、祭、鄉等禮節，是先秦的核心文化之一。在經學史上，《儀禮》雖然有其重要地位，但是受到政治與學術環境的影響，在宋元明之際卻隱而不顯，《四庫提要》以爲：「三禮之學，至宋而微，至明殆絕。《儀禮》世所罕習，幾以爲故紙而棄之。」〔註 120〕由宋代王安石於科舉罷《儀禮》以來，士人皆不重視，官方雖未完全棄之不顧，但顯然已無力恢復漢唐以來的盛況。到了明萬曆年間，北京國子監所刻《十三經》中，《儀禮》訛誤甚多，但當時治《儀禮》者鮮少，竟無人去糾正錯誤，可見《儀禮》衰微之情況。

　　清初，經學研究逐漸熱絡，《儀禮》經文之殘缺不全雖由來已久，但宋明以來皆不重視的文字問題，在顧炎武遊歷洛陽碑林之後，卻成了《儀禮》一門重登學術高峰的契機。顧炎武以爲：「見唐石壁九經，復得舊時摹本讀之。」〔註 121〕顧氏眼見唐石經的年代久遠，其中的脫誤又比近本爲少，所以認爲明監本《十三經》的訛誤，實可以據唐石經來校正，顧氏在校勘《儀禮》的文字上用力頗深，對文字段落間的脫字、錯字、俗字等考察相當詳細，光是〈士昏禮〉就補了十四字，〈鄉射禮〉補了七字，〈士虞禮〉補了七字，此成績實爲後世治《儀禮》者開了先機。

　　至於顧炎武之後，治《儀禮》者可謂人材濟濟，不乏當世名儒，著述群起蜂擁，如張爾岐的《儀禮鄭注句讀》，江永的《儀禮釋宮增注》、《禮書綱目》，凌廷堪的《禮經釋例》，張惠言的《儀禮圖》、《讀儀禮記》，胡培翬（1782～1849 A.D）的《儀禮正義》、《禘祫答問》等，皆是一時之名著。而梁啓超認爲清儒之治《儀禮》，是爲學術史上的大成功，所謂：「試總評清代《禮》學的成績，就專經解釋的著作論，《儀禮》算是最大的成功。」〔註 122〕《儀禮》學之成績的確有目共睹，但要造成如此盛況，亦是要歸功於清代絕佳的學術環境，因爲如無清代樸實的學術風氣，及清儒客觀的學術理念推波助瀾之下，則未必可以重振宋元明三代以來《儀禮》學式微。

〔註 120〕紀昀等：《四庫全書總目提要》（上海：商務印書館，1933 年），卷二十，頁542。

〔註 121〕顧炎武：《九經誤字·序》，收入《百部叢書集成》之《醉月山房彙鈔》（台北：藝文印書館，2001 年），第三函，第一冊，頁 1。

〔註 122〕《中國近三百年學術史》，頁 268。

　　從我們今天的眼光來看，《儀禮》學的復興，似乎只是一個學術上的功業，但實際上，對當時社會風氣的影響卻很大，原因在於《儀禮》學本身不只是一種學問，而是可以運用於社會禮教之儀文，見《清史稿》的〈職官志〉及〈禮志〉中所列之禮官與禮制，名目眾多，掌管之典制含蓋各種事務，從天子的郊祭以至於平民百姓的生養教育等，無一不是其範圍，《禮記‧禮運》曰：「城郭溝池以爲固，禮義以爲紀；以正君臣，以篤父子，以睦兄弟，以和夫婦，以設制度，以立田里……。」〔註123〕和古禮的對照來看，《儀禮》乃是氏族社會、田制典章等沿革不可或缺的經典，甚至於廟堂、學校、飲食等事務，亦不出其範疇，由此可知，《儀禮》學對社會的教化效果實非同小可。

三、清代治禮名家舉隅

（一）張爾岐

　　張爾岐，字稷若，號嵩庵，山東濟陽人，本爲明代諸生，入清後不仕，終身歸隱。張氏好程朱之學，早年曾著《天道論》、《中庸論》，爲當時學者所稱，之後又著有《儀禮鄭注句讀》、《周易說略》、《詩說略》、《老子說略》、《嵩庵集》等，其中《儀禮鄭注句讀》被《四庫全書》收入「儀禮之屬」，梁啓超認爲此書開清代《儀禮》著述之先，而顧炎武遊歷山東，見此書亦稱贊有加，其曰：「若《儀禮鄭注句讀》一書，根本先儒，立言簡當，以其人不求聞達。故無當世名，然書實可傳。」〔註124〕顧氏以爲，《儀禮鄭注句讀》本於漢人之書，且說法簡單扼要，實可爲傳世名作。此書能得到顧炎武的稱許並非無因，從所附錄的二篇〈監本正誤〉、〈石經正誤〉來看，張氏對《儀禮》考證之功，實不下於亭林早年以洛陽碑林校明監本《儀禮》之舉，且張氏非但校對明監本之誤，亦校對石經的錯誤，從考證工夫來看，張氏又勝亭林。以形式而論，全篇皆爲張氏親手點校，並在經文之下收錄鄭《注》的全文，再摘取賈《疏》旁加佐證，另外又參考元代吳澄的《儀禮逸經》、陸德明的《音義》、朱子的《儀禮經傳通解》、黃幹的《儀禮經傳通解續》等，最後再以己意疏通。《儀禮》自韓愈以來，學者已苦其艱深難讀，然《儀禮鄭注句讀》能校正監本《儀禮》之誤，且廣引群書，字字斟酌，又能疏通文字語義，可謂是清代《禮》

〔註123〕《禮記正義》，頁413。
〔註124〕見《清史稿‧儒林傳》，頁1510。

學的傑作之一。

（二）毛奇齡

毛奇齡，字大可，浙江蕭山人，學者稱爲西河先生。明末，受陳子龍提拔爲諸生，明亡後，歸隱城南山，築土室讀書，後從軍抗清。清康熙十八年，薦舉博學鴻儒科，列爲二等，授翰林院編修，充《明史》纂修官。在學術方面擅長於《經》學，於聲韻亦有研究，但喜批評人物，所以結仇者很多，學者對其亦頗有微詞，著述頗豐，但好辯駁，著有《河圖洛書原舛編》、《太極圖說遺議》、《春秋毛氏傳》、《大學知本圖》、《中庸說》、《古文尚書冤詞》、《周禮問》等書。〔註125〕

其中《詩傳詩說駁議》、《古文尚書冤詞》等，皆是攻駁當世學者之作，《清史稿》認爲毛氏雖好辯駁，但其辨正圖書，排擊異學，仍有功於經義，《四庫全書》著錄毛氏書，竟至四十種。《禮》學方面，毛氏著有《昏》、《喪》、《祭禮》、《宗法》、《廟制》及《郊社禘祫》、《明堂》、《學校》諸問答，其中《郊社禘祫問》和《辨定祭禮通俗譜》二書《四庫全書》收入「三禮總義之屬」與「雜禮書之屬」，其中《郊社禘祫問》專論郊祀之禮，如冬季祭北郊，夏季祭南郊，皆有定制，毛氏又以爲禘、祫二祭並非是以年歲來分，而是大禘與吉禘合祭的總稱，此書對禮義多有詰辨，引證反覆，以博雜著稱。又毛氏對《周禮》、《儀記》的來歷，採懷疑的態度。〈與李恕谷論《周禮》書〉一文云：「今天下攻《周禮》者眾，總只『周公之書』四字害之，周秦以前並無周公作《周禮》一語見於群書，亦並無周秦以前群書。若孔、孟、老、荀、列、墨、管、韓諸百家及《禮記》、《大學》、《中庸》、〈坊記〉、《孝經》所引經有《儀禮》、《周禮》一字一句，則周公不作此書明矣。」〔註126〕毛氏認爲，從周秦的經史古籍上並無出現《儀禮》、《周禮》的字句，此爲二書非周公之作的鐵證，所以《周禮》必非聖人之經。至於毛氏之辨《周禮》的專書，有《周禮問》二卷，是清代辨《周禮》的重要書籍，但《四庫全書》存目而不收錄，其書以答問的方式寫成，共條列了十三條問題，而毛氏的解答有二十四條之多。毛氏纂此書的目的，是爲了與姚際恆（1647～1715 A.D）的《僞周禮論注》

〔註125〕毛奇齡《禮》學著作眾多，《四庫全書》只存目而不收錄的，還有《周禮問》二卷、《喪禮吾說篇》十卷、《曾子問講錄》四卷、《昏禮辨正》一卷、《廟制折衷》三卷、《大小宗通繹》一卷、《學校問》一倦、《明堂問》一卷。

〔註126〕徐世昌：《清儒學案·西河學案》（台北：世界書局，1979 年），第二冊，頁4～5。

一較高下，充份展現毛氏好辯的學術企圖。基本上，姚氏的《僞周禮論注》認爲《周禮》是西漢的劉歆所僞作，但毛氏認爲，以西漢劉歆對周代典制的認識未必能寫出《周禮》，所以毛氏《周禮問》的宗旨，一是證明《周禮》非劉歆所僞作，二是證明《周禮》是戰國之書。

（三）江　永

江永，字愼修，江西婺源人，曾作諸生數十年，一生未仕。江氏善於經學、三禮、小學、曆算，著有《古韻標準》、《四聲切韻》、《音學辨微》、《周禮疑義舉要》、《儀禮釋宮增注》、《禮書綱目》、《禮記訓意擇言》、《深衣考誤》等，其《禮》學著作《四庫全書》多所收錄。江氏早年就精通《禮》學，以爲朱子晚年所著的《儀禮經傳通解》並未完成，而後學黃幹、楊復雖有《儀禮經傳通解續》之作，但解說仍未詳盡，且全篇往往以己意改動經文，所以江氏就廣引群書，改正其錯簡之處，並細推其綱目，以吉凶軍賓嘉五禮作爲次第，編寫《禮書綱目》一書共八十八卷之多，以發明前人所未言論之旨。後來，江氏遊學京師，與方苞、吳紱友好，當時著有《禮經疑義舉要》一書，群儒皆爲之折服，《四庫提要》說此書：「融會鄭《注》，參以新說，於《經》義多所闡發。其解〈考工記〉二卷，尤爲精詳。」〔註127〕江氏精於算學，因此對於古器的法度、尺寸，宮室的方位、稱號等，皆刻意釐清規矩以求其精確，其說法大致是以鄭《注》爲本，如鄭《注》有未能明瞭者，則旁引群書佐證，以求合理的解釋，其對古制的考證，可謂用力頗深。

江氏又有《儀禮釋宮增注》一卷，《四庫全書》收入「儀禮之屬」，此書大致是對李如圭《儀禮釋宮》作注解，但多有發明補正，《四庫提要》謂其：「考證精密者居十之九。」〔註128〕對歷來《儀禮注》、《儀禮疏》的錯誤，毛氏多援引經傳，如《毛詩注》、《爾雅注》、《大戴禮記》等來糾正，以達到解經的正確，其對前人錯誤之辨證皆是有所根據。

（四）凌廷堪

凌廷堪（1755～1809 A.D），字次仲，又字仲子，安徽歙縣人，六歲而孤，成年後才發憤讀書，乾隆五十五年進士，官甯國府教授，著作有《禮經釋例》、《封建尊尊服飾考》、《復禮》、《元遺山年譜》、《校禮堂文集》、《詩集》等。

〔註127〕《四庫全書總目提要》，卷一一九，頁 525。
〔註128〕《四庫全書總目提要》，頁 550。

凌氏長於《經》學、曆算，尤專《禮》學，早年仰慕同鄉學者戴震，並對戴震以師禮事之，尊崇有加，此外，凌氏又編有〈戴東原先生事略狀〉，頗肯定戴氏的小學、曆算、義理之學。但到了晚年，凌氏涉《禮》學甚深，並作出一定的成績後，則大改早年之見，充份表現出對「理」學的不滿，並認為「禮」的重要性實過於「理」。江氏的代表作為《禮經釋例》，此書最特殊之處是將《儀禮》的各篇給拆散，再重新整理歸納，梁啓超《中國近三百年學術史》以為：「其方法最為科學的，實經學界一大創作也。」〔註129〕凌氏並不遵照《儀禮》篇章的排列，而是自定一套分類方法，以相關的類別併為一屬，故能散而不亂，可見其整理之用力，胡適亦認為此書是「最具條理的書。」〔註130〕基本上，凌氏是以「例」來解《禮》，共有八例，所謂「通例」、「飲食例」、「賓客例」、「射例」、「變例」、「祭例」、「器服例」、「雜例」等，其中通例有四十、飲食之例五十六、賓客之例十八、射例二十、變例二十一、祭例三十、器服之例四十、雜例二十一，每一例未必都是出自《儀禮》的同一篇，但都有一定的關係。在內容上，凌氏亦博引古經，在各卷之後都附有相關的《經》考，大致是以考古經的《注》、《疏》來與《禮經釋例》作比較。其次，凌氏對「喪禮」之制解說頗詳細，其認為「喪禮」乃人情的極至，且非一日之禮，其中的細節交雜繁瑣，故需謹慎以看待，《禮經釋例》有所謂考九拜解九祭者，其中多與「喪禮」有關。

（五）秦蕙田

秦蕙田（1702～1764 A.D），字樹峰，一字樹澧，號味經，江蘇金匱人，乾隆丙辰年一甲三名進士，授翰林院編修，後累官至刑部尚書，掌翰林院事務，加太子太保，諡文恭。秦氏的學術專長在易、禮、音韻、算學，其中以《禮》學造詣最高，著有《五禮通考》一書，其分類共七十五類，有二百六十二卷之多，但《五禮通考》一書雖體大物博，然學者頗病其雜亂，梁啓超甚至以為《五禮通考》非秦氏自著，實成於眾人之手，梁氏曰：「此書成於眾手，非味經自著，分纂的人確實可考者有戴東原、王蘭泉，……所以全書各篇，價值不同，有很好的，有較次的……，依我看，這書是一部很好的類書，價值在《文獻通考》上，或者也可以說是中國禮制史的長編。」〔註131〕

〔註129〕《中國近三百年學術史》，頁 264。
〔註130〕胡適：《戴東原的哲學》（台北：遠流出版公司，1986 年），頁 77。
〔註131〕《中國近三百年學術史》，頁 226。

梁氏把此書的纂作歸於眾學者之手，又病其類別過於博雜，論述不夠果斷，但基本上仍肯定《五禮通考》的學術價值，認為對禮制有一定貢獻。至於秦氏作《五禮通考》的原由，其〈序〉曰：「乙丑簡佐秩宗，奉命校檢《禮》書時，方纂修會典。天子以聖人之德，制作禮樂，百度聿新，蕙田職業攸司，源流沿革，不敢不益深考究。丁卯戊辰，治喪在籍，讀《禮》見崑山徐健庵先生通考，規模義例俱得朱子本意，惟吉、嘉、賓、軍四禮尚屬缺如。」〔註132〕秦氏一來把此書當作是要供奉內廷之作，二來也為補充徐乾學《讀禮通考》未留意的部分，事實上，自滿清入關以後，就頗重視禮制，因此學者修纂《禮》書之後，能頒布於廟堂之上，在當時可說是極光榮之事，故秦氏之歷任禮部侍郎，晚年又兼任理樂部大臣，也是適得其位。

至於徐乾學的《讀禮通考》一書，雖題為健庵著，但徐氏並未通《禮》書，所以實際的作者可能是萬斯同，今日學者頗懷疑之。而《讀禮通考》一書，《四庫全書》收入「儀禮之屬」，此書原本為徐乾學考證喪禮之作，其中多論說家禮及俗禮的制度，但以喪葬禮為主，其綱目有八，一曰喪期，二曰喪服，三曰喪儀節，四曰葬考，五曰喪具，六曰變禮，七曰喪制，八曰廟制。而《五禮通考》的五禮，指的是吉、凶、軍、賓、嘉等，凶禮即是喪禮，《五禮通考》的內容大致是以這五禮為論述對像，所以《五禮通考》除了凶禮外，也把其它四禮給補充了。

本文以《禮學》在歷代的延革與清代的發展為一論述中心。在清代初、盛期，《禮》學成為顯學，大批的學者投入研究，連平民百姓的生活日用也需仰賴禮制來維持，這種《禮》學活絡現象遂伸入各階層，進而影響整個社會。本文認為，清初《禮》學發展，其成績實超越前代，其重點如下：一，和宋明儒相較，清儒取決於古《經》的研究方法較為客觀、平實，而成績也較為突顯。二，清儒以古禮的考證來回歸古制成為一個普遍趨勢，其成果可與先秦兩漢相呼應。三，由家《禮》學延伸到古《禮》學，是清代《禮》學發展的一個重要轉折，也是清儒之研究能超越明儒的一個重要指標。四，清人由重視形式上的禮儀，進而運用更為實際的禮制、禮器、禮圖，其研究範圍更為全面。五，《儀禮》學之復興，並成為《禮》學研究之核心。

〔註132〕秦蕙田：《五禮通考‧序》，收入《四庫全書‧禮部》（台北：商務印書館，1986年），第一二九冊，頁61上。

第二章　孔廣森傳略

第一節　孔廣森之生平與年譜

　　孔廣森（1752～1786 A.D），爲清代《禮》學與《公羊》學的代表人物之一，其《三禮》與《公羊春秋》之著述，皆是當世學術研究之佳作，小學與算學亦有其獨特的成就，然其早夭，歿時僅三十有五歲，故其生平行事的未詳，實爲經學界一遺憾。且孔廣森雖生在世家，然其晚年所遭逢之家變，卻不爲史傳所傳，這場世家的悲劇，在眾多的文獻中，或過於簡略或有所訛誤，眞像幾爲泯滅。故筆者在研究顨軒經學思想之餘，擬從可信的史料中另纂編其〈年譜〉，以明其學術的發生與歷年行誼，並旁及當時孔門發生之事件，爲顨軒的生平始末作一交待。本文有兩大部分：一是關於孔廣森的家世與生平，此部分除了顨軒本人的生平外，另敘述了孔門的一些事蹟。二是孔廣森的年譜，此部分爲三期，以時間的先後次序進行鋪述，進而歸納出各階段的事蹟脈絡，而其中的原文則採以摘錄方式，但以可考的文獻爲依據，不可考的文獻則不予收入。

一、生　平

　　孔廣森，字眾仲，號顨軒，又號撝約，山東曲阜人，顨軒的家世顯赫，屬於孔子的嫡傳一系，是孔子第七十代孫。他的祖父孔傳鐸襲封第六十八代衍聖公，襲封衍聖公的稱號，主要是朝廷用來封賞孔子的嫡裔宗子，以褒揚孔子對學術與文化的貢獻，故顨軒的先祖皆顯榮於歷朝〔註1〕。父親孔繼汾

〔註1〕　由年代來看宋、元、明三代實已有世襲衍聖公沿革，但宋代之前多是以封侯
　　　　或者文宣公的稱號來封賞。至於清代的襲封衍聖公，則始於清順治時期的孔

（1725～1786 A.D），字體儀，號止堂，傳鐸第四子，乾隆十二年舉人，曾官任內閣中書、軍機處行走、戶部主事等職，繼汾精通禮學，潛心文史，曾為孔門編纂《闕里文獻考》一百卷、《孔氏家儀》十四卷、《家儀答問》四卷等著作，這幾部書都是研究孔門典制與家禮的重要文獻。顨軒為繼汾的次子，他在這種書香影響下長大，從小便濡染禮樂教化，故能嫻熟《禮》儀，顨軒後來亦以《禮》學名稱於當時。顨軒未投入創作事業之前，也曾熱衷於科舉，乾隆三十四年，才年僅十七，便中鄉舉，乾隆三十六年，年二十一歲，再中進士，選翰林院庶吉士，散館後授檢討，在這期間顨軒先後投入了姚鼐〔註2〕（1731～1815 A.D）、莊存與（1719～1788 A.D）、戴震門下，開始發展其經學事業〔註3〕。然而，顨軒雖年少入官，但由於性情淡泊，並不汲汲於官場的利祿，反而嚮往著單純的生活，以著述為樂，甚至斷絕與達官顯貴的來往，在歸鄉後就不願意出來當官，過著半隱居的生活，其著作大多也是在這時期完稿。

但是，當其回鄉後的生活並不就此一帆平順，先是父親孔繼汾因《孔氏家儀》一案判刑發配伊黎，顨軒於各地奔走打點，經過一翻努力後才救出

陰植，其人為孔子的第六十五代嫡孫，官至太子太保，清人入關後積極拉攏士人，故清廷對其是孔子的後裔尊崇有加，入朝時甚至班列在大學士之上，清代的衍聖公共傳了十二代，分別是孔陰植、孔興燮、孔毓圻、孔傳鐸、孔繼濩、孔廣棨、孔昭煥、孔憲培、孔慶鎔、孔繁灝、孔祥珂，直到清光緒年間的孔令貽為止，民國初期，孔德成先生襲封第七十七代衍聖公，但在民國三十五年則旋改以「大成至聖先師奉祀官」的稱號。見《清史稿・儒林列傳四》，收入《百納本二十五史》（杭州：浙江古籍出版社，1998年），第十冊，頁1527。

〔註2〕 姚鼐是顨軒鄉舉時的主考官，之後又於辛卯恩科會試上重逢，但會試時姚鼐並非主考官，而是同考官。其〈孔信夫墓誌銘〉云：「乾隆三十三年，余主山東鄉試，得君及君兄戶部之子顨軒，時顨軒才十七歲。」見《惜抱軒文集》，收入《續四庫全書・集部・別集類》（上海：上海古籍出版社，1995年），第一四五三冊，卷十三，頁97上。

〔註3〕 朱文翰為其書寫〈跋〉曰：「嘗受書于東原、姬傳兩君子之門。」見朱文翰：《儀鄭堂遺文跋》，收入《百部叢書集成》（台北：藝文印書館，2001年），《文選樓叢書》之《儀鄭堂文》，第十三函，卷二，頁14。在《儀鄭堂文》中，姚鼐與莊存與此二人顨軒皆稱之上座主，查姚鼐是顨軒鄉試的考官和會試時的考官，莊存與則是顨軒會試時的考官，故此點無疑。至於顨軒入戴震之門，從時間上推測應該是顨軒入京以後較為合理，因從文獻來看，戴震早在乾隆二十年顨軒四歲時就已入北京；而顨軒在進京會試之前並無有到北京的紀錄，所以二人之相遇最早也要等至辛卯年間了。

父親，但據《孔子世家譜》的紀載，繼汾卻在遇赦後不久後即死亡〔註4〕。之後祖母亦過世，㪋軒的身心飽受打擊，在哀傷過度與服喪勞累的影響下，其單薄的身體竟無法承受這個壓力，之後也失去了生命，過逝時年紀才三十有五，可謂是英才早逝〔註5〕。因㪋軒只官至檢討之職，後學遂尊稱爲「孔檢討」，如阮元的編纂《皇清經解》即以孔檢討相稱。㪋軒曾築室於家中，名爲「儀鄭堂」，爲仰慕漢末鄭康成所命名。㪋軒的著作頗豐，《經》學方面有《大戴禮記補注》十四卷及《禮學卮言》六卷、《經學卮言》六卷、《公羊通義》十一卷，小學著作有《詩聲類》十三卷，在文學著作方面有《儀鄭堂駢體文》三卷、《儀鄭堂文集》二卷，另有算學著作《少廣正負數內外篇》六卷等，在身亡後，由其弟孔廣廉彙編成冊，名爲《㪋軒遺書》，阮元爲之作序。〔註6〕

二、年　譜

　　孔廣森先生的生平，本文大致分爲三時期，第一期爲幼年至中進士之前（一歲～十九歲），此階段㪋軒尚爲年幼，文獻未能紀載，故另旁錄孔門事蹟與當世學者之行實；第二期爲㪋軒中進士後至築「儀鄭堂」之前（二十歲～二十六歲），此時期㪋軒猶熱衷仕進，在翰林院任職期間，與當世名士交遊頻繁，對時事亦頗爲關切，可謂是其一生最爲得意的歲月。在文學上，㪋軒以駢文見長，其造詣絕妙，可入名家之列，《清史稿》以爲是清賦八大家之一，與洪亮吉、袁枚、孫星衍等齊名〔註7〕。如其在乾隆癸巳年所進之〈武德頌〉與丁酉年所作之〈書周長生先生畫像贊後〉，其文詞規模宏大、氣象輝煌，有

〔註4〕　孔繼汾之生平與其《孔氏家儀》罹罪一事，史傳不載，只片段見於《大清皇帝實錄》和《孔府檔案》，除此外，繼汾的生平事蹟就少見於孔府檔案資料，推測原因可能是孔家爲了避罪，而不給予做紀錄，畢竟文字獄往往是叛亂等重罪，牽涉到整個家族的興衰。但，黃立振先生曾爲這件文字獄做了一個考證，其認爲繼汾所纂之《家儀》雖對《大清會典》的禮制有所增減，但是繼汾的用意是欲以古制參校今禮，絕非有以古駁今之意，至於此番文字獄的始末，則是乾隆皇爲整肅著述異己的另一酷政。見〈孔氏家儀禁毀及作者罹難經過考〉，收附在《孔子大全書》之《孔氏家儀》冊（山東：山東友誼書社，1989年），頁643～664。

〔註5〕　孔德懋先生認爲㪋軒的不得志，原因是受其父與叔的影響。見孔德懋：《孔府內宅軼事》（台北：傳記文學出版社，1991年），頁57。

〔註6〕　《清史稿・儒林傳二・孔廣森傳》，頁1515。

〔註7〕　《清史稿・文苑二》：「齊燾、亮吉、錫麒及劉星煒、袁枚、孫星衍、孔廣森、曾燠之文爲八家四六云。」《清史稿・文苑二》，頁1536。

六朝人之風範，故《清史稿》言：「有漢魏六朝初唐之勝，汪中讀之，嘆爲絕手。」此並非虛言〔註8〕。第三期爲𢽾軒築「儀鄭堂」之後至𢽾軒歿（二十七歲～三十五歲），此時期𢽾軒先遭逢母殤，在絕意仕途後，築「儀鄭堂」於室，並以著述爲職志。但在歸官之後數年，又逢祖母、父親相繼過逝，𢽾軒在不勝哀慟的情況，竟與世長辭。察𢽾軒年壽雖短，然實有經學家之風範，其對著述之用力，對學術之熱衷，可視之爲清學中之人才，故頗值得留意其生平事略，如下。

（一）第一期

乾隆十七年壬申，（1752～3）一歲

　　先生誕生於山東曲阜，父繼汾二十七歲，嫡母爲許太夫人。〔註9〕

乾隆十八年癸酉，（1753～4）二歲

　　是年，孫星衍生。

乾隆十九年甲戌，（1754～5）三歲

　　是年朱筠、錢大昕、王鳴盛、紀昀、王昶成進士。

乾隆二十年乙亥，（1755～6）四歲

　　六月，莊存與擢內閣學士兼禮部侍郎。

　　是年，戴震入北京。

　　是年，全祖望卒。

　　是年，凌廷堪生。

乾隆二十一年丙子，（1756～7）五歲

　　二月，乾隆皇帝巡幸山東，謁孔林。〔註10〕

　　二月，第七十一代衍聖公孔昭煥進言觸犯上意，命下吏議，原當奪爵，乾隆皇帝以昭煥年少，歸咎其叔繼汾、繼涑，二人皆奪職〔註11〕。乾隆皇帝諭曰：

> 查戶部主事孔繼汾，身兼職官，仍不安份自愛，假公濟私，主持生事，甚屬不合。……應將告假主事孔繼汾照例革職。〔註12〕

〔註8〕《清史稿》，頁1515。
〔註9〕見孔廣林：〈乾隆年間孔廣林自撰墓志銘〉，收入駱承烈彙編：《石頭上的儒家文獻——曲阜碑文錄》（山東：齊魯書社，2001年），下冊，頁948～949。
〔註10〕《清史稿・高宗紀》，頁74。
〔註11〕《清史稿》，頁1527。
〔註12〕〈錄存乾隆三十六年駕幸闕里有關檔案冊〉，收入《孔子文化大全》之《孔府

三月，乾隆皇帝至曲阜，釋奠孔廟。〔註13〕

乾隆二十二年丁丑，（1757～8）六歲

　　是年，乾隆皇帝奉太后命，東巡孔廟釋奠。〔註14〕

乾隆二十三年戊寅，（1758～9）七歲

　　是年，惠棟卒。

乾隆二十四年己卯，（1759～60）八歲

乾隆二十五年庚辰，（1760～1）九歲

　　是年，段玉裁中鄉試。

乾隆二十六年辛巳，（1761～2）十歲

　　是年，張惠言生。

乾隆二十七年壬午，（1762～3）十一歲

　　是年，父繼汾《闕里文獻考》一百卷完稿。

　　是年，父繼汾《孔氏家儀》十四卷完稿。〔註15〕

　　是年，江永卒。

　　是年，戴震中鄉試。

乾隆二十八年癸未，（1763～4）十二歲

　　姚鼐成癸未科進士，選翰林院庶吉士。

乾隆二十九年甲申，（1764～5）十三歲

　　是年，繼汾纂編之《闕里文獻考》刻印出版。〔註16〕

　　是年，秦蕙田卒。

　　是年，阮元生、焦循生。

乾隆三十年乙酉，（1765～6）先生十四歲

　　正月，父繼汾之《孔氏家儀》刻印出版，錢唐江衡爲之作〈序〉。其序
　　曰：

　　　　自漢至我朝諸儒輩出，則有家誡、家訓、家儀、家範諸書，皆修明

　　　　檔案資料選》，第二冊，頁525～529。

〔註13〕《清史稿・高宗紀》，頁74。

〔註14〕《清史稿・高宗紀》，頁74。

〔註15〕孔繼汾曾自言：「《家儀》一書，系於乾隆二十七年前衍聖公孔昭煥續娶時，咨問儀注，彼時有浙江人江衡，勸繼汾何不將家庭吉凶諸事，俱撰成儀注，是以纂輯成是書，於乾隆三十年刻成。」〈錄存乾隆三十六年駕幸闕里有關檔案冊〉，頁530～532。

〔註16〕孔繼汾：《闕里文獻考・序》，收入《孔子文化大全》，頁9。

先師之教者也。而朱子家禮尤為圭臬，遐鄉僻壤，悉寶是書，然為
村學究所改竄往往遺誤後人，闕里孔止堂憂之，檢尋家牘，覆諸禮
經，驗所已行，不悖先師之教者，條舉而件繫之，名曰《孔氏家禮》。
〔註17〕

乾隆三十一年丙戌，（1766〜7）十五歲

　　是年，王引之生。

乾隆三十二年丁亥，（1767〜8）十六歲

乾隆三十三年戊子，（1768〜9）十七歲

　　七月，姚鼐被任命山東鄉試副考官。〔註18〕

　　是年，先生中鄉試。

乾隆三十四年己丑，（1769〜70）十八歲

乾隆三十五年庚寅，（1770〜1）十九歲

（二）第二期

乾隆三十六年辛卯，（1771〜2）二十歲

　　是年，先生入京應試。

　　二月，皇太后巡幸山東，謁孔廟。〔註19〕

　　三月，乾隆皇帝巡幸山東，至曲阜，謁孔廟，出內府所藏周銅器、木鼎、
　　亞尊犧尊、伯彝、冊卣、簠簋、敦寶、鳳豆、饕餮甗、四足鬲凡十事，
　　置廟廷〔註20〕。期間，先生奉衍聖公之命作獻壽之詩九章，乾隆皇帝顧
　　而嘉之，有詔，以前試題詔試先生，然先生已入京師應禮部試。〔註21〕

　　三月，孔門有功名者皆班列迎御駕，先生亦掛名擔任「聖林東墓門」迎
　　賓管事。〔註22〕

〔註17〕　孔繼汾：《孔氏家儀・序》，收入《孔子文化大全》，頁361。

〔註18〕　《大清高宗純皇帝實錄・三十三年・七月》：「刑部郎中朱岐為山東鄉試正考
　　　　官，禮部主事姚鼐為副考官。」見《大清高宗純皇帝實錄》（台北：華文書局，
　　　　1970年），第十六冊，頁11533。

〔註19〕　《大清高宗純皇帝實錄》，第十七冊，頁12544〜12545。

〔註20〕　《清史稿・高宗紀》，頁74。

〔註21〕　顨軒〈四極四和賦〉曰：「衍聖公昭煥命顨軒為獻壽之詩九章，被諸中和韶樂，
　　　　以臚輿歡馨虔祝。上顧而嘉之，有詔，即以前試題試顨軒，顨軒時已入京師
　　　　應禮部試，未獲躬奉。」見孔廣森：《儀鄭堂駢文集》，收入《四庫備要・集
　　　　部》（台北：中華書局，1965年），第五二五冊，卷一，頁1。

〔註22〕　〈乾隆駕幸闕里各事管事名單〉，收入《孔子文化大全》之《孔府檔案資料

三月，莊存與充辛卯恩科會試副考官。《大清高宗純皇帝實錄‧乾隆三十六年三月》云：

> 以工部侍郎閻循琦爲會試知貢舉，大學士劉統勳爲正考官，左都御史觀保，內閣學士莊存與爲副考官。〔註23〕

三月，姚鼐充辛卯恩科會試同考官。

四月，先生叔孔繼涵、邵晉涵、李潢中殿試，成進士出身。

四月，先生中殿試，成進士出身，授翰林院庶吉士。〔註24〕

仲秋，先生進〈四極四和賦〉以慶賀皇太后八十壽辰。曰：

> 皇帝首出虹流、篤生華渚，在重光之歲陽，值覃安之紀序，仲秋圉壯吉日。〔註25〕

乾隆三十七年壬辰，（1772～3）二十一歲

三月，金榜成進士，名列第一甲第一名。

四月，辛卯科進士散館，先生得授翰林院檢討。《大清高宗純皇帝實錄‧乾隆三十六年三月》云：

> 內閣翰林院帶領辛卯科散館之修撰黃軒、編修陳嗣龍、王增、范衷，業經受職，其清書庶吉士閔思誠、李潢、林澍蕃、朱詰俱著授爲編修。孔廣森著授爲檢討。〔註26〕

八月，先生同辛卯科同年宴會於陶然亭，作〈壬辰九月陶然亭宴集序〉，其曰：

> 歲旅執徐，日躔天蝎，辛卯同年進士會于城西之陶然亭。〔註27〕

乾隆三十八年癸巳，（1773～4）二十二歲

閏三月，開《四庫全書》館，以劉統勳爲總裁，紀昀、陸錫熊爲總纂官。〔註28〕

閏三月，姚鼐、程晉芳、任大椿、汪如藻、翁方綱、余集、邵晉涵、周

選》，第二冊，頁 550～552。
〔註23〕《大清高宗純皇帝實錄》，頁 12580。
〔註24〕《大清高宗純皇帝實錄》，頁 12626。
〔註25〕《儀鄭堂駢文集》，卷二，頁 2。
〔註26〕《大清高宗純皇帝實錄》，第十八冊，頁 13094～13095。
〔註27〕《儀鄭堂駢文集》，卷二，頁 11。
〔註28〕《清史稿‧紀昀傳》：「三十八年，開《四庫全書》館，大學士劉統勳舉昀與郎中陸錫熊爲總纂。」《清史稿》，頁 1214。

永年、戴震、楊昌霖等入《四庫全書》館爲編修官。〔註29〕

是年，先生進〈武成頌〉，歌詠平雲南之功。〔註30〕

乾隆三十九年甲午，（1774～5）二十三歲

乾隆四十年乙未，（1775～6）二十四歲

三月，王念孫成乙未科進士，選翰林院庶吉士。

是年，先生長子孔昭虔，（1775～1835）出生。〔註31〕

乾隆四十一年丙申，（1776～7）二十五歲

三月，乾隆皇帝奉太后命東巡釋奠孔廟，次日，謁孔林。〔註32〕

九月，先生爲辛卯同年林澍蕃作〈林編修誄〉。〔註33〕

是年，劉逢祿生。

乾隆四十二年丁酉，（1777～8）二十六歲

二月，先生爲友人撰〈爲人撰祭張母吳太孺人文〉一文，曰：

　　乾隆丁酉之歲，仲春之月，二十有二日戊午，是爲敕封太孺人張母
　　吳太孺人屬纊之周月，某等始以清酌庶羞奠於靈前。〔註34〕

五月，戴震東原先生疾卒。

是年，孔繼涵（東原的姻親），爲東原綴集著作並且刻印出版，名爲《戴
氏遺書》〔註35〕。先生爲《戴氏遺書》作〈序〉。其〈戴氏遺書總序〉
曰：

　　東原先生，姓戴氏，諱震，徽州休寧人也。學於古訓，言行可法，
　　以薦爲《四庫全書》編修，賜官庶吉士。春秋五十有五，乾隆丁酉
　　五月二十七日疾卒。凡所著文章經義若干卷，叔父農部公，先生之
　　昏因也，綴而刊之。顨軒嘗聞先生《緒論》，又感先生崇闡漢儒，而

〔註29〕《孔氏家儀》，第十九冊，頁 13478。

〔註30〕以文中「今年二月四日，索諾木兄弟就禽」句，可知是年爲乾隆三十八年。《儀
　　　　鄭堂駢文集》，卷一，頁 1～6。

〔註31〕孔昭虔，字元敬，號荃溪，顨軒長子。中嘉慶六年辛酉科進士，歷任臺灣道、
　　　　陝西按察使，官至貴州布政使，有政績，長於小學、詞章、戲劇，著有《古
　　　　韻》、《詞韻》、《鏡虹吟室詩室集》、《繪聲琴雅詞》等。

〔註32〕《清史稿》。

〔註33〕《儀鄭堂文》，頁 8～11。

〔註34〕《儀鄭堂駢文集》，卷三，頁 15。

〔註35〕孔繼涵爲顨軒的叔叔，又孔繼涵之子孔廣栻爲東原之婿，所以孔家與戴家有
　　　　姻親關係。見江藩：《國朝漢學師承記》，收入《奧雅堂叢書》（台北：華聯出
　　　　版社，2001 年），第十八冊，頁 8717。

不終其志以歿，乃爲序。〔註36〕

八月，先生宴遊陶然亭，與當世士人品評詩文，並作〈丁酉八月陶然亭宴集序〉，曰：

陶然亭者，都中士大夫比之周侯藉卉之地，右軍修禊之所，或達美日，則重席相邀，將有遠行，則百壺出，僕至者屢矣。〔註37〕

九月，先生應友人之邀，作〈書周長生先生畫像贊後〉，曰：

右明逸民徐枋所爲周長生先生像贊也。先生之孫屬顨軒書以小篆，將鐫諸賜詞。〔註38〕

是年，先生嫡母許太夫人歿。〔註39〕

是年，先生築「儀鄭堂」於室。朱文翰《儀鄭堂遺文跋》曰：

丁酉，有許太夫人憂，機乍斷而長悲簪，一抽而終，決堂築『儀鄭』，志爲傳經。〔註40〕

（三）第三期

乾隆四十三年戊戌，（1778～9）二十七歲

乾隆四十四年己亥，（1779～80）二十八歲

是年，劉大櫆卒。

乾隆四十五年庚子，（1780～1）二十九歲

二月，姚鼐授先生〈儀鄭堂記〉一文。其曰：

以孔子之裔傳孔子之學，世之望於撝約者益遠矣，雖古有賢如康成者，吾謂其猶未足以限吾撝約也。乾隆四十五年春二月，桐城姚鼐記。〔註41〕

是年，先生回姚鼐〈上座主桐城姚大夫書〉，其曰：

五月十七日，領到惠製〈儀鄭堂記〉一首，如來鄴騎，方窮寶玦之繩，恐效津龍，遽化豐城之鍔。雕陵顧字，渙水騰文，歡喜奉持，回還誦讀。去天三尺，未喻聲高，繞極一旬，定知塵起，伏惟夫子，

〔註36〕《儀鄭堂駢文集》，頁9。

〔註37〕《儀鄭堂文》，頁3。

〔註38〕《儀鄭堂駢文集》，頁2～3。

〔註39〕《儀鄭堂文》。

〔註40〕朱文翰以爲，顨軒因母歿之悲而發奮於經傳，故才築「儀鄭堂」，因此從時間上推測，築「儀鄭堂」當在丁酉之年或稍後。同註3。

〔註41〕《惜抱軒文集》，卷十四，頁109～110。

　　　大人立言不朽，下筆爲經，受書於河洛之間，講學於溓伊之表……。
　　〔註42〕

乾隆四十六年辛丑，（1781～2）三十歲

乾隆四十七年壬寅，（1782～3）三十一歲

　　正月，《四庫全書》脫稿。

　　是年，胡培翬生。

乾隆四十八年癸卯，（1783～4）三十二歲

　　是年，第七十一代衍聖公孔昭煥卒，子憲培繼任第七十二代衍聖公。

　　冬，先生之《公羊通義》完稿，刻印出版，自〈序〉曰：

　　　昔我夫子，有帝王之德，無帝王之位，又不得爲帝王之輔佐，乃思
　　　以其治天下之大法，損益六代禮樂，文質之經制，發爲文章以垂後
　　　世，而見夫周綱解弛，魯道凌遲，攻戰相尋，彝倫或熄，以爲雖有
　　　繼周，王者猶不能以三皇之象刑，二帝之干羽，議可坐而化也，必
　　　將因衰世之宜，定新國之典，寬於勸賢，而峻於治不肖，庶幾風俗
　　　可漸更，仁義可漸明，政教可漸興。烏乎託之！託之春秋，春秋之
　　　爲書也，上本天道，中用王法，而下理人情……。〔註43〕

乾隆四十九年甲辰，（1784～5）三十三歲

　　二月，乾隆皇帝至曲阜釋奠先師，謁孔林〔註44〕。其祭詩云：

　　　昨歲精思釋用丁，祭臨日吉恰斯經。爲師永傳百王法，立教恆垂萬
　　　代型。樂奏仰瞻心嚮往，禮成應退步猶停。古稀何有不踰矩，舞象
　　　惟慚自幼齡。奠釋先師疊去歲仲春丁祭韻。甲辰仲春望前四日。御
　　　筆。〔註45〕

　　十一月，曲阜四品執事官孔繼戌、山東布政使馮晉祚、山東巡撫白鍾山
　　上告孔繼汾所著《孔氏家儀》有違悖《大清會典》之禮制。

乾隆五十年乙巳，（1785～6）三十四歲

　　三月，乾隆皇帝下旨嚴辦孔繼汾著《孔氏家儀》一案。〔註46〕

〔註42〕《大清高宗純皇帝實錄》，頁6～7。
〔註43〕孔廣森：《春秋公羊通義》，收入《皇清經解》（台北：復興書局，1961年），
　　　　頁8190～8194。
〔註44〕《清史稿》，頁85。
〔註45〕《石頭上的儒家文獻——曲阜碑文錄》，頁929。
〔註46〕《大清高宗純皇帝實錄》，第二十五冊，頁17925。

四月，繼汾下刑部後，罪判充軍伊黎。乾隆皇帝諭曰：

> 此等進退無據之徒，最可鄙恨。且《會典》爲奉行定制，典則昭然。
> 孔繼汾率以已意，援引各繆……。孔繼汾應從重發往伊黎充當苦差，
> 以爲在籍人員無知妄作者戒。〔註47〕

秋，先生與孫星衍遇於中州，二人相談甚歡，星衍對先生之學多有贊許。〔註48〕

乾隆五十一年丙午，(1786～7) 三十五歲

是年，大母歿。〔註49〕

八月，繼汾歿於杭州錢同書家，年六十三歲。

冬，繼汾靈柩自杭州喪歸。朱文翰《儀鄭堂遺文跋》曰：

> 乾隆丙午冬，外大父喪歸，自杭將卜厥窀。〔註50〕

十一月，先生歿。朱文翰《儀鄭堂遺文跋》朱文翰《儀鄭堂遺文跋》曰：

> 十有一月，舅氏顨軒先生卒，春秋三十有五年。〔註51〕

乾隆五十二年丁未，(1787～8) 歿後一歲

十一月，先生弟廣廉爲先生整理著作，刻印出版，名爲《儀鄭堂遺書》。

十一月，孫星衍爲《儀鄭堂遺書》作序。〔註52〕

十一月，先生外甥朱文翰爲《儀鄭堂遺書》作序。〔註53〕

第二節　孔廣森與乾嘉學人交遊述略

　　孔廣森爲乾嘉時期之重要學者，其《公羊》、《禮》學、策算皆有一定成績，然自清代中期以降，學者論述顨軒之學術源流，或過於簡略，或者省略

〔註47〕見〈大學士公阿等爲遵旨會審孔繼汾奏摺〉，收入《孔府檔案資料選》，頁542～544。

〔註48〕見孫星衍〈儀鄭堂遺文序〉曰：「歲乙巳，余客中州節署，值顨軒以公事至，時秋颸，……顨軒美風儀與之處終日無鄙言，爲《三禮》及《公羊春秋》之學，或自道其所得，超悟絕人，又能作篆隸書。」收入《儀鄭堂文》，頁13。

〔註49〕《清史稿》，頁1515。

〔註50〕《儀鄭堂文》，頁13。

〔註51〕《儀鄭堂文》，頁13。

〔註52〕《大清高宗純皇帝實錄》，第二十五冊，頁17925。

〔註53〕《儀鄭堂文》，頁13。

不談，故𡩋軒之學術源流終得不到一妥善交待。本文先述𡩋軒之師承姚鼐、
莊存與、戴震三儒，大致以和𡩋軒接觸的時間先後爲次序，並旁及與𡩋軒生
活之接觸、問學的情況、學術之聯繫等事蹟。後則述以𡩋軒與乾嘉學人之交
遊狀況，大抵以其相互往來之書信文章中，了解𡩋軒與學友孫星衍、王念孫
二儒之情誼。論述如下：

一、孔廣森的師承

（一）姚　鼐

　　姚鼐，字姬傳，一字夢穀，安徽桐城人，中乾隆癸未科進士，曾於乾隆
三十八年入四庫館任編修官，官至禮部主事、刑部郎中，晚年則主講於江南，
歷任楊州梅花、安徽紫陽、敬敷、南京鍾山書院山長，是清代著名的古文家、
經學家，桐城古文派奉之爲三祖之一。其著作頗豐，著有《九經說》十七卷、
《老子章義》一卷、《莊子章義》十卷、《三傳補注》三卷、《惜抱軒文集》十
六卷、《筆記》八卷等，輯有《古文詞類纂》四十八卷、《今體詩鈔》十六卷，
其所居之名爲「惜抱軒」，故學者又稱之「惜抱先生」。𡩋軒與姬傳的認識是
在科考上，而且剛好就是𡩋軒考舉人、進士之時。乾隆三十三年，姬傳授命
爲山東鄉試的副考官，當時𡩋軒以十七歲之齡中舉，到了乾隆三十六年辛卯
恩科，𡩋軒中會試，而姬傳又剛好擔任該科的同考官，二人之相會可說是相
當有緣，事實上這兩次的考試的確爲兩人往後的交遊建立了橋樑。乾隆三十
六年之後，𡩋軒擔任翰林的職務，姬傳則任職禮部主事，三十八年又入《四
庫》館任編修官，二人在京城都待過一段時間，所以由此點推測，兩人彼此
間應有一定的互動。

　　然而，在存世的文獻中，𡩋軒與姬傳往來的文件並不算多，只有書信五
封、詩二首，姬傳的《惜抱軒全集》保存了其中的六篇，只有一篇〈上座主
桐城姚大夫書〉是𡩋軒所撰，其它都是姬傳寫給𡩋軒。但就內容而論，這些
書信的用語都相當懇切，往往表現出師生間的敬愛之情，如姬傳的〈贈孔撝
約假歸序〉云：「士大夫過曲阜，孔氏無論新故必加敬愛，如恐弗及，豈孔子
子孫人人賢哉？尊慕者深，則推及其遺體也遠。」〔註54〕姬傳之文字不斷透
露出推崇聖裔與肯定𡩋軒之話語，並以𡩋軒爲其高弟而驕傲，𡩋軒在〈上座
主桐城姚大夫書〉則敬稱姬傳爲夫子大人，並以其爲術業的恩師，可見二人

的情感實非同一般。

　　再從時間上來看，二人往來的書信，大致都是撰於顨軒中會試至顨軒辭官回曲阜期間，此時期顨軒經歷了中會試、授翰林院檢討、祖母之喪、辭官歸隱、築「儀鄭堂」等人生大事。姬傳則是歷歷在目，觀覽了顨軒事業的高潮以至低潮，不過姬傳也曾從中給予勉勵，所以相繼寫出了〈增孔撝約假歸序〉、〈孔撝約集石鼓殘文成詩〉、〈寄孔撝約〉、〈儀鄭堂文〉這些詩文，甚至在顨軒歿後，姬傳還寫了一首〈哭孔撝約三十二韻〉詩予以弔念，以懷念這位才華洋溢卻早逝的愛徒。

　　在二人往來的詩文中，亦有討論到學術的，這其中遷涉到《禮》制中的祭祀問題，此實與顨軒之《禮》學有所關係。顨軒的《經學卮言》中有一篇〈禘論〉，其大旨在於論述「禘」的本義與祭法。顨軒曾以此篇向姬傳請教，姬傳則答以〈復孔廣森論禘祭文言〉一文，曰：「承教禘說，其論甚辨，而義主鄭氏則愚以為不然，禘之名見於《禮經》、《傳》、《春秋》、《國語》、《爾雅》，未有云祀天者。《禮記》曰：『王者禘其祖之所自出，以其祖配之，而立四廟。』」〔註55〕姬傳以為，「禘」的本義乃是天子祭其先祖之意，非如顨軒所言是祭天之意，學者之所以會把「禘」解釋成祭天，是乃受到鄭玄與公羊家的影響，而顨軒的解釋完全是受到漢儒的影響。從全篇來看，姬傳的語氣仍是相當的平和，未有任何以師者自居的威嚴，但在行文之中處處引經據典，筆鋒尖銳，對於捍衛己說不遺餘力，嚴然是以學者討論學術的方式來回復顨軒的請教。從姬傳辨異的情況來看，顨軒和姬傳之解《禮》實有差異，二人觀念之不同，由此可見。但是，顨軒畢竟曾執弟子之禮向姬傳請益，故並不能說顨軒之《禮》學就未受姬傳的啟發，且姬傳任職於禮部，亦曾手校《五禮通考》，對《禮》學必然有其見解，故以〈復孔廣森論禘祭文言〉一文作用而論，對於顨軒之〈禮〉學實具有砥礪的功效，其影響不容小覷。

（二）莊存與

　　莊存與，字方耕，江蘇陽湖人，中乾隆十年第一甲第二名進士，曾任侍講、禮部侍郎、內閣學士等官。存與為官以清廉公正名稱於世，曾在乾隆二十一年，督考直隸滿州蒙古童生試，當時這些旗人子弟仗著權勢在試場上作弊，存與阻止舞弊的結果，竟受到這些童生的鬧場，御史也彈劾存與督試不

〔註55〕《惜抱軒文集》，頁 68～70。

周，最後在乾隆皇帝的複試下，總算抓到童生的舞弊，而存與的廉正也受到
激賞。在學術上，存與長於《春秋》，在三《傳》中最重《公羊》，解經則師
法東漢何休，爲清代《公羊》學之名家，學者歸之爲常州公羊派，以爲是清
代今文經學的先驅，而存與之學大致由其外孫劉逢祿所繼承，龔自珍、魏源
皆爲其後學。其著作有《毛詩說》二卷、《尚書既見》三卷、《尚書說》一卷、
《繫辭傳論》二卷、《周官記》六卷、《周官說》二卷、《周官說補》三卷、
《春秋正辭》十一卷、《春秋舉例》一卷、《春秋要指》一卷等，其書齋名「味
經齋」。

存與和巽軒之相會亦是在科舉考試，乾隆三十六年辛卯科會試，存與以
禮部侍郎的身份任副考官，故算是巽軒進士考試的座主。但巽軒與存與的交
遊所知非常有限，在巽軒的文集中，只有一篇與存與有關，篇名是〈辛卯進
士祭座主莊侍郎太夫人文〉，此篇祭文雖是巽軒親自手撰，在文中巽軒也稱存
與爲「夫子」，但從全篇的文辭來判斷，卻並非是巽軒和存與私下交遊的文書，
文中曰：「某等曾趨鱣座，竊附龍門，白虎觀前，伏受漢書之義。」文中的謂
詞使用「某等」，可知此文並非是巽軒個人之獻予存與，理應是辛卯科全體進
士委託巽軒撰寫，以弔唁存與之母。故從書信上的線索，實未能看出二人交
往的情況。

再以學術而論，二人都是治《公羊》學的名家，如皮錫瑞所言：「他如陽
湖莊氏公羊之學，傳於劉逢祿、龔自珍……。凌曙、孔廣森、劉逢祿皆宗《公
羊》。」〔註 56〕存與爲巽軒會試之座主，且二人都治《公羊》，因此莫不讓人
聯想到其學術的師承關係，且巽軒之《公羊通義》中亦有存與指導巽軒《春
秋》經的條例，《公羊通義·文公十年》言：

> 座主莊侍郎爲巽軒說此經曰：「屈貉之役，左氏以爲陳伯、鄭侯在
> 焉。而又有宋公後至圉子逃歸，春秋一切不書主，書蔡侯者，甚惡
> 蔡也，……所以用夷變夏者也。」巽軒三復斯言，誠春秋之微旨。
> 〔註 57〕

存與曾對巽軒說解魯文公十二年的「屈貉之役」，其中很清楚的突顯《左傳》
在解經上和《公羊》之異，而巽軒也頗認同之，可見存與之公羊學，對巽軒
仍是有所啓發的。但是，亦有學者以爲巽軒公羊學實不出於存與之傳，如《清

〔註 56〕皮錫瑞：《經學歷史》（台北：藝文印書館，2004 年），頁 352。
〔註 57〕《公羊通義》，頁 8119。

史稿》以爲：「張惠言之《虞氏易》，孔廣森之《公羊春秋》，皆孤家專學也。」
〔註 58〕《清史稿》以爲顨軒的公羊學乃是自家體會的學問，並非有師法的現
象，所以是孤家專學。丁亞傑先生之〈孔廣森公羊通義的學術系譜與解經方
法〉亦云：「我們如將孔廣森《公羊》學置於其所自道的師承之中，就會發現，
孔廣森公羊思想，異於莊存與、戴震、姚鼐，更精確的說，從莊、戴、姚之
經學不能推出孔廣森之《公羊》學。」〔註 59〕丁亞傑先生認爲，以學術立場
爲出發點，則莊存與、戴震、姚鼐這三人解經的立場各異，實不能入顨軒《公
羊》之學術淵源，畢竟姬傳和存與重視《春秋》文本，而東原重視《春秋》
作者之意志，三人與顨軒未必有共同的見解。從文獻來看，存與之《公羊》
學說法與顨軒實有異，故不歸爲顨軒《公羊》學之源流，可謂適當，然而不
可否認，顨軒爲存與門生，且在《春秋公羊通義》一書亦多有提到存與說《公
羊傳》之例，故存與之說法對顨軒《公羊》學仍是有一定影響，是以顨軒曾
問學於存與也。

（三）戴　震

戴震，字東原，清代經學家，長於經學、義理、小學，是乾嘉學術的代
表人物，其學友弟子皆是當世名儒，而東原爲先驅。至於顨軒與東原的接觸，
從時間來推算，應是在乾隆三十六年顨軒考中進士，至乾隆四十二年東原歿
期間較爲可信（見前節註 3），也就是顨軒在北京任翰林的期間，而東原此時
也在《四庫》館任職。至於二人的關係，一般相信有所謂師生之誼，從存世
的文獻中來看，顨軒與東原的交遊資料甚少，任《儀鄭堂文集》中，只有一
篇顨軒爲東原《遺書》所寫的〈戴氏遺書總序〉，在此序中顨軒尊稱東原爲先
生，並有「顨軒嘗聞先生緒論」之句〔註 60〕。而顨軒之姪朱文翰之〈跋〉亦
曾曰：「嘗受書于東原、姬傳兩君子之門。」〔註 61〕朱文翰爲顨軒的親姪，故
以顨軒爲東原弟子之說法，實爲可信。

東原的學問相當廣博，於經史諸子無所不通，甚至聲韻、文字、金石、
策算皆有鑽研，顨軒曾問學於東原之算學，《清史稿》載：「震卒後，其小學，

〔註 58〕　《清史稿・儒林傳一》，頁 1501。
〔註 59〕　丁亞傑：〈孔廣森公羊通義的學術系譜與解經方法〉，收入「常州學者的經學
　　　　　研究第二次學術研討會」（台北：中央研究院中國文哲研究所，2002 年 12
　　　　　月），頁 12。
〔註 60〕　〈儀鄭堂遺文跋〉，收入《儀鄭堂文》，卷二，頁 14。
〔註 61〕　〈戴氏遺書總序〉，收入《儀鄭堂文》，卷二，頁 19。

則高郵王念孫、金壇段玉裁傳之；策算之學，曲阜孔廣森傳之。」〔註 62〕東原之算學造詣，是乾嘉學人中之一絕，其著有《策算》、《九章補圖》、《句股割圜記》，又曾考校《算經十書》，其中《策算》一書，觀念新穎，內容介紹了西方數學家納白爾（John Napier 1550～1617 A.D）的籌算法，此爲乾嘉學者積極吸引西學新知的典範〔註 63〕。而其《句股割圜記》一書，於方圓規矩之解析精確高妙，更融入西方算學之「三角八線」與中國算學之「句股」，乃是東原策算學之精華〔註 64〕。其曰：「中土測天用句股，今西人易名三角八線，其三角即句股，八線即綴術。然而三角之法窮，必以句股御之，用知句股者，法之盡備，名之至當也。」〔註 65〕東原對西方數學頗有見解，故能於中國算學中引入西學的方法，以輔助其運算的準確，東原認爲在兩者相互運用下，策算更得以完備。而顨軒撰有《少廣正負數內外篇》六卷，是其算學傳世著作，所謂「少廣」，指的是開方與開立方的方法，在後世被大量運用在土地、田畝、天體等測量，與三角函數有一定的關係，並可配合「三角」、「八線」相互使用。在《九章算術》中，就有專講「少廣」之篇章，而戴震曾校定《算經十書》，對「少廣」之運用，必然熟悉，因此從東原與顨軒之算學理念而論，二人實具經驗上之傳承。

除此外，或有學者以爲顨軒之經學與東原淵源頗深，江藩《國朝漢學師承記》言顨軒曰：「少受經於東原氏，爲《三禮》及《公羊春秋》之學。……顨軒深於戴氏之學，故能義探其源，言則於古也。」〔註 66〕江藩以爲顨軒年輕之時就問學於東原，故能深熟其學，得其經傳之大義，所以《三禮》及《公羊》之學皆是東原之傳。但是，從存世的文獻來看，江藩之說仍是有待商榷，事實上，東原本非《公羊》學者，其研究《春秋》，僅限於短篇或者筆記式叢談，從未有正式著作出版。在東原的著作中，談《春秋》之學的，唯

〔註 62〕《清史稿・儒林傳一》，頁 1514。

〔註 63〕納白爾，生於十六世紀，蘇格蘭人，數學家，其發明的「對數」處理了球面三角計算的複雜運算，以加減代替了乘除，在幾何學上有一定貢獻。

〔註 64〕所謂「句股」指的就是三角形的三個角，「八線」則是指單位圓內之八條線所代表的八個函數，古人用來測量天體，所以「句股八線」乃是測量學所必須的工具，對天文策算有其重要性。

〔註 65〕戴震：〈與是仲明論學書〉，收入《戴震文集》（北京：中華書局，1980 年），卷九，頁 140。

〔註 66〕江藩：《國朝漢學師承記》，收入《奧雅堂叢書》（台北：華聯出版社，2001 年），第十八冊，頁 8715～8717。

有《戴震文集》中的〈春秋改元即位考〉三篇、〈春秋究遺序〉二文，與《經考》卷中之讀書札記。因此，以東原的《春秋》學篇數來看，猶不能成一家之言，亦無有成套的解經系統，故㮐軒之《公羊》學是否真爲東原之傳，仍難以斷定。

不過，在《禮》學上，東原仍有一定的造詣，特別是《大戴禮記》與《儀禮》二書，可謂盡心研治，㮐軒受其影響很深。段玉裁於《戴東原先生年譜》云：「而《儀禮》、《大戴禮記》二經，古本薶蘊已久，闡發維艱，先生悉心耘治，焚膏宵分不倦，至於身後，館臣乃以《大戴》、《方言》，二種進呈，謂先生鞠躬盡瘁，死於官可也。」〔註67〕東原早年就曾爲秦蕙田編撰《五禮通考》，此時東原研治《禮》學，已有一定的成績。且東原對《大戴禮記》相當看重，在未中舉之前，就常與學友討論校刊《大戴禮記》之事，後東原入《四庫》館，擔任《禮》書的纂修官，仍是以這些筆記爲底稿，段玉裁曰：

> 二十六年辛巳，三十九歲。是年夏，有再與盧侍講書論校《大戴禮》事。蓋《大戴禮》一書，譌舛積久，殆於不可讀，先生取雅雨堂刻一再讎校，然後學者始能從事。至癸巳，召入《四庫》館充纂修官，取舊說及新知，悉心覆訂其書上，於先生歿後一月，自後曲阜孔廣森太史因之作補注。〔註68〕

段氏以爲，《大戴禮記》因不如《小戴禮記》之受重視，所以學者往往輕率對待，日積月累，此書譌誤頗多，然東原悉心於此書，並積極爲其校讎，使後學者研究《大戴禮記》有所典範，故東原實乃清代研究《大戴禮記》之前鋒。察東原歿後，㮐軒曾爲其撰《戴震遺書總序》，故㮐軒必然可見當時東原之校稿，而段玉裁又能明確記載㮐軒作《大戴禮記補注》之時間，由此可知，東原之啓發㮐軒《大戴禮記》，則確實無疑。〔註69〕

〔註67〕 段玉裁：《戴震年譜》，收入《戴震全書》（台北：大化書局，1978 年），頁44。

〔註68〕 《戴震年譜》，頁44。

〔註69〕 東原歿後，其手稿多有放在曲阜孔繼涵處，其中亦有未能刻印成書者，段玉裁曾特別提及此事。《戴東原先生年譜》云：「又況先生自所著述亦刻無少休，有《儀禮考正》一卷。檢討孔廣森爲〈戴氏遺書總序〉曰：『君入書局分淹禮，乃取鍾甫《識誤》、德明《釋文》彈求亥豕之差期，復鴻都之舊，互相參檢，頗有整齊削康成長衍之條，退喪服廁經之傳。』今其書藏曲阜孔氏，玉裁未得見也。」見《戴震年譜》，頁44。

　　�軒之師承，礙於文獻的難得，故僅能多方旁搜，以獲得適當說法為旨歸。筆者認為，㽔軒之算學，如《清史稿》所言，乃出於東原之薰陶，此由二人的理念相當，可證明之。而㽔軒《禮》學術之源流實有二，一源於家學的傳承，此為其《禮》學發展之根基〔註70〕。二由於姚、戴二師的激勵，因㽔軒曾問學於二師，故㽔軒之《禮學卮言》、《大戴禮記補注》成就，必是因授業於二儒，日積月累而來。至於㽔軒之《公羊》學，雖未能師承存與之學，紹清代今文《公羊》家之統，然其不好師法、不採漢儒之說，而博採群書之旨，欲成一家絕學之壯志，亦乃清代《公羊》學之奇葩矣。

二、孔廣森的交友

　　文人間，師門學友之連繫實為重要，如宋代之元佑黨，明代之東林黨，皆是以朋黨之聚合，而成社會之中堅，故朋黨實乃文人立身處事之鑰。察㽔軒為乾嘉學人的一份子，然其交友並不廣泛，雖與當時學人有所接觸，亦不熱絡，誠如《清史稿》所言：「年少入官，性淡泊，躭著述，不與要人通謁。」〔註71〕可知㽔軒性格低調，不以交友應酬為樂，辭官後則閉門著述，少與人通。然㽔軒歿後，為其《遺書》作序者，為其發揚學說者，是為孫星衍、朱文翰、阮元等後學，可知㽔軒亦受惠於朋黨。本文乃以乾嘉學人中，與㽔軒較為友善之學者，即孫星衍、王念孫等，作為其交友的代表人物。如下：

（一）孫星衍

　　孫星衍（1753〜1815 A.D），字淵如，江蘇陽湖人，乾隆五十二年丁未科一甲二名進士，授翰林院編修，散館後因和珅之故，改派為部屬，授刑部主事，專審秋決，淵如審案求公正，每遇疑獄則參以古義，苟能為冤獄者平反。之後又轉任山東河道、糧道、權布政使等官，但都遊走地方，未能再入京任宦，之後晚年主講鍾山書院，卒於疾。淵如在宦途上雖未能平步青雲，然著作繁多，且在學術上屢有創樹，《清史稿》說他：「金石文字靡不考其源委，嘗病《古文尚書》為東晉梅賾所亂，官刑部時，即集《古文尚書馬鄭注》十卷、《逸文》二卷，歸田後又為《尚書今古文注疏》三十九卷。」〔註72〕淵如

〔註70〕孔府學者以嫻熟《家禮》學著稱，此為孔氏家學之一環，如㽔軒之父孔繼汾嘗著《闕里文獻考》、《孔氏家儀》，兄孔廣林著有《吉凶服名用篇》、《明堂億》、《士冠箋》等。
〔註71〕《清史稿》，頁1514。
〔註72〕《清史稿》，頁1517。

一有閒餘就用來著述，對金石文字的考釋也極為用心，而《尚書今古文注疏》則是集其學力之大作，全書以精詳的考證著稱，網羅漢魏以來名家之說，及清儒之《書》說而集成，是淵如花三十年的時間所完成的大作，時人皆視為善本。淵如又好聚書，是清代著名藏書家，每聞人有善本必借之謄鈔，其書齋名「平津館」。淵如亦有詩名，並與同里洪亮吉、黃景仁、袁枚相善，其詩詞為當世之絕品。而淵如與袁枚交往頗深，袁枚曾為淵如倒屣相迎，而淵如則謂袁枚詩乃天下之奇才〔註73〕。淵如著作有《周易集解》十卷、《尚書今古文注疏》三十九卷、《夏小正傳校正》三卷、《明堂考》三卷、《孔子集語》十七卷、《考注春秋別典》十五卷、《爾雅廣雅詁訓韻篇》五卷、《金石萃編》二十卷、《古文苑》二十卷等。

　　至於𢢸軒與淵如的交往，可追溯到𢢸軒因故至江淮之時，此時期𢢸軒為父入獄事奔波遊走，期間客居河南，而淵如也恰好在中州辦公，於是二人不期而遇。淵如的《孫觀察淵如儀鄭堂遺文序》曾談到此事，曰：「歲乙巳，余客中州節署，值𢢸軒以公事至，時秋颶，中丞愛禮賢士，嚴道甫侍讀、邵二雲閱校、洪稚存奉常皆在幕府。……𢢸軒美風儀與之處終日無鄙言，為《三禮》及《公羊春秋》之學，或自道其所得，超悟絕人，又能作篆隸書。」〔註74〕當時𢢸軒客居在畢沅府中，而畢沅身為疆臣，卻能禮賢下士，廣納文人，故府中總聚集許多名士，如邵二雲、汪中等人皆曾投靠，其中邵二雲就是邵晉涵，是𢢸軒會試時的同年，亦是知名學者，𢢸軒大致就是透過這些名士的介紹而認識淵如。在輩份上，𢢸軒長淵如一歲，故二人即以平輩相待，淵如則稱𢢸軒為𢢸軒。此次的見面，淵如對𢢸軒的印象極好，認為𢢸軒的才華出眾，人品高潔，文章有六朝人風格，可媲美駢賦大家袁枚、邵晉涵等文士。在𢢸軒歿後，淵如對這位風度翩翩的學者仍相當懷念，在𢢸軒的《儀鄭堂遺書》開始整理時，他就為此《遺書》寫了〈序〉文，文中對𢢸軒的際遇感為遺憾，說他為了家變之事，終日沉默寡言，甚至在祖母與父親過世之後「不食肉飲酒」，哀傷而逝，可謂是一孝子。淵如與𢢸軒雖只有一面之緣、數日之會，然淵如對𢢸軒之生平頗為瞭解，且為𢢸軒《遺書》寫〈序〉之舉，皆說明了二位文人相知相惜的情懷。

〔註73〕袁枚〈答孫淵如觀察〉曰：「總為從前奉贈『奇才』二字，橫據於胸中。」袁枚：〈答孫淵如觀察〉，收入《袁枚全集》之《小倉山房尺牘》（江蘇：江蘇古籍出版社，1993年），第五冊，卷九，頁197。

〔註74〕〈儀鄭堂遺文跋〉，收入《儀鄭堂文》，卷二，頁13。

（二）王念孫

王念孫，字懷祖，號石臞，江蘇高郵人，乾隆四十年進士，授翰林院庶吉士。清代經學家、小學家，嘗投入戴震之門下，撰有《讀書雜記》、《古韻譜》、《廣雅疏證》等。察念孫成進士於乾隆四十年，而㢲軒當時還在京城任翰林，故二人的接觸應當是㢲軒未歸曲阜之前，且念孫與㢲軒同是戴震的弟子，故㢲軒與念孫的交遊乃有著同門之誼。在存世的文獻上，關於二人交往的文書惟有一篇〈孔廣森致王念孫書〉，此篇為乾隆四十六年時㢲軒寫給念孫，此時㢲軒已解官歸家，而念孫尚在北京：故兩人聯絡始以書信，察此篇並未收入㢲軒的《文集》中，可知㢲軒當時並沒有另外謄抄副本。在文中，㢲軒先敘舊，次述家變之事，再以聲韻學之所得與念孫討論，曰：

> 自都門分手，別我良友，忽忽不知何以為懷？續緣蓼莪之痛，偷存視息，又喪一弟、兩姪女、一胞嬙，功緦之喪，三年中凡更十有七人。……至詩韻之密，不但隔協、半句協，且有兩字韻；如高岡朝陽，鴻飛公歸之類，以至〈小星〉一篇，星、征隔協矣。……惟辛丑三月二十六日也。〔註75〕

文中，㢲軒稱念孫以「良友」，且盡以家中事故相告，其中包括了喪母之慟，及妻、弟之喪等，故由此可知，二人應是感情相當好的朋友，必定非泛泛之交。此外，㢲軒亦談到了學術之事，其曰：「即如音學，每讀《三百篇》，反復紬繹，覺江、顧、段諸家，皆未當於心，然不敢輕信有定論，因復又有所得，窺見古人用韻，亦有一定章法，略如後世詩律，如七句、九句、十一句，凡單句而兩韻者，其多一句必在上半章。」〔註76〕㢲軒認為，從《詩經》三百篇中，仍可發現許多上古音韻的線索，故之前研究韻部的前輩，如顧炎武、江永、段玉裁等人之用韻，未必就已妥貼，仍然有可增損之處，而其中亦談到了撰寫《詩聲略例》一事，此大致可窺見㢲軒音韻學之創作契機。從此封書信的內容來說，實有很濃厚的學術氣息，雖然㢲軒先述以近況、家事，乍看之下似乎是一篇敘舊的書信，但以二人為同門友而論，會以書信來聯絡感情、學問，並非不可理解，其實這也反應出，㢲軒與乾嘉學人的生活、學術都有相當密切的關係。

〔註75〕〈孔廣森致王念孫書〉，收入羅振玉輯，賴貴三編：《昭代經師手簡釋籤》（台北：里仁出版社，1999年），頁50～53。

〔註76〕〈孔廣森致王念孫書〉，頁50～53。

第三節　孔廣森的學術著作述略

　　巽軒雖以三十五歲之齡與世長辭，但察其生平之著述，仍有可觀者，如其經學之《公羊》、《禮》思想，小學之上古韻部，皆是乾嘉學術之重要思想。其《經》學之專長有二，一為《禮》學，此始於家學之薰陶，再問學於姚姬傳、戴東原之所得也，著作有《大戴禮記補注》、《禮學卮言》等；二是《公羊》學，此為巽軒自發之學，乃集其平生學識而成，大旨欲疏通何休之《公羊解詁》，而發微其《春秋》思想，以成一家之說，誠如《清史稿》所言：「專家孤學也。」〔註77〕《清史稿》以為，巽軒之《公羊》學，未有前人開拓之，實自家妥貼而來，故為孤家獨學。此外，巽軒之算學與小學亦有佳績，在算學上，有《少廣正負術內外篇》一書，其演算精妙，能克紹東原算學之深密；在小學上，則有《詩聲類》之作，此書專主上古韻部之分析，並能接續前儒之演繹，對聲韻學有一定貢獻。以下略述巽軒著作之大要，如下：

一、《禮》學著作

（一）《大戴禮記補注》

　　《大戴禮記》雖曾於漢代被設立博士，但鄭玄注《三禮》後，聲勢日趨沒落，隋唐以降，篇目殘缺的情況嚴重，歷代之重視皆不如《小戴禮記》。到了清代，考據風氣興起後，學者遂重新整理此書，視為《禮》學之重要書籍，如戴東原、盧文弨等人皆為之校注。東原曾於乾隆三十八年入《四庫》館任編修，當時用力的科目便是《禮》學，其中包括《儀禮》與《大戴禮記》，段玉裁所編之《戴東原先生年譜》云：

> 二十六年辛巳，三十九歲。是年夏，有再與盧侍講書論校《大戴禮》事。蓋《大戴禮》一書，譌舛積久，殆於不可讀，先生取雅雨堂刻一再讎校，然後學者始能從事。至癸巳，召入《四庫》館充纂修官，取舊說及新知，悉心覆訂其書上，於先生歿後一月，自後曲阜孔廣森太史因之作補注。〔註78〕

可見東原入《四庫館》的工作即是在整理《禮》書，其心血都凝聚在此之上，

〔註77〕《清史稿・儒林傳一》，頁 1501。
〔註78〕段玉裁：《戴震年譜》，頁 44。

而東原對《大戴禮記》特別留意，除了參考早年與盧文弨討論的意見外，並取「雅雨堂」所刻的《大戴禮記注》反復考校，欲革去《大戴禮記》數百年來之謬誤〔註 79〕。至於㣧軒《大戴禮記補注》之撰寫，則於東原歿後一月才動筆，故一般相信㣧軒之「補注」乃得於東原之傳，但其中又加入自己的見解，如王樹枏之《校正孔氏大戴禮記補注・敘錄》言：「王言第三十九。孔氏據戴震校本為說。……又案，孔氏作注不取《家語》，惡其偽也。」〔註 80〕可知，㣧軒的確有參考東原的校本，然㣧軒未必就會全盤接受一家之說，察全篇之考校，實多旁引他書，故《大戴禮記補注》之成書，雖有東原之傳，然㣧軒之用力實不可抹滅。

至於《大戴禮記補注》之版本，目前存世有數種之多，其中有阮元編纂的《皇清經解》本，《百部叢書集成》所收錄的《畿輔叢書》本等，這些版本大致是取自孔廣廉所刻的《儀鄭堂遺書》本，今上海辭書出版社圖書館有嘉慶年間刻本，號稱善本〔註 81〕。而 1995 年上海古籍出版社重編《續修四庫全書》，其中收錄清嘉慶年間所刻印《大戴禮記補注》和清光緒（1875～1908 A.D）年間所刻的《校正孔氏大戴禮記補注》二版本，《校正孔氏大戴禮記補注》乃原自王樹枏的《陶廬叢刊》本輯出，其中有經過王氏之考校，並參酌北周盧辯《大戴禮記注》的文字，對於㣧軒之說法多有補充。〔註 82〕

〔註 79〕 「雅雨堂」為盧見曾（1690～1768）之藏書樓，多藏善本書。盧見曾，山東德州人，康熙辛丑年進士，曾任盧州、江寧、穎州知府、兩淮鹽運使等官，致仕後專以著述為業，並刻家中善本，流遍海外，可惜雅雨堂於清末一場大火幾乎全燬，現只保留少部份藏書於德城當地圖書館。

〔註 80〕 孔廣森撰，王樹枏校：《校正孔氏大戴禮記補注》（上海：上海古籍出版社，1995 年），第一〇八冊，頁 1。

〔註 81〕 《畿輔叢書》為清舉人王灝所編，共收書達一百七十種有四百冊之多，所收之書籍多是家中所藏善本。王氏匯編此部叢書達三十年之久，其中保留了清儒顏元、李塨、孫奇逢、崔述等人的全集，實有一定的文化價值。

〔註 82〕 《續修四庫全書》的匯編濫觴，可追溯到清光緒十五年，翰林院編修王懿榮等人，提議重開「四庫館」以網羅《四庫全書》之後的著作，但此事無疾而終，之後民國三十九年，北平人文科學院曾擬出以日本歸還中國的「庚子賠款」，作為修《續四庫全書》的經費，經過數年的計劃大致有一定的成績，然而最後卻因對日抗戰的關係，只撰寫了部份《提要》。到了九零年代，上海古籍出版社與大陸官方對於修《續修四庫全書》之事，終於有了另一計劃，經過數年的搜羅古籍、編輯、刊印等事務，於一九九五年正式出版，共收書五千二百一十三種，分為一千八百冊，號稱能完備《四庫全書》之後至清末，二百多年間的重要學術書籍。

　　再從《大戴禮記補注》的體例與內容上看，此書其雖名為「補注」，然實是對《大戴禮記》四十篇之發微，其底本採盧辯的《大戴禮記注》，全文有十三卷，加上敘錄一卷，共十四卷。而卷前之敘錄，除了附巽軒的自〈序〉外，亦列有目錄，目錄下方則以小字作提要，解說清晰明瞭，大致能詳述卷次與篇目的分配。而其篇目則依《大戴禮記》的篇目作次序編排，於每卷下存入數篇不等，如首卷就併存〈王言第三十九〉、〈哀公問五義第四十〉、〈哀公問於孔子第四十一〉、〈禮三本第四十二〉等四篇。

　　此書對清代《禮》學有許多特殊意義，首先，隋唐之後、清代之前的學者對《大戴禮》學並不重視，而巽軒《大戴禮記補注》之撰著，去蕪存菁，摒除訛誤，正說明清代《禮》學之研究成績斐然，更甚於宋元明三代。故後世即以巽軒《大戴禮記補注》和汪照《大戴禮記補注》為清代「大戴禮學」之雙璧，如梁啟超言：「《大戴禮》舊惟北周盧辯一注，疏略殊甚，且文字譌脫亦不少。……孔巽軒著《大戴禮記補注》，汪少山著《大戴禮記補注》，二君蓋不相謀，而其書各有短長。」〔註83〕梁氏論清代《大戴禮》之概況，只取孔、汪二氏為典範，故可知梁氏實推崇二家之說。其次，此書考校精詳，且說解客觀，原則上不溺於兩漢經說，亦不拘於一家之法，而能旁求《經》、《史》，擇善補注，故對清代《禮》學之發展，實有一定貢獻。

（二）《禮學卮言》

　　《禮學卮言》是巽軒的另一部《禮》學著作，成書的年代不明，共有六卷，其解說並不限於《三禮》中的任何一書，而是以通論的方式來說《禮》。解說之範圍包含《三禮》、《禮》圖、《禮》器等，其中對《儀禮》最為重視。

　　此書目前存世的版本有數種，其中以《皇清經解》本和《儀鄭堂遺書》本最為常見，其它的善本，則有上海辭書出版社圖書館所藏的嘉慶年間刻本，與台北國家圖書館所藏清咸豐（1851～1861 A.D）年間補刻本。

　　至於體例方面，其全文之前附有目錄，於卷末又附上後序。而每卷收入若干條解說，如卷一就收入〈儀禮廟寢異制圖說〉、〈匠人世室明堂圖解〉、〈辟雍四學解〉等條，遇有圖說的部分，則會附上圖表，可與文字相互參照。特殊的是，其卷末只列有一篇，專論鄭玄的《周禮注》，篇名為〈周禮鄭注蒙案〉，

〔註83〕梁啟超言：「《大戴禮》舊惟北周盧辯一注，疏略殊甚，且文字譌脫亦不少。……孔巽軒著《大戴禮記補注》，汪少山著《大戴禮記補注》，二君蓋不相謀，而其書各有短長。」見梁啟超：《中國近三百年學術史》，頁265。

此篇的解釋廣引前人之說，可謂是㢸軒對《周禮》之集註。

再從內容來看，其中討論到相當多「禮義」、「禮器」、「禮圖」的問題，然㢸軒並不認同一味尊古訓，反而另旁求於《經》、《史》，以尋其合理之解說，如其〈後序〉曰：「㢸軒竊見鄭君注儀禮，多引漢法，以況周事。賈氏皆略而不說，或說之而反致乖錯。良由治經者，專習箋訓，鮮復旁涉史籍。」〔註84〕㢸軒以為，鄭玄之注《三禮》，乃多引漢代家法以譬說周事，此為今注與古史之相互證明，但到了唐代賈公彥，則完全忽視古史的作用，即使偶有提起，仍是過於疏陋。由此可見，歷來優良的經師，多只專注於家法師法的箋訓，而少用史籍來校考經書。㢸軒此說，實能點出前儒注經之優缺點，察清儒之注經乃博引經史，以史證經，所以能不拘泥古訓而倍顯客觀於漢唐之說。而此書之解經，則大量徵引傳史子集，不死守漢儒的家法師法，以疏發前儒說法有扞格不通者，故亦為乾嘉學術之佳篇也。

二、《公羊》學著作

《春秋公羊通義》

㢸軒之《公羊》學著作唯有一書，名《春秋公羊通義》，完稿於乾隆四十八年。《春秋公羊通義》現存世的版本有數種，但㢸軒在乾隆年間所完成的原稿已不可見，目前各刊本的主要依據為孔廣廉所匯編的《儀鄭堂遺書》刻本，現華東師範大學與上海辭書出版社圖書館有清嘉慶年間的刻本，此版本卷首附有嘉慶十七年孔廣廉的校刊敘略，與嘉慶三年阮元的前〈序〉，號為善本。而其它的版本，皆是清中葉後至清末所刻，如清道光（1821～1850 A.D）九年，廣東學海堂的刊本，之後清咸豐十一年再補刊，此版本為阮元所刻，也就是《皇清經解》所收錄的版本，和嘉慶年間的《儀鄭堂遺書》本之不同處，在於《皇清經解》本有經過阮元等人的校勘。此外，清光緒十四年，上海點石齋則有石印本，此亦是《皇清經解》的收錄本之一。一九九五年，上海古籍出版社所重編的《續修四庫全書》，則把《春秋公羊通義》編入「經部」的「春秋類」，並歸為經論之書，其所參校的版本則是《儀鄭堂遺書》本。

在體例上，《春秋公羊通義》全篇無附目錄，所有章節皆以《春秋》十二公的紀年逐次陳述，其中，卷三有上下之分，乃是合莊公與閔公為一卷，此

〔註84〕孔廣森：《禮學卮言‧後序》，收入《皇清經解》（台北：復興書局，1961 年），第九冊，頁 8237。

據顨軒之說，是依何休《公羊解詁》之古例而分，故全文為十一卷，而篇末顨軒的後序，則單獨為一卷，故全篇總共有十二卷之多。

　　再從內容來看，顨軒所要疏通的，乃為東漢何休的《公羊春秋解詁》，所以全書除了謄錄《春秋》與《公羊》的原文外，還於《公羊》的文詞下加入何休的註解，以小字分兩行並列，首冠以「解詁曰」。然而此書特殊之處，在於常有「以經解傳」、「以傳解傳」、「以它說解傳」，或者引它書來旁證的情況發生，所以旁引的經史書籍繁多，共有數十種。至於顨軒之通義，或接於何休的註解之下，或直接對《公羊》作解釋，但未必完全認同何休的《解詁》，如認為何說有不妥之處，則另引經傳以疏解之，此部分乃為顨軒自我之闡發，亦是後儒以為顨軒解經不守家法之獨特處，故錢穆曰：「不尊南宋以來，謂《春秋》直書其事不煩褒貶之義，然於何休所定三科九旨，亦未尊守。」〔註85〕錢穆以為，顨軒之《公羊》學，不從南宋學人解《公羊》之法，亦不重視東漢《公羊》家之「三科九旨」，這種不守舊說，而旁引它書，以己意註解之舉，實是漢代以來《公羊》學之歧出，但亦是乾嘉學術重考據之特長也。

三、其他學術著作

（一）《經學卮言》

　　《經學卮言》之著作年代並不可考，也難以得知是顨軒何時期之作品〔註86〕。此書內容是顨軒對《經》學之發微，其中有許多對《經》義的獨特見解，全書共六卷，正文前無序文，但有目錄，分「周易」類一卷，「尚書」類一卷，「毛詩」與「爾雅」類一卷，「論語」一卷，「孟子」一卷，「左傳」一卷，各卷中又分各解說為數十條段。此書現存的版本，多是《儀鄭堂遺書》中析出，阮元編《皇清經解》亦有著錄。一九九五年上海古籍出版社編《續修四庫全書》，歸此書於「群經總義類」，底本則採華東師範大學圖書館所藏《儀鄭堂遺書》刻本，此為清嘉慶年間所刻印之善本。而台北國家圖書館則藏有清咸豐十一年刊本，與清光緒十四年上海點石齋石印本，這兩個版本都是收入《皇清經解》。

〔註85〕錢穆：《中國近三百年學術史》（台北：商務印書館，1980 年），頁 525。
〔註86〕顨軒著作大多難以得知其著作年份、完稿時間等，除了《春秋公羊通義·序》有指出其完稿時間外。而《大戴禮記補注》開始著手的時間，則是由段玉裁所纂的《戴東原先生年譜》中所提及。

再從內容來看，此書乃類於筆記式小品，不對《經》書之全文作解說，而是取其中較爲可觀或重要者加以評解，如〈周易〉一卷，乃首採《周易》「大畜卦」之卦辭「大蓄。利貞，不家食，吉。」一段加以解說，次採「屯」卦六二爻辭「六二，屯如邅如，乘馬班如，匪寇昏媾，女子貞不字，十年乃字。」一段加以解說，所以顨軒此篇的解說並沒有一定的體例，唯取可議論者而析解之。

（二）《少廣正負術內外篇》

《少廣正負術內外篇》乃顨軒於算學上之著作，共二篇六卷，分「內篇」上、中、下三卷，「外篇」上、中、下三卷，目前有清道光年間錢熙祚校刊本，此版本收入《指海》叢刊，是爲善本。1967 年，台灣藝文印書館刊行《百部叢刊集成》，即是影印此版本。而國家圖書館則藏有南海黃任恒《翠琅玕館叢書》本，此爲民國五年刊本，亦是善本。

致於此書之著作年份已不可考，但大致可知完稿時間在顨軒入翰林院之後〔註 87〕。期間，顨軒曾問學於戴東原，而東原亦嫻熟算學，故此書之作，與東原之學實有聯繫，故《清史稿》曰：「震卒後，其小學，則高郵王念孫、金壇段玉裁傳之；策算之學，曲阜孔廣森傳之。」〔註 88〕東原曾著有《句股割圓記》一書，專解析「句股」之觀念，而顨軒所研究之「少廣」，正是用來商測「句股」之變化，兩理念乃密不可分，故兩人之學有一定的傳承。

而此書的內容大致有二，一是解析「少廣」的各項策算數據，如《少廣正負術內外篇・序》所言：「少廣者，所以測量物之形體堆積，以知推冪，以知邊。」〔註89〕「少廣」即是西洋數學所謂之開根方法，顨軒以爲，「少廣」的功用，可以明確的推算出物體的面積、體積、邊長等，而這些精密的數字則是由線、面、圓的關係所推測出。二是可推算「句股」的變化，《少廣正負術內外篇・序》曰：「蓋其理進於方程，而其用可以該商功句股之變，簡以御繁，易以知難者焉。」〔註 90〕顨軒以爲，可用「少廣」爲測量工具，通過繁

〔註87〕 《少廣正負術內外篇・序》曰：「顨軒備官翰林，與窺中秘，得見王、秦、李三家之書，覃思研究，通其義類，試諸籌計，得草若干。」可知此書之作，乃爲顨軒備官翰林院之後。見孔廣森：《少廣正負術內外篇》，收入《百部叢書集成》之《指海》（台北：藝文印書館，1967 年），第七函，第一冊，頁 2。

〔註88〕 《清史稿・儒林傳一》，頁 1514。

〔註89〕 《少廣正負術內外篇》，頁 1。

〔註90〕 《少廣正負術內外篇》，頁 1。

難的數據與複雜的方程式，以求出「句股」的變化，「句股」實類於今日西洋數學之「三角函數」，而這些函數的推算和「少廣」關係密切，兩者皆是策算學的重要知識。

清代「經世之學」興起後，學者對實務逐漸重視，凡天文、地理、策算、建築、水利等學，皆備受注目。顨軒此書之作，乃善用西方新式算法，並以求取精密之數據爲指歸，對物體之測量頗有貢獻，故可視爲清代算學的另一成績。

（三）《詩聲類》

顨軒在「小學」上之作品，有《詩聲類》一書，此書的命名，據顨軒之序可知，乃仿傚李登的《聲類》而作〔註91〕。此書全文共十一卷，卷首附有顨軒的序和全篇的目錄，此外，顨軒在《詩聲類》之後又附入〈詩聲分例〉一卷，大致是以類例的運用來補充《詩聲類》的內容，如「偶韻例」、「奇韻例」、「疊韻例」、「空韻例」等，皆是歸納《詩經》的押韻情況來說明上古韻部，而此〈詩聲分例〉之末則另附有孔廣廉的校刊記。

至於此書的版本，目前有清乾隆五十七年謙益堂刻本，此爲孔廣廉所刻的《儀鄭堂遺書》之一，是爲善本，又台北國家圖書館藏有清光緒十四年南菁書院刊本，此刊本爲《皇清經解續編》收入本，亦是善本。〔註92〕

再從內容來看，此書的特點有幾個，一是歸納《詩經》押韻之情況，析顧炎武、江永、戴震、段玉裁以來的上古韻部，分古韻部爲十八部，其中自創「東」「冬」分部，並把「合」部獨立出來，此成果被清代聲韻學家普遍接受，並成爲上古韻學中的普遍共識〔註93〕。二是提出「分陰分陽九部之大綱，五方之殊音。」〔註94〕此爲後儒所謂之「陰陽對轉」，即陰聲與陽聲兩類字，可以透過入聲字爲媒介而相互轉音，此學說一般認爲是顨軒得於東原之學，

〔註91〕顨軒曰：「竊取李登《聲類》之名，以名是編。」見孔廣森：《詩聲類・序》，收入《續修四庫全書》（上海：上海古籍出版社，1995年），第二四六冊，頁397。

〔註92〕《皇清經解續編》乃王先謙所匯編，其體例乃仿阮元的《皇清經解》，專收錄清儒之經學著述，共收書二百零九種，一千四百三十卷。

〔註93〕從清儒對上古韻部的析分來看，顧炎武的《音學五書》分爲十部，江永的《古韻標準》分爲十三部，段玉裁的《六書音韻表》分爲十七部，戴震的《聲類表》分爲九類二十五部。而顨軒最大之成就，則是分「東」、「冬」爲兩部，此分法實已成爲後學的共識，如王念孫、章炳麟皆使用之。

〔註94〕《詩聲類・序》，頁397。

但「轉陽轉陰」之定名，則是由㩋軒所提出〔註95〕。從清代古韻學之接力而論，㩋軒實是重要的一棒，其所析出的古韻十八部，雖未必是上古韻學的最後定論，然其識見的精湛、對韻部解析之精密，對之後聲韻學的發展，有一定貢獻。

〔註95〕 竺家寧先生云：「所謂『陰陽對轉』，即指陰聲部的字和陽聲部的字通押或諧聲而言，能對轉的兩部應當有個類似的主要元音。『陰陽對轉』的理論雖然是得自戴震的啓示，而名稱的正氏確定則從孔氏（㩋軒）開始。所以一般都認爲『陰陽對轉』之說是孔氏研究音韻學最精彩之處。」見竺家寧：《聲韻學》（台北：五南圖書出版公司，1992年），頁496。

第三章　孔廣森的治經特色

第一節　以經傳、諸子釋經傳的解經方法

　　撝軒之治經，並非專守一師之說，或固執一家之法，而是能兼融經傳與諸子學的優點，以經傳、諸子之長處釋經傳之疑處，去蕪存菁，以通說為標的，其《春秋公羊通義》言：「何氏屢蹈斯失，若『盟于包來下』，不肯援《穀梁傳》以釋傳，『判者五人』不取證《左傳》，而『鑿造諫』不以《禮》之說，又其不通之一端也。今將祛此二惑，歸於大通，輒因原注，存其精粹，刪其支離，破其拘窒，增其隱漏，冀備一家之言。」〔註1〕根據撝軒之說法，何休之注《公羊傳》，其過失屢屢出現，且太拘泥於家法，如隱公八年與莒人會盟一事不能援引《穀梁傳》解之，又定公八年順祀去國五臣子之事，又不能引《公羊傳》解之，而成公十三年論「鑿造」之諫亦不取《三禮》解之，所以其《解詁》處處扞格受限，而無法還原經傳之本義。因此撝軒之解經，首以規正何注之疑惑，使其通達無礙，並保存本經傳之精粹，再條舉眾說，斷以己意，使解經更為通達、合理。從此論來看，撝軒欲以通說注經，而成就一家之言之企圖，實為明顯，《清史稿》亦云：「孔廣森之《公羊春秋》，皆孤家專學也。」〔註2〕撝軒對《公羊傳》、《大戴禮記》之發微，皆援引諸經、諸子入注，並折衷諸說而斷以己意，故《清史稿》論其欲成孤家專學之說，誠為

〔註1〕　孔廣森：《春秋公羊通義・序》，收入《皇清經解》（台北：復興書局，1961年），頁8190～8194。

〔註2〕　《清史稿・儒林傳一》，收入《百納本二十五史》（杭州：浙江古籍出版社，1998年），第十冊，頁1501。

可信。本文乃舉出巽軒著作中較為可觀之解經方法，進而分析其獨特的解經思想與釋經手法。其一為以經傳釋經傳，如「以《三禮》解經傳」、「以《穀梁傳》、《左傳》解《公羊傳》」、「以《爾雅》釋經傳」等例。二是以諸子釋經傳，如「以《孟》、《荀》釋經傳」、「以《老子》、《莊子》釋經」等例，述略如下。

一、以經傳釋經傳

（一）以《三禮》解經傳

巽軒之著作，皆能援用《三禮》學之「禮」制，以充實其經解內容，而對於《三禮》之發微乃為其論說之精粹也。其以《三禮》解經傳之內容有二，一為以《三禮》解《公羊傳》，二為以《三禮》解《禮》。論述如下：

1. 以《三禮》解《公羊傳》

《公羊傳》是史書《春秋》的經解，其所論述本多天子侯國之事，凡遇有祭、聘、婚、喪、兵等制度者，《公羊傳》則必循「禮」疏通之，而在論述的過程中，「禮」制之論說乃為重要的思想之一，如孟子所謂「見禮知政」的政治思想，《孟子‧公孫丑上》云：「子貢曰：『見其禮而知其政，聞其樂而知其德，由百世之後，等百世之王，莫之能違也。自生民以來，未有夫子也。』」〔註3〕此處孟子乃藉子貢之語，說明孔子之所以偉大處，是其可藉觀一國之「禮」、「樂」，而知一國之政、一國之德，此種「見禮知政」之思想則被巽軒所接受，並運用在以《三禮》解《公羊傳》的課題上。

又如簡松興先生曰：「我們討論到『禮』是《公羊傳》所認為的——過去、未來之政治基礎。其理由蓋因《公羊傳》對天子、諸侯、大夫等之褒貶，往往據禮以為標準。」〔註4〕簡先生認為，「禮」乃是《公羊傳》中基礎的政治思想，其所干係之對象在於過去事件之紀載與未來事變之掌控，所以對天子、公、侯失政的褒貶往往都是據「禮」而說。故可以知，「禮」可為衡量政治之標準，如國家有失政之處，由觀「禮」即可明瞭。此外，「禮」亦存有濃厚的宗教意識，如祭、喪中的典制部分，必然無能遠於「禮」，上至天子之祭祀，下至大夫的喪葬，皆不能獨立於「禮」制之外，而這些「禮」制皆可循《三

〔註3〕《孟子注疏》，收入《十三經注疏》（台北：藝文印書館，1981年），頁56。

〔註4〕簡松興：《公羊傳的政治思想》（台北：國立台灣師範大學研究所碩士論文，1979年5月），頁106。

禮》而見其端倪，故《三禮》乃爲「禮」制之重要〔註5〕。因此，《公羊傳》之「禮」制思想，實可由《三禮》疏通之。

　　至於巽軒之纂《春秋公羊通義》，亦視「禮」爲論述之核心，故其對《公羊傳》中的「禮制」、「禮義」部分亦予嚴格考究，如遇有論「禮」、議「禮」，或有不合「禮」制者，必先爲之考證，再加以《三禮》疏通之。如「定公十四年，天王使石尙來歸脤」一條，《公羊傳》曰：「石尙者何？天子之士也。脤者何？俎實也。腥曰脤，熟曰燔。」〔註6〕《公羊傳》此處只解釋石尙是周天子的使者及脤肉是生祭肉之事，但並未解釋周天子致贈脤、燔所代表的意義，所以巽軒《公羊通義》補注云：「《周禮》曰：『以脤膰之禮，親兄弟之國。』」〔註7〕此處巽軒乃引《周禮》之〈春官・大宗伯〉解釋之，其以爲贈送祭祀過的生肉或者熟肉，是要親近同姓的兄弟之國，以表示友好。從兩國的關係來看，周王室本是周武王的嫡傳，而魯國是武王之弟周公的後裔，故兩國是兄弟之邦，皆屬於「姬」姓，因此可知，周王室以脤膰之禮友好魯國，乃爲兄弟之通好，亦是兩國聘問之大典。

　　又「莊公二十四年，曹羈出奔陳。曹羈者何？曹無大夫也，曹無大夫此何以書賢也？」一條，巽軒則引〈王制〉解釋小國何以無大夫，其曰：

> 《春秋》之義，小國無大夫，無大夫者，稱入不錄名氏也。〈王制〉
> 曰：「大國三卿皆命於天子，次國三卿二卿命於天子，一卿命於其君，
> 小國二卿皆命於其君。」《春秋》稟文王之法，假天子之事，小國之
> 卿不命於天子，故亦不得以名通於《春秋》，唯來接我者，然後書羈，
> 非接內而亦書者，乃特見其賢也。〔註8〕

巽軒以爲，《春秋》之義，小國無大夫，因此《春秋》一般都是不錄其姓氏。按照《禮記・王制》之說，大國三卿都由天子任命，次國有三卿，其中二卿

〔註5〕 《公羊傳》中的宗教意識，漢人多論述之，其中以董仲舒爲大家。西漢武帝元年，董仲舒曾上過〈天人三策〉以論說天人之際，其中亦說明「禮」制對治道的重要，其曰：「道者，所繇適於治之路也，仁義禮樂皆其具也。故聖王已沒，而子孫長久安寧數百歲，此皆禮樂教化之功也。」董氏以爲，天道之所繫，乃是仁義禮樂具備之治世。所以即使聖王已沒，而子孫能長保數百載的安寧，都是禮樂教化的貢獻。董氏的天道不異就是有懲善罰惡的神格天，故實存有一定的宗教意識。見《漢書・董仲舒傳》，收入《百納本二十五史》（杭州：浙江古籍出版社，1998年），第一冊，頁469～472。

〔註6〕 《公羊注疏》，收入《十三經注疏》（台北：藝文印書館，1981年），頁333。

〔註7〕 《春秋公羊通義》，頁8181。

〔註8〕 《春秋公羊通義》，頁8083。

由天子任命，另外一卿由國君任命，小國有二卿，二卿都由國君任命〔註9〕。所以《春秋》的筆法，小國之卿不由天子任命，故不書其名，只有與魯國有所接觸的，才會書寫其姓名。但是曹羈並無來魯國，何以要書寫他的姓名呢？是因爲要褒揚他的「賢德」。從戴軒之解釋來看，其要點大致有幾項，一是照〈王制〉所言，小國之大夫不是天子所命故不足爲論，因此史書可以不載其名，《公羊通義·序》亦言：「小國大夫不以名氏通，非天子之爵祿耶？」此處與〈王制〉說法合；二，如載小國大夫之名，必須是我國與小國有政治上之往來者；三，小國雖與我國無來往，但遇有「德」者，可紀載其名以褒揚其「德」。此處戴軒以《禮記·王制》來疏通「曹無大夫」一文，讓隱晦的文字顯明，其次又解釋了《公羊傳》特殊的褒貶，其用意乃是在於推崇「賢」者，而「賢」者正是戴軒所提《公羊傳》「三科九旨」的其中一環，與《春秋》之重「人情」實有暗合處〔註10〕。故戴軒以《三禮》解《公羊傳》之典制，循《三禮》之名而責《公羊傳》之實，再由「三科九旨」之理論深入對《公羊傳》之探討，實能活絡《春秋》之大義。〔註11〕

　　2. 以《三禮》解《三禮》

　　至於以《三禮》解《三禮》，前儒已有一定實績，東漢鄭玄之注《三禮》就廣泛運用此法，賈公彥疏《三禮注》亦奉爲圭臬，如《儀禮·士冠禮》云：「宰自右少退贊命。」〔註12〕此說明「宰」是站在君主的後右方，以傳達卜筮的結果。鄭玄則注曰：「宰有司主政教者，自由也，贊佐也，命告也。佐主人告，所以筮也。〈少儀〉曰：『贊幣自左，詔辭自右。』」此處鄭玄乃說明「宰」

〔註9〕　事實上，小諸侯國仍有大夫，但不入流，所以無能見於大國之間。依《禮記·王制》之說，卿的地位大於大夫。天子的卿有九等，諸侯國的卿有上中下三等，而諸侯國的大夫則有上下二等，但諸侯國和周王室相比，需依照封土規模遞減卿、大夫的等級，而小國的大夫遞減後已入流，故史書上多不載其名。見《禮記正義》，收入《十三經注疏》（台北：藝文印書館，1981年），頁220。

〔註10〕　戴軒曰：「天道者，一曰時，二曰日，三曰月；王法者，一曰譏，二曰貶，三曰絕；人情者，一曰尊，二曰親，三曰賢。此三科九旨既布……。」故可知戴軒以爲三科即是「天道、王法、人情」，九旨則爲「時、日、月、譏、貶、絕、尊、親、賢」。見《春秋公羊通義》，頁8190。

〔註11〕　戴軒之以《禮》解《公羊傳》，後人多有批評之，以爲其破壞了《公羊傳》之家學，但戴軒之撰《春秋公羊通義》本以通學爲自許，也就是欲把群經相會通的作法，故戴軒以諸經傳來解《公羊傳》，反而形成其思想上的一大特色。

〔註12〕　《儀禮注疏》，收入《十三經注疏》（台北：藝文印書館，1981年），頁5。

的工作在於輔佐君主，故引《禮記・少儀》之說，以爲「宰」幫君主賜送錢幣是站左，傳達命令是站右，〈少儀〉爲《禮記》之一篇，故由此可見康成以《三禮》互解之企圖。而賈公彥亦引〈士喪禮〉疏曰：「命筮者，在主人之右。」此解釋與〈士冠禮〉合，且〈士喪禮〉爲《儀禮》之一篇，故賈公彥以此注爲之補充，故其體例亦不失以《三禮》互解之特色。

　　顨軒於《三禮》學尊鄭玄，故其經解時常可見康成之影響，如《大戴禮記補注序》曰：「顨軒不揣淺聞，輒爲補注，更釐亥虎，參證邠穀，敢希後鄭足，申裨于毛義，庶比小劉兼規正於杜失。」〔註13〕可知顨軒乃以補注經傳爲己任，並願繼康成之學，以補正傳說中之未完備者。因此顨軒既然宗鄭，故亦把以《三禮》互解視爲其解經的重要方法，其撰《禮學卮言》亦是融《三禮》入注解，如《禮學卮言・儀禮雜義》曰：

　　　　〈覲禮〉：「侯氏裨冕。」先鄭以鷩爲裨冕，後鄭以裨冕爲上服之次，
　　　　皆非也。〈曾子問〉曰：「太宰、太宗、太祝皆裨冕。」《荀子》曰：
　　　　「大夫裨冕，士韋弁。」據《周禮》：「大夫之服，自玄冕而下。」
　　　　則裨冕者，玄冕也。〔註14〕

此段是對《儀禮・覲禮》之發微，其中曾提到「侯氏裨冕」的「裨冕」一物，那到底「裨冕」是何種地位的服飾？顨軒以爲，在鄭玄之前，學者皆是把「裨冕」解釋爲「鷩」，「鷩」衣是周天子或者諸侯的命服，爲王侯專用。在鄭玄之後，學者則是把「裨冕」解釋爲「上服之次」，即是周天子以下地位的人之服飾。然而，顨軒確認爲二說都是誤解，所以他先引《禮記・曾子問》之言，說明太宰、太宗、太祝這些大夫地位的人都是服「裨冕」的，其次再引《荀子》之說，來佐證大夫之服乃「裨冕」，最後則引《周禮・春官宗伯》，來證明大夫是穿戴「玄冕」，而「玄冕」則是等同於「裨冕」，所以最終可知，所謂「裨冕」即是大夫的服飾無疑。

　　又《禮學卮言・儀禮雜義》曰：

　　　　〈燕禮〉「主人」注云：「宰夫也，……天子膳夫爲獻主。」此鄭君
　　　　據燕義使宰夫爲獻主之文而說也。但記所云，宰夫實即膳夫。〈文王
　　　　世子〉曰：「公與族燕，……膳宰爲主人。」膳夫有膳宰之稱，故通

────────────

〔註13〕孔廣森：《大戴禮記補注・序錄》，收入《續修四庫全書》（上海：上海古籍出版社，1995 年），第一○七冊，頁 510。

〔註14〕《禮學卮言》，收入《皇清經解》（台北：復興書局，1961 年），頁 8223。

謂之宰夫，亦或謂之太宰。〈檀弓〉曰：「蕢也，宰夫也。非刀匕是
供。」〔註15〕

此處是對《儀禮・燕禮》「主人」一詞的補正，「主人」一職是代替君王在宴
會上招待貴賓的官員，通常是由君王的「宰夫」所擔當，而鄭玄〈燕禮注〉
則以爲「主人」一般是「宰夫」所擔當，但唯有天子的「膳夫」才能充當「主
人」，而諸侯的「膳夫」則不能擔當「主人」，因爲「膳夫」的地位要低於「宰
夫」的原故。但𪩘軒頗以爲不然，其認爲「宰夫」其實就是「膳夫」，二者都
是爲君王管理飲食的官員，其引《禮記》之〈文王世子〉和〈檀弓〉二文，
認爲「宰夫」稱爲「膳夫」，也稱「太宰」，名稱雖異但職守實際上相同，所
以二者通用。又《儀禮》爲古文經，《禮記》爲今文經，而《周禮》爲古文經，
𪩘軒乃以今古文相互佐證，只求解說的貼妥，可謂其並無門戶之成見也。

　　從上述而論，大致有幾個特點。一是𪩘軒之論辨相當活潑，且不拘今古
文之門戶，而以說解恰當者爲依歸。二是能博引眾說，其中多有引《三禮》
二說以上補充者，頗能釐清傳說之可疑處。三是重視鄭玄之說，當鄭玄已有
注解者，𪩘軒必特加留意，然鄭玄有可疑處則申辯之，可知𪩘軒之解經態度
相當客觀。

（二）以《穀梁傳》、《左傳》解《公羊傳》

　　自孔子著《春秋》以來，不乏有學者爲其作傳，以疏通其說，但礙於家
派的關係，各家雖有其特長，然亦有其短處，故晉范甯評《春秋》三傳云：
「左傳豔而富，其失也巫；穀梁清而婉，其失也短；公羊辯而裁，其失也
俗。」〔註16〕范甯以爲，《左傳》之文辭華豔而繁富，但不避著卜怪亂之說，
有迷信之過失；《穀梁傳》的文辭清麗婉約、簡潔明快，但解說過於短促，在
論事上有短陋的毛病；《公羊傳》深於議題的論辨，但內容趨於俗說是其過
失。所以范甯又曰：「若能富而不巫，清而不短，裁而不俗，則深於其道者
也。」〔註17〕如能整合《三傳》之長，而摒去《三傳》之短，便能通達於《春
秋》之王道，此亦爲范甯注《穀梁傳》所廣用之方法。

　　從經學的流變來說，《三傳》各有展露光芒之時代，其雖有今古文的不

〔註15〕　《禮學卮言》，頁 8223。
〔註16〕　《穀梁注疏・序》，收入《十三經注疏》（台北：藝文印書館，1981 年），頁
　　　　　7。
〔註17〕　《穀梁注疏・序》，頁 7。

同，又有師法家法之異，然而後學者並不以通一經爲自滿，而是能取長補短、相互參校〔註18〕。清初顧炎武即云：「孔子歿，丘明譔其所聞爲之傳，微辭妙旨，無不精究。公羊高親受子夏，立於漢朝，多可采用。穀梁赤師徒相傳，諸所發明，或是《左氏》、《公羊傳》不載，亦足有所訂正。」〔註19〕亭林認爲，孔子歿後，左丘明以其所聞爲《春秋》編傳，公羊高受學於子夏，穀梁赤師徒相傳，此三家皆能成一家之言，在解經上亦有其獨特發明，且能相互補充所未備者。故可知，《三傳》雖旨趣各異，然皆有不可忽略之處，其文字、解經各具特點，實可相互參酌，以長補短。

至於𪟝軒之解《公羊傳》，亦能取《三傳》的長處相互補注，其曰：「董生不云乎：『《易》無達占，《詩》無達詁，《春秋》無達例。』夫爲有例，而又有不囿於例者，乃足起事同辭異之端，以互發其蘊，記日屬辭比事，《春秋》之教也。」〔註20〕𪟝軒舉董生之言，認爲《春秋》之解經「無達例」，故《三傳》雖各有其例，但唯有不被這些例所局限，而以同事卻不同文來相互抒發，才足以顯現《春秋》「記日屬辭比事」之教化。所以𪟝軒《春秋公羊通義》一書，雖是以何休《解詁》爲疏通的主要部分，但於《三傳》之解說精當者，亦會相互參酌後著錄，此乃遵循「《春秋》無達例」之法。如《春秋》「文公十四年甲申，公孫敖卒於齊」一條，《公羊傳》並無解說，故𪟝軒補《穀梁傳》之傳文入《公羊傳》，其曰：

> 《穀梁傳》曰：「奔大夫不言卒而言卒，何也？爲受其喪，不可不卒也。其地於外也」。日者罪，不若弒君重。〔註21〕

𪟝軒引《穀梁傳》之說認爲，依《春秋》之例，奔逃的大夫假使死亡是不予紀載的，但這次爲何給予紀載呢？是因爲依大夫之禮仍是要取回其遺體，故不可不紀載，而其逃亡並非重不可赦，所以還准許取回他的遺體。事實上，據《左傳》記載，文公七年至十四年，公孫敖逃亡他國是因迷戀女色所至，而非弒君才出奔，所以《穀梁傳》認爲他的罪過仍有可饒恕之處。但《公羊

〔註18〕兩漢之時，今文經爲顯學，故《公羊傳》、《穀梁傳》之聲勢勝於《左傳》。漢末，鄭玄雜糅今古文，《左傳》終於提高了地位，但北朝之經學，仍是《公羊傳》、《左傳》並立。到了唐代，孔穎達專立《左傳》，並列爲《五經正義》之一，故唐代至清初，乃由《左傳》獨樹一幟。
〔註19〕顧炎武：《日知錄集釋》（台北：藝文印書館，1984年），卷七，頁31。
〔註20〕《春秋公羊通義》，頁8191。
〔註21〕《春秋公羊通義》，頁8122。

傳》此段並無解說，所以顨軒乃引《穀梁傳》之「例」入《公羊傳》，其用意即是欲以兩傳之發明相互參酌。

然而顨軒之注解，也未必盡信他說，遇有《公羊傳》說法較優者，仍會對他說提出質疑與駁斥，並列入其後加以比較。如《春秋》「襄公二十七年，衛殺其大夫甯喜，衛侯之弟鱄出奔晉」一條，《公羊傳》以爲衛侯之弟坐視大夫甯喜被殺，已是失信，之後雖自責出奔他國，但遺棄國君出走，仍是有其小過。然《穀梁傳》卻以爲，「衛侯之弟鱄」已經因失信自責而畏罪出奔，故能「合乎春秋」之義。這整件事的經過《公羊傳》、《穀梁傳》皆有紀載，顨軒在比較後卻對《穀梁傳》的說法提出質疑，其曰：

> 謹案，《穀梁傳》云：「鱄之去，合乎《春秋》廢疾。」曰：「甯喜本弑君之家，獻公過而殺之，小負也。鱄以君之小負自絕，非大義也，何以合乎《春秋》？」。〔註22〕

顨軒以爲，弑君之輩死不足惜，故「衛君之弟鱄」負「弑君之臣」實爲事小，而絕棄國君乃爲事大，因而反對《穀梁傳》評「衛君之弟鱄」能合乎《春秋》之義。從此處看，顨軒尊《公羊傳》的意圖明顯，其要點在於能尊君而輕臣，重大義而棄小信，所以對《穀梁傳》之褒「衛侯之弟鱄」以小義，則持反對意見。

此外，顨軒對《左傳》亦頗重視，遇到敘述不明或紀事有疑問者，則以《左傳》疏通之，如「襄公二十三年三月，晉欒盈，復入於晉，入於曲沃」一條《公羊傳》曰：「曲沃者何？晉之邑也。其言入于晉，入於曲沃何？欒盈將入晉，晉人不納，由乎曲沃而入也。」〔註23〕乍看之下，《公羊傳》已經有解釋「曲沃」是「晉之邑」，但對「晉人不納，由乎曲沃而入也」的來歷確未有說明，對「欒盈」的來歷也未交待。所以顨軒便補注曰：「《左傳》曰：『齊侯以藩載欒盈及其士，納諸曲沃，欒盈率曲沃之甲，因魏獻子以晝入絳。』故曰：『由乎曲沃而入也』。」〔註24〕顨軒此處乃充份利用《左傳》紀事的特點，說明晉國大夫欒盈被魏獻子背叛後，率領曲沃士兵抵抗晉國軍隊，最後不幸被殺的事件。事實上，《左傳》載欒盈事件的前後非常詳細，凡欒盈的出身、奔齊國的前後發展、被殺的經過，都用百言以上紀載，而《公羊傳》、《穀

〔註22〕 《春秋公羊通義》，頁 8156～8157。
〔註23〕 《公羊注疏》，頁 258。
〔註24〕 《春秋公羊通義》，頁 8154。

梁傳》反而只以數言帶過，有過於簡略的毛病，故以《左傳》補注《公羊傳》，大致可還原事件的經過，使整件事的交待更爲清晰、明白。〔註25〕

　　𪻐軒以《公羊傳》與《穀梁傳》、《左傳》相互補注的結果，大致能校正《公羊傳》文字之訛誤，或釐清史事發生的原由，使《春秋》之經解能詳於事而又能明於義，因此，融入《三傳》豐富且獨特的解經思想，則經解更能得以完備。

（三）以《爾雅》釋經傳

　　《爾雅》爲《十三經》之一，雖未必是聖人的經典，但解釋群經之功能實不可忽視，可說是與《六經》相爲表裡的重要工具書〔註26〕。《爾雅》成書時間相當早，漢初就可見其書，據漢趙岐《孟子注・題辭解》所言，《爾雅》在漢文帝時就被立於學官，其曰：「漢興，除秦虐禁，開延道德。孝文皇帝欲廣遊學之路。《論語》、《孝經》、《孟子》、《爾雅》皆置博士，後罷傳記博士，獨立五經而已。」〔註27〕故依據趙岐之說，《爾雅》本在文帝時就立爲博士，但武帝專立《五經》博士後，《爾雅》才連同《論語》、《孝經》、《孟子》被朝廷廢黜。今《爾雅》共存十九篇，其內容相當廣範，除了釋山川草木鳥獸之外，亦有釋「詁」、「言」、「訓」等關於文字語言方面的解釋，但基本上以釋「義」爲主要。在清代之前，以《爾雅》釋經傳已是一種相當普遍的共識，如鄭玄注群經、孔穎達纂《五經正義》皆大量運用《爾雅》釋訓之功能，孔穎達《周易正義・損卦》云：「朋黨也者，馬鄭皆案《爾雅》云：『十朋之龜者一曰神龜，二曰靈龜，三曰攝龜，四曰寶龜，五曰文龜，六曰筮龜，七曰山龜，八曰澤龜，九曰水龜，十曰火龜。』」〔註28〕此處提到馬融、鄭玄引《爾

〔註25〕樂盈之事件，發生在魯襄公二十一年至二十三之間，是晉大夫樂盈被政敵迫害，出奔他國，而終於被殺的始末。據《公羊傳》、《穀梁傳》二傳所載，樂盈之事不及百字，其中《穀梁傳》只有五字、《公羊傳》只有四十七字，但左傳則以一千多字來論述這整件事，其中牽連各諸侯國的事端甚多，故從紀事而言，《左傳》可謂詳盡了。

〔註26〕從性質而論，《爾雅》本是附在《孝經》之後的工具書，要列爲《經》書之一，則是遠在唐開成年間刻十二石經於太學，從此《爾雅》才正式與《經》書並列。至於《爾雅》的作者大致有三說，一是鄭玄所主張，《爾雅》乃孔子門人所作；一是張揖所主張，作者爲周公；一是歐陽修所主張，作者是秦漢之際的學詩者。見林尹：《訓詁學概要》（台北：正中書局，1972年），頁210。

〔註27〕《孟子注疏》，收入《十三經注疏》（台北：藝文印書館，1981年），頁7。
〔註28〕《周易正義》，收入《十三經注疏》，頁95。

雅》之〈釋魚〉來解釋何為「十朋之龜」，故可知，早自東漢時期，學者對《爾雅》的訓釋功能便已相當重視。

至於清儒之解經亦重視訓詁，多有認為文字訓詁實乃經義之基礎功夫，如錢大昕《經籍纂詁‧序》曰：「有文字而後有詁訓，有詁訓而後有義理。詁訓者，義理所由出，非別有義理出乎詁訓之外者也。」〔註 29〕錢氏以為，有文字後便有訓詁的出現，有訓詁後才能探究義理之本旨。所以訓詁是引出義理的功夫，二者是相依附的，並非在義理之外，而別有詁訓一門。所以在清儒重視訓詁下，《爾雅》便成為研究的顯學之一，研究小學的學者大致都精通《爾雅》，知名者如邵晉涵的《爾雅古義》、阮元的《爾雅校勘記》、郝懿行的《爾雅義疏》等，皆能代表清代《爾雅》學的成就。

顨軒之經解亦頗依賴《爾雅》的訓詁功能，其中《春秋公羊通義》、《大戴禮記補注》等大作，皆是由《爾雅》之文字訓詁，以求訓釋之精確。如《春秋》「成公五年，梁山崩」一段。《公羊傳》曰：「梁山者何？河上之山也。」〔註 30〕此處《公羊傳》唯有說明「梁山」乃河上之山，但未提到梁山位於何處，而何休之解釋亦有不詳處。故《公羊通義》補注曰：「《爾雅》曰：『梁山，晉望也，不繫國者，與沙鹿同義。』」〔註 31〕顨軒以《爾雅》訓解之，其認為梁山乃是晉國邊境的土山，但不與國土相連，而是處在沙洲中，與河中的沙鹿（沙麓）意思相同。此處運用到了《爾雅‧釋山》的解釋，指出了梁山的所屬與地形特徵，因而使《公羊傳》之解釋更趨於明瞭。但假使不特意的解釋，則「梁山」之名，很容易被誤解是某地的地名，或是某個山的山名，而使經傳的原旨全失。又《大戴禮記‧保傅第四十八》云：「號呼歌謠，聲音不中律。宴樂雅誦，逸樂序。」此處把「歌」、「謠」連用，並無誤失，但「歌」、「謠」畢竟非等同，如無說明則不易顯示出獨特處。故《大戴禮記補注》則云：「補《爾雅》曰：『徒歌謂之謠。』」〔註 32〕顨軒乃以《爾雅‧釋樂》補注之，把「謠」解釋為「徒歌」，「徒歌」也就是沒有樂器的清唱，因此，「謠」是無樂器輔助的歌唱則明矣。此段因《爾雅》的補注，而使得全段落大意更為明白、具體，故以上述而論，顨軒經解之運用

〔註 29〕 阮元：《經籍纂詁》，收入《中華漢語工具書庫》（安徽：安徽教育出版社，2002 年），第五十五冊，頁 1。

〔註 30〕 《公羊注疏》，頁 218。

〔註 31〕 《春秋公羊通義》，頁 8139。

〔註 32〕 《大戴禮記補注》，頁 538。

《爾雅》實有助於名物度數之考辨。

二、以諸子釋經傳

　　𪷽軒對諸子學多有留意，舉凡儒、道、墨、雜家之流皆可援引，如其在《春秋公羊通義》之注解，乃多取《孟子》思想之旨趣，並融入其史論之觀點，以爲全篇的意旨之一。在《禮》學上，𪷽軒則善援用《荀子》之「禮」學觀點，其文辭、論述等，莫不存有《荀子》的思辨方式。此外，對於《老子》、《莊子》、《墨子》等諸子書，𪷽軒亦取其言語、典制方面之知識釋經，論述如下。

（一）以《孟子》釋經傳

　　𪷽軒《春秋公羊通義》之發微，多由《孟子》所啓發，其行文大義中頗能見《孟子》之志，其敘曰：「愚以爲公羊家學，獨有合於孟子。」〔註33〕𪷽軒以爲，《孟子》與《公羊傳》二學之旨，實有若干合同之處。且《孟子》一書善於說義，其對東周時事之疏通，多得之於對《春秋》學之發微，而《公羊傳》亦善於解《春秋》之義，所以二書皆有長於說義之特長〔註34〕。故以《孟子》思想來闡釋《公羊傳》之例，乃能合乎公羊學重「大義」之旨趣也。但是考察𪷽軒之《春秋公羊通義》一書，其引《孟子》之條例者唯有寥寥數條，且未必都是重要的解釋，那𪷽軒如何發微《孟子》之思想大義呢？諸如「桓公八年春正月己卯烝，士不及茲四者，則冬不裘、夏不葛」一條，𪷽軒案：

> 《解詁》曰：「四者，四時祭也。」……。故孔子曰：「吾不與祭，如不祭。」謹案，孟子曰：「惟士無田，則亦不祭，牲殺器皿，衣服不備，不敢以祭。」……。蓋此意也，言士者舉下以緬上，其實士歲不過再祭於四者，科用於其二而已。〔註35〕

從全段解釋的順序來看，𪷽軒先援以何休《解詁》來說明此條，其次再以孔

〔註33〕《春秋公羊通義・序》，頁 8190。

〔註34〕歷代以爲《孟子》合於《春秋》者，漢趙岐實先之，𪷽軒非爲濫觴。皮錫瑞之《經學歷史》言：「趙岐謂孟子通五經，尤長《詩》、《書》。今考其書，實於《春秋》之學尤深。如云：『春秋，天子之事』、『其義則丘竊取』之類，皆微言大義。惜孟子《春秋》之學不傳。」皮氏以爲孟子深於《春秋》之學，其對《春秋》的解說，多隱匿「微言大義」，可惜孟子之《春秋》學不傳於世。皮錫瑞：《經學歷史》（台北：藝文印書館，2004 年），頁 44。

〔註35〕《春秋公羊通義》，頁 8064。

子之言佐證《解詁》，最後則引《孟子》來補充《解詁》之意，全段之分析尚稱流暢。然而，如從全段的大義而論，《孟子》之言卻並非是此段所要解釋的主要部分，而是疏通兩段解釋的樞紐，所以巽軒對《孟子》之倚重，很明顯並非在於單獨的經解條例中，而是把《孟子》之「義」隱匿於全篇的行文結構與思想趨向中，此即欲在「微言」中見其「大義」也。誠如巽軒所言：「《孟子》最善言《春秋》，豈徒見稅畝、伯于陽兩傳文句之偶合哉。」〔註36〕巽軒指出，《孟子》善於講解《春秋》，其例證難道只偶爾出現在「稅畝」、「伯于陽」這兩段文字之中嗎？故巽軒對《孟子》必然有其倚重的地方，即使非以例證的形式出現。巽軒又曰：「《左氏》之事詳，《公羊傳》之義長，《春秋》重義不重事。」〔註37〕巽軒認為，《公羊傳》的特點在於「重義」，而《左傳》的論述在於「重事」，故《公羊傳》與《春秋》一樣是「重義不重事」。

而《孟子》一書，亦以闡明義理為要點，如《四庫提要》云：「《論語》、《孟子》詞旨顯明，惟闡其義理而止，所謂言各有當也。」〔註38〕根據《四庫提要》之說，《論》、《孟》的文詞顯白，但重點在於闡述義理〔註39〕。再從《公羊傳》之「重義不重事」來看，《孟子》與《公羊傳》之「重義」實不謀而合，故《孟子》對《春秋公羊通義》之影響，乃存於全書之經解思想中，而「重義」之旨趣，亦是《春秋公羊通義》對《孟子》思想的最大著重點也。

至於《孟子》之「義」論，如何能暗合於《公羊傳》？《公羊通義序》曰：「乃若對齊宣王言小事大，則紀季之所以為善；對滕文公言效死勿去，則萊侯之所以為正。」〔註40〕巽軒以為，「齊宣王言小事大」是強調「仁政」的重要，此事乃紀載於《孟子·梁惠王章句上》，其始末是呼籲齊宣王能以同情牛之仁心，推己及人，做到對親人以至於天下百姓的愛護，終能夠「王天下」。而「紀季之所以為善」則載諸《公羊傳》，其說明紀季之所以投降齊國，乃是要使紀氏子孫免於滅族，此強調成「仁」之美善，故由上述可知，二說皆是

〔註36〕《春秋公羊通義·序》，頁8190。
〔註37〕《春秋公羊通義·序》，頁8194。
〔註38〕《四庫提要》云：「論語、孟子詞旨顯明，惟闡其義理而止，所謂言各有當也。」見《四庫提要》，第一冊，頁915。
〔註39〕《四庫提要》之說法堪稱貼切，頗能說明《論》、《孟》纂作之原旨，故本文乃依《四庫提要》之立場，從而論說。
〔註40〕《春秋公羊通義·序》，頁8190。

以「仁」而發〔註41〕。其次,「滕文公言效死勿去」一段,事出於《孟子・梁
惠王章句下》,當孟子造訪滕國時,滕君乃請教孟子,滕夾在大國齊楚之間,
該去事奉那國好呢?然而孟子卻認爲,與其去選擇事奉那個國家,不如先抱
持與民共患難之心態,這樣老百姓見義思齊也會甘願死命效忠。而「萊侯之
所以爲正」之事,則出於《春秋》「魯襄公六年」,當時齊國滅掉萊國,但萊
侯並未逃奔他國,而是與國共存亡,所以《公羊傳》乃褒揚萊侯是有「義」
之君。上述二事皆點出了「義」行的可貴,故《孟子》嘉勉之,而《公羊傳》
亦贊許之,二書褒揚的旨趣皆在於「義」。綜合以上四說可知,《孟子》善言
「仁」,《公羊傳》亦寄託以「仁」,《孟子》多言「義」,而《公羊傳》之褒貶
亦重「義」,二書之論述實有共通之思想,由此亦可證明顨軒「《公羊傳》家
學獨有合於孟子」之說法洵非虛言。

　　顨軒於《公羊傳》之重視《孟子》,實乃前儒所未有,但由顨軒開其端後,
乾嘉以降凡習《公羊傳》者,如劉逢祿、凌曙者皆能融《孟子》入《公羊傳》,
並以爲是公羊學思想之重要依據也。

(二)以《荀子》釋經

　　此外,顨軒之解經,亦多參證《荀子》說法,其《禮》說之精湛,《荀子》
之影響實不可忽視。從經學的傳承而論,荀子身通五藝,並於戰國末年說經
授徒,前儒以爲有傳經之功,如《經學歷史》言:「惟荀卿傳經之功甚鉅。《釋
文序錄・毛詩》一云:『孫卿子傳魯人大毛公』,則《毛詩》爲荀子所傳。……
《魯詩》出於申公,則《魯詩》亦荀子所傳。《韓詩》之存外傳,引《荀子》
以說《詩》者,四十有四,則韓詩亦與荀子合,……申公爲荀卿再傳弟子,
則《穀梁春秋》亦荀子所傳。……是荀子能傳《易》、《詩》、《禮》、《樂》、《春
秋》,漢初傳其學者極盛。」〔註42〕皮氏以爲,漢代的經師多是荀子後學,或
經說有受其影響者,故從源流而論,荀子非但有傳經之功,亦是五經之通儒,
因此以《荀子》來解經傳,實有助於經傳之還原,並可使先秦的《經》學得
到更眞確的意旨。

　　至於顨軒之解《禮》,凡是與《荀子》篇目相近者,則舉二書相互補校,

〔註41〕紀季爲魯莊公時後人,紀國爲小國,而鄰於齊國,且兩國有世仇,故紀季不
　　　　惜以其封地降齊,目的在於能活紀氏子孫,而保存家廟的祭祀。《公羊傳》對
　　　　此事頗有褒揚,認爲紀季有賢者之風。
〔註42〕《經學歷史》,頁44~45。

如《大戴禮》中的〈哀公問五義第四十〉、〈禮三本第四十二〉、〈勸學第六十四〉，與《荀子》的〈哀公〉、〈禮問〉、〈勸學〉、〈宥坐〉等篇相近，但文字或有出入，顨軒乃以荀書爲底本，首先校對文詞之增損，其次再參證文字音義之同異，遇有異狀則以小字爲之補注。如《大戴禮·哀公問五義第四十》與《荀子·哀公篇》的文字雷同，篇名亦相近，但《大戴禮》卻根本沒有解釋何爲「五義」？且段落嚴重脫文，大義頗有不明之處，故顨軒補注曰：

　　以下荀子有孔子曰：「人有五儀，有庸人，有士，有君子，有賢人，
　　有大聖。」哀公曰：「敢問？」凡二十六字，此文脫。〔註43〕

此處顨軒先以《荀子·哀公篇》補注《大戴禮》文字的脫落訛誤，使整段文句歸於適當，再爲之訓詁，並解釋「五義」的原義爲「庸人、士、君子、賢人、大聖」五種層次的人物，這「五義」的段落清楚明瞭了，則全篇的隱晦難處便豁然而解，大義亦得其明朗。此外，《大戴禮》之文字問題，顨軒亦多以《荀子》校之，如〈大戴禮·勸學第六十四〉之「青，取之於藍，而青於藍」一段，顨軒則補注《荀》書作「出之於藍」；而「神莫大於化道，福莫長於无咎」一段，顨軒則補注《荀》書作「福莫長於無禍」，從二段的文字與《荀》書的比較來看，二者大意實相近，因此可以通用，但顨軒仍特意補注並加以比較，可知其解經態度之謹愼。從上述所分析之傳義、文字而論，顨軒之《禮》說乃受惠於《荀子》，其以《荀》書爲之補注亦可謂明禮適用。

（三）以《老子》、《莊子》釋經

　　以《老子》、《莊子》釋經者，古人已有之。隋唐之前，如王弼注《周易》，韓康伯之疏《周易》，皆大量引用《老子》、《莊子》釋經。至於顨軒雖引用二書之言，但其特殊處是多援用語言文字、典制等，在思想上並未受二書左右，其立場仍是保持儒家一貫的態度。

　　如《大戴禮記補注》之〈少閒第七十六〉「可以知古，可以察今，可以事親，可以事君，可用于生，又用之死，吉凶並興，禍福相生」一段，顨軒乃從鄭注補充云：「言識其並興，及相生之義。《老子》曰：『禍兮福所倚，福兮禍所伏也。』……補，居安思危則生福也」〔註44〕。從上述來看，此段乃言一個好的臣子可以知古察今，進而控制生死吉凶的發生，其文字多是兩相對偶，且觀念各殊，如「古今」、「生死」、「吉凶」、「禍福」等皆是相異的觀

〔註43〕「五義」之名，《荀子·哀公篇》作「五儀」。見《大戴禮記補注》，頁519。
〔註44〕《大戴禮記補注》，頁602。

－92－

念。而巽軒則補充鄭玄引《老子》的解釋，同意「居安思危」是「福」至的根本，因此福、禍兩相增損，「古今」、「生死」、「吉凶」、「禍福」的觀念非但是相對的，同時也是相成的，此詮解大抵欲使其文字、觀念相近，而易於義理上的疏通。從言語的形式上來看，《老子》好用對偶的句子，如「禍兮福所倚，福兮禍所伏也」之語，說明的就是「禍」與「福」二事乃相互依附且相互調和之理，《老子》這種兩兩對偶的句法，與《大戴禮記》所要表達的禍福之事，恰有合同處。故巽軒乃同意鄭注引《老子》來解釋《大戴禮記》，從鄭玄所言「言識其並興，及相生之義」便可明白，所謂「古今」、「生死」、「吉凶」、「禍福」的觀念，表面上是相對然實是相生依存的，所以取《老子》文字詮解之並非不可。

事實上儒家亦言「生死」、「禍福」之相對觀念，如《左傳》「昭公二十五年」言：「禍福賞罰，以制死生。生，好物也；死，惡物也。」〔註45〕《左傳》以為，禍福賞罰乃與死生之事相關，死是不好的事，生是好的事。而〈中庸〉亦言：「禍福將至，善必先知之，不善必先知之。」〔註46〕〈中庸〉此處以「禍福」、「善不善」對舉而論說，其中實有前後因果的關係。故從此處言，儒家亦善用兩種相對觀念來論述，並調和之，所以巽軒同意引用《老子》之言，但用意只是取其語意解釋之，其出發點仍在於宗法儒學。

至於引《莊子》釋經傳，巽軒亦不諱之，如《經學卮言》解《左傳》「十年，請以桑林」一段，巽軒曰：「莊子言：『湯有桑林之舞。』蓋桑林者，雩舞也。」〔註47〕「桑林之舞」一句乃出於《莊子·養生主》，本為《莊子》用來解釋庖丁的刀藝已經到了出神入化，相合於上古帝王之舞樂的境界，也就是庖丁之解牛已經與道同化，其節奏能同於上古之美樂。然巽軒於此卻未有論述到庖丁技藝之處，而是特意擷取其中之典故，僅以解釋「桑林」乃為殷天子的樂名，是商代帝王用來求雨的舞樂。故從此處看，巽軒並未取《莊子》的道家思想入注解，而是引用《莊子》的典故來解釋《左傳》之文字，其目的只是欲使文句明朗，所以終無叛離儒家之思想。

除此之外，屬於墨家的《墨子》、雜家的《呂氏春秋》與法家的《管子》亦嘗為巽軒所引，但考其大概，巽軒所引用之處未必在於擷取其思想意旨，

〔註45〕《左傳正義》，收入《十三經注疏》（台北：藝文印書館，1981年），頁891。
〔註46〕《禮記正義》，頁887。
〔註47〕《經學卮言》，頁8373。

而是重視其文字、典制等，借以疏通經義、釐清文字。所以䨇軒雖善用子書，但其思想仍是儒家一脈，其援引諸子的目的主要在於解經，其意旨實未有能超出儒家之範圍。

第二節　兼融各家學說的解經方法

　　孔廣森之解經方法，其牽涉甚廣，舉凡經典所涉及者皆嘗試援用，其曰：「《六經》皆聖人之語，曷爲不可相通，學者詳之。」〔註48〕其論以爲，《六經》既然皆由聖人所出，其理論思想那有不可互通的道理？故䨇軒乃以此爲預設之立場，兼融各家之學說，欲以成就通學爲標的。本節以三方面來論述䨇軒兼融各家之解經方法，一爲「以漢學爲宗，兼採宋說」，䨇軒雖宗法漢學，然對宋說亦能擷取，其兼採漢宋之治經方法，頗能見其客觀治學的態度；二是「不守舊例，會通諸說」，此論及䨇軒之治經不以守舊例爲自足，而是欲析釋古今，博洽眾說，欲會通諸說而成一家之言；三是「與乾嘉學術的呼應」，此乃論述䨇軒解經與乾嘉學術之呼應關係，其中與戴、惠二儒的聯繫，頗爲明顯，論述如下。

一、以漢學爲宗，兼採宋說

　　清代學術有所謂「漢宋之爭」，此即漢學派與宋學派相互攻伐所形成，乾嘉後遂形成門戶之見。事實上漢宋之爭於清初已可見端倪，但此時二學尚有獨自發展的空間，甚至有學者能兼採二學，擇優而習之，如皮錫瑞言：「王、顧、黃三大儒，皆嘗潛心朱學，而加以擴充，開國初漢、宋兼采之派。」〔註49〕清初王、顧、黃等大儒猶潛心朱學，而兼採漢宋，可見清初學者尚能接納部分宋學的知識，對宋學還不至於一面倒的撻伐。但到了乾嘉之後，二學非但不能相容，學者更以文字相互攻伐，終於形成學術上的對立，如江藩嘗撰《國朝漢學師承記》一書，其〈序〉曰：「西都儒士開橫舍、延學徒，誦先王之書，被儒者之服，彬彬然有洙泗之風焉。爰及東京，碩學大師賈、服之外，咸推高密鄭君，……宋初，承唐之弊，而邪說詭言，亂經非聖，殆有甚焉。」〔註50〕江氏以此篇來論述清代漢學家的師承與源流，並且

〔註48〕《春秋公羊通義》，頁 8122。
〔註49〕《經學歷史》，頁 327。
〔註50〕江藩：《國朝漢學師承記》，收入《奧雅堂叢書》（台北：華聯出版社，2001

極力褒揚其漢學家法之優，而專攻宋學之非，當時龔自珍亦貽書爭論之，謂
其一味以漢學自許，則明顯只是欲與宋學對峙，非是大方之言。從此處來
看，江氏的立場相當明顯，其宗漢而排宋之態度，已是有相當的門戶之見。
之後方東樹亦撰《漢學商兌》以攻江說，其中多尊程、朱，而排詆漢學，至
此二派學者乃幾近水火不容的境地，漢宋二學爭執之激烈，實可見一般。㲝
軒爲乾嘉學者的一份子，其治經的中心立場固然是以漢學爲出發之觀點，但
其《禮》學仍有部分採取宋學的例子，此亦可見其兼容並蓄的治學態度。

（一）以漢學爲宗

　　㲝軒之宗法漢學首重鄭玄，鄭玄是集漢學之大成者，其學術囊括能今古
文經，且無門戶之見，亦重視文辭之訓詁，故㲝軒乃奉爲圭臬，其解經之中
時常可見鄭玄之影響，如《大戴禮記補注序》言：「㲝軒不揣淺聞，輒爲補
注，更爪亥虎，參證矼穀，敢希後鄭足，申裨于毛義，庶比小劉兼規正於杜
失。」〔註 51〕可見㲝軒以經傳的修補爲己任，並欲釐清經傳紀年之誤、考證
文字之謬誤，願繼康成之學，補《毛詩》之義，比擬唐代才子劉兼規正杜預
之失。㲝軒辭官後又曾築「儀鄭堂」於家室，一意專心著書，其「儀鄭」之
名，就是出於對鄭玄之景仰，可知其敬重之情懷，乃溢於言表。事實上，康
成解經括囊大典、網羅眾家之學術特長，乃爲後世儒者所稱許，乾嘉學者莫
不效法，而㲝軒所崇效者，亦是康成之學，故㲝軒之解經以通學爲自許，實
具有康成之風〔註 52〕。至於㲝軒引康成之言入注解者，實不計其數，《經學卮
言》中的關於《易》、《詩》、《書》、《論語》等篇皆有引入康成之說，《禮學
卮言》則是以康成之《三禮注》爲校讎的底本，故康成所影響之處，則不
勝枚舉。

　　此外，㲝軒在解經上亦相當重視漢儒董仲舒與何休的意見，特別是關於

年），第十八冊，頁 8638。

〔註 51〕孔廣森：《大戴禮記補注・序錄》，頁 510。

〔註 52〕《後漢書・鄭玄傳》云：「玄質於辭訓，通人頗譏其繁。至於經傳洽孰，稱爲
純儒，齊魯間宗之。……及東京，學者亦各名家。而守文之徒，滯固所稟，
異端紛紜，互相詭激，遂令經有數家，家有數說，章句多者或乃百餘萬言，
學徒勞而少功，後生疑而莫正。鄭玄括囊大典，網羅眾家，刪裁繁誣，刊改
漏失，自是學者略知所歸。」《後漢書》以爲，康成之解經頗重視文辭的解
詁，並能以經傳之特長相互補注，這對於漢代經師重家法、師法者，實能開
闊其解經之畝。見《後漢書・鄭玄列傳》，收入《百納本二十五史》，第一
冊，頁 752。

《春秋》之義法與《公羊傳》的家法。從董仲舒的時代來看，儒學正是蓬勃復興之時，爲政者逐漸重視儒學的治世力量，董仲舒上「天人三策」後，遂有漢武帝的「獨尊儒術，罷黜百家」之舉，儒學乃能定於一尊，因此董生之思想，於學術於治道皆是有相當成績，《春秋公羊通義序》云：「漢初，求六經於燼火之餘，時則有胡母子、董仲舒皆治《公羊春秋》，以其學鳴於朝廷，立於學官。……胡母生、董生既皆此經先師，雖義出傳表，卓然可信。董生緒言猶存《繁露》，而《解詁》自序以爲略依胡母生條例，故亦未敢輕易也。」〔註 53〕胡母生、董生皆漢初之大儒，且以公羊思想名聞於世且鳴於朝廷，故二子可謂是公羊學的先驅，顨軒亦不敢等閒視之，以爲二子之言「卓然可信」，有其特殊的價值。但今胡母生無專書存世，唯部分言論收錄於何休《公羊解詁》之中，而董生存有《春秋繁露》一書，顨軒頗重視之，其引入《春秋公羊通義》之注解者，皆稱以「董仲舒曰」或者「春秋繁露曰」。董生之論可以代表何休之前的公羊思想，非但是西漢今文經學代表，且有其獨特的義理價值，所以在《春秋公羊通義》的注解中實有一定的份量。

至於何休之學術亦爲顨軒所效法，顨軒之《春秋公羊通義》一書，其宗旨便是發微何休《公羊解詁》之旨，並欲藉《公羊傳》之三科九旨的制度，實現一個「仁義可明」、「政教可興」的經世理想世界，此思想與漢代公羊學乃一脈相承〔註 54〕。此外，顨軒認爲何休之公羊學乃是漢代《春秋》學的一個精華所在，其曰：「《左傳》舊學湮於征南，《穀梁傳》本義汩於武子，唯此傳相沿，以漢司空掾任城何休解詁列在註疏，漢儒授受之旨藉可考見。」〔註 55〕顨軒以爲，歷來《左傳》宗杜預注，而《穀梁傳》宗范寧注，但二傳皆只循一家之說則難免有過於武斷之處，唯有公羊之家學淵源流長且能謹尊師法，可謂善於體現漢儒之思想。而何休的《解詁》正爲漢代公羊學之精粹，其體例博大思想精密，更可考見漢儒之意旨。所以顨軒之撰《春秋公羊通義》，乃採何休《解詁》爲底本，其欲通過對《解詁》的發明，以克紹漢儒之經說。此外，顨軒所援引的漢學典籍尚有《白虎通義》、《東觀漢紀》、

〔註 53〕 《春秋公羊通義·序》，頁 8190～8192。

〔註 54〕 公羊學者皆有意藉公羊學說，建立一個理想的大同世界，此自董仲舒的《春秋繁露》「大一統」說，及何休的《公羊解詁》的「三世說」，皆有相當論述。雖然顨軒對《公羊傳》之見解與漢儒仍有所出入，論點亦有不同，但其欲構建大一統之理想，則是一脈相通。

〔註 55〕 《春秋公羊通義》，頁 8194。

《五經異義》等書，及服虔、馬融、鄭眾之言，故取之於漢學之思想可謂相當豐富。

（二）兼採宋說

　　㢘軒之於《禮》學，會擇以宋說之優者入注解，不因是宋學而排詆之，此較諸重視門戶師法的清代漢學者，更顯得特殊，而這種特殊現象則是發生在《大戴禮記補注》的例證中。

　　《大戴禮記補注》一書，所常引用者爲南宋楊簡之《禮》學觀念。楊簡者，南宋人，爲陸象山之門下，其論心學雖比象山偏激，但經學之成就卻不遑多讓，較象山更能深入經義，且著作更豐。黃宗羲著《宋元學案》本列楊簡於〈金溪學案〉之下，然全祖望則爲其專立〈慈湖學案〉，以述其學統，可知楊簡於宋學仍有一定地位。楊簡之《禮》學著作頗多，其〈冠記〉、〈昏記〉、〈喪禮家記〉、〈家祭記〉、〈釋菜禮記〉等篇皆是專論《禮》學，而《先聖大訓》一書亦注釋了《大戴禮記》之十三篇。

　　至於楊簡之《禮》說，有幾個特色，一是以心學爲宗，其曰：「經禮三百，曲禮三千，皆吾心所自有。」〔註56〕楊簡以爲，先王所謂「經禮三百」、「曲禮三千」之典制皆是由吾心而發，從心學的角度來看，《禮》亦是心的作用，故乃知楊簡之《禮》論實存有濃厚之心學思想。二是重視《大戴禮記》，楊簡曰：「簡常讀《大戴》所載孔子之言，謂忠信爲大道，簡不勝喜。」〔註57〕楊簡自謂常讀《大戴禮記》，並認爲其中所載孔子之言論可以信守，故可知其對此書應是相當注重，事實上，自鄭玄注《三禮》以來，《大戴禮記》便少有人習，故㢘軒取楊簡之說入注解，不異是參考其對經學之見解，但對於楊簡論中鮮明的心學立場則不予引用。

　　如《大戴禮記・千乘第六十七》之「以時通於地」一段，㢘軒補注曰：「楊簡曰：『地者，地政也。謂農穀也。』農時最不可失，故以言時。」㢘軒乃引楊簡之說把「地」解釋爲「地政」，「地政」即務農之事，而務農之事與時季最有關係，因此二者乃相通。又如《大戴禮記・誥志第七十》言「公曰：『誥志無荒，以會民義。』」㢘軒補注曰：「楊簡曰：『誥者，所以誥諭臣民之典合；志者，所以記載庶事之普志。』」此篇㢘軒引楊簡之言，解釋「誥」乃是君王

〔註56〕　楊簡：《慈湖遺書》，〈復禮齋記〉，收入《四庫全書》（台北：商務印書館，1983年），集部，第九十五冊，卷二，頁37。

〔註57〕　《慈湖遺書》，〈論春秋禮樂〉，卷九，頁55。

告諭臣民的典冊，「志」則是記載世事的書冊，二者皆是文書，但性質有所不同。楊簡曾著《五誥解》五卷，其中多解釋「誥」之種類與作用，對尚書的「誥」義多有發明，然此書的論說仍是採義理立場，故綜合的來看，實存有濃厚的心學旨趣。但從上述㲄軒之援引楊氏說法來看，卻無有任何論心學之趨向，只取其對「誥」、「志」的見解，而加以辯析之。因此，㲄軒的意圖甚爲明顯，乃欲取宋學中經說的精華，擇優而用之，而不取用宋學的義理部分，此亦爲其「兼採宋說」之大原則也，故總而論之其思想理路仍是宗法漢學，對於宋說則是有所選擇而採用。

二、不溺於舊例，會通諸說

㲄軒之解經還有一個特點，其對於古說有不以爲然之處，則未必會遵循之，甚至如鄭玄之注解，或公羊學者最爲重視的公羊家法亦不遵守，而是謹慎的援引眾說，反覆參酌，以歸於適當而後止。所以其客觀之治學態度，是能不溺於舊例，而以博通之學術爲標的。

如《經學卮言·詩》「攘其左右，嘗其旨否」一段，㲄軒云：

> 攘，鄭讀爲饢，既言饁，復言饢，詞旨似複。王氏注云：「攘，田之左右，除其草萊，嘗其氣旨，土和美與否也。」方言饁食，忽言除萊，文次不倫。蘇氏傳云：「攘，取也。凡攘羊攘雞竊取者，乃言攘耳。」施於此尤非宜。東原戴丈以爲：「農人攘其左右手之袂而取食。」似較三者皆勝。〔註58〕

㲄軒此處乃提出「攘」一字的眾家說法，其以爲鄭玄以「饢」訓音，又以「饁」訓義，然二字詞旨過於接近，仍有不妥，而王肅訓以除草，又比鄭注更劣。蘇軾則訓以「竊取」，亦明顯有說不通之處。最終乃援引東原說法「農人攘其左右手之袂而取食」解之，其認爲此說在意義上較前三者合理，故取爲定論。從㲄軒之注解過程來看，會先對眾說作一番考核的工作，去蕪存菁，最後再採用合理的說法，以是寧用新論解之，使說法趨於合理，而不願盲從舊說。

此外，在《春秋公羊通義》有幾段話亦可以說明㲄軒這種會通諸說的解經態度，其曰：「《春秋》能因其所見，達之其所不見。董仲舒曰：『論春秋者，合而通之，緣而求之』。」〔註59〕㲄軒此處乃說明，《春秋》之載紀，可由顯

〔註58〕《經學卮言》，頁8354。
〔註59〕《春秋公羊通義》，頁8117。

明之處而推斷出其隱微之事，故又引董生之說來佐證，以爲論《春秋》者必須會通諸說而求其大意。事實上，董生乃是西漢公羊學之大家，歷代的公羊學者皆視之爲公羊學的先驅之一，而巽軒擷取董生此說法，乃是爲其以諸經注解《公羊傳》之方法作一背書。故其又曰：

> 君子之爲《春秋》，該《六經》而垂憲，其設刺譏褒貶同於《詩》序；四序審五行，同乎《易》記；王者之政，列國之事，同乎書。……而于禘郊烝嘗之節、昭穆之位、楹桷之飾，靡不畢舉，益兼周公制《禮》之意乎。〔註60〕

此處巽軒認爲，從《春秋》之義法及內容來看，其與《六經》乃有合同處，所謂「該《六經》而垂憲」，則是說明《春秋》可總該諸經又能垂列法紀，而「其設刺譏褒貶同於《詩》序；四序審五行，同乎《易》記。」即是說經書諷刺、載紀、論述之功能《春秋》亦能總括之，因此《春秋》的研究乃可從諸經入手，以是《春秋》之大義終能合於諸經之旨也。巽軒這種會通諸經的態度，可說是完全融入其經說之中，故其《春秋公羊通義》之作，雖以何休《解詁》爲底本，但並未死守何休之意見，反而融諸經與眾家之說入注解，對何說之未當者更是有所批判，其《春秋公羊通義·序》嘗曰：「《解詁》體大思精，詞義奧衍，亦時有承訛率臆，未能醇會傳意三世之限。」〔註61〕所以巽軒雖承認《公羊解詁》體大思精、詞義奧衍，但對於何說訛謬之處，仍會有所不滿並且糾正之，所謂「時有承訛率臆」，這種無保留的指責方式更證明巽軒的確不溺於何說，而是能廣引眾說、擇善而發明之。〔註62〕

其著作所援引之書相當可觀，如《詩經》、《尚書》、《周禮》、《禮記》、《儀禮》、《左傳》、《穀梁傳》、《春秋繁露》、《白虎通義》、《經典釋文》等，凡是儒家之經典、先儒之言論皆可引用皆可入注解，故亦可謂洋洋宏觀了。

三、與乾嘉學術的呼應

巽軒處乾嘉時期，其師友亦是乾嘉學術的大家，故巽軒之學與乾嘉學術

〔註60〕 《春秋公羊通義》，頁8104。
〔註61〕 《春秋公羊通義》，頁8194。
〔註62〕 巽軒之治經雖以漢學爲宗，但對其治經不守家法之舉，學者間多有反應。如錢穆就嘗說他的公羊學：「不遵南宋以來謂春秋直書其事不煩褒貶之義，然於何休所定三科就旨，亦未盡守。」故可知，巽軒搜羅諸家之說來注《公羊傳》，反對者頗垢病之。見錢穆：《中國近三百年學術史》（台北：商務印書館，1980年），頁528。

實有聯繫。且顨軒自己也深闇考據之學，所以對經書的考校便相當精細，其注解的特色在於能搜羅眾家之言，去訛就實，以嚴密見長，此皆是由乾嘉學術之治學觀所影響。而顨軒之諸作，得於乾嘉學者之啟發甚多，故其解經思想可與乾嘉學術作一呼應，以下乃舉戴震、惠棟二人之例為論說。

顨軒於乾隆三十六年後曾在北京任翰林數年，其間與東原結交，並入其門下，之後東原歿，其書入孔府者十有八九，顨軒乃得以見東原之手稿，而能盡窺其學。故顨軒之《大戴禮記補注》一書，即是以東原之校注本為底稿，另外又參考盧文弨校注本，其注解中則常可見二儒之意見〔註63〕。如《大戴禮記‧誥志第七十》之「河不滿溢，川澤不竭，山不崩解，陵不施」一段，顨軒則補注曰：「施，賢良詔注作絕。施下，朱本盧本衍谷字。」〔註64〕此段的「施」字之下，似有一衍字「谷」，但諸版本的情況不同，故顨軒特意參考明代朱養純刻本與乾嘉盧文弨本以補注的方式強調之。又「川谷不處，深淵不涸。」一段，顨軒補注曰：「谷，宋本譌浴，從戴氏校本改。」〔註65〕此段宋本把「谷」誤作為「浴」，顨軒乃以東原本校之。故從《大戴禮記補注》一書可知，在文字上顨軒乃搜羅諸家的版本，並在斟酌比較後取其較優者，如其〈大戴禮記補注序〉上所提及的版本就有七種之多，但常引用者則是以戴、盧二本為最。所以戴、盧二本雖是清代以降所出之本，然其考訂校證的功力實勝於前朝之本，故顨軒仍視之為善本，並列為其著作的重要底本。

此外，顨軒亦相當重視另一位乾嘉學者惠棟之見解，其《經學卮言》及《禮學卮言》二書皆有引用惠氏之說入注解者。《經學卮言‧詩》之「〈行葦〉，忠厚也，周家忠厚，仁及草木」一段，顨軒注云：「惠定宇曰：『漢儒皆以〈行葦〉為公劉之詩』。」〔註66〕此處為〈詩序〉之言，而顨軒乃引惠棟之言解之，

〔註63〕戴東原與盧文弨為清代治《大戴禮記》的先驅，此二儒相互問學，並一起投入治《大戴禮記》。段玉裁著《戴震年譜》云：「二十六年辛巳，三十九歲。是年夏，有再與盧侍講書論校《大戴禮》事。蓋《大戴禮》一書，譌舛積久，殆於不可讀，先生取雅雨堂刻一再讎校，然後學者始能從事。至癸巳，召入《四庫》館充纂修官，取舊說及新知，悉心覆訂其書上，於先生歿後一月，自後曲阜孔廣森太史因之作補注。」可見，東原早年就積極考校《大戴禮記》，並時常與盧氏談論此書之訛誤，東原歿後，其部分著作經孔繼涵進入孔府，而顨軒乃得以窺見東原之《大戴禮記》校注本。見《戴震年譜》，收入《戴震全書》（台北：大化書局，1978年），頁44。

〔註64〕《大戴禮記補注》，頁588。

〔註65〕《大戴禮記補注》，頁588。

〔註66〕《經學卮言》，頁8356。

以為漢儒視〈行葦〉一篇是公劉所作，巽軒本就重視漢儒之學，引惠氏此言解之亦甚為貼切。又《禮學卮言》曰：「〈曲禮〉『稷曰明粢』，亦治今文《儀禮》者加之。故隋秘書監王劭立八疑十二證，謂晉宋古本皆無『稷曰明粢』句。」一段，巽軒注云：「惠棟《周禮古義》曰：『太祝齋號注所引亦無是句，當在十二證之一也。』」〔註67〕巽軒以為，〈曲禮〉之『稷曰明粢』一句，晉宋古本皆無記錄，所以是今文經學者所自行加入，此隋代秘書監王劭校勘時就已發現，並列為「八疑十二證」之一條。而巽軒為了補強此處的說法，故又引惠棟之言以為佐證，惠氏以為，在「太祝齋號注」中亦無此句，所以為「十二證」之一條無疑。從上可知，巽軒雖已舉隋代王劭之說來證明『稷曰明粢』一句是衍文，但為了增加可信度，不以孤證自足，所以又補充惠氏之說來證明此句的確是「八疑十二證」中的「十二證」，其前有王劭之證，後又有惠氏之呼應，故此說乃成為一個相當可據信的例證。惠氏本是乾嘉時期的大儒，亦是吳地學術之領袖人物，東原早年曾與之相互問學，故巽軒服膺其論，也可謂是學有所據。〔註68〕

惠氏以經學見長，於《易》、《書》、《禮》頗有研究，乃是乾嘉學術的代表性人物之一。而巽軒曾受學於戴東原之門，其算學、《禮》學皆受東原之影響，其《大戴禮記補注》之成書，藉東原之力亦多。誠如梁啟超曰：「清代考據學，顧、閻、胡、惠、戴諸師，實闢出一新途徑，俾人人共循。」〔註69〕梁任公認為，顧、閻、胡、惠、戴諸儒為清代考據學開出一條新道路，後學皆攻習不已，所以惠、戴二儒對於清學多有貢獻，乃是清學之宗師級人物，而巽軒能衍戴、惠之學，與二儒之學術有所聯繫，所以亦不難知其與乾嘉學術間的緊密關係了。

〔註67〕《禮學卮言》，頁8226。

〔註68〕梁啟超以為：「當時鉅子，共推惠棟、戴震，而戴學之精深，實過於惠。……休寧戴震受學江永，其與惠棟亦在師友之間。」梁氏此論以為，惠、戴二儒早年曾相互問學，而在輩份上惠氏大於東原，然東原之學精深實過惠氏，亦可謂是青出於藍，故本論取之，以述二儒間之聯繫。見《清代學術概論》（台北：里仁書局，1995年），頁30～32。

〔註69〕《清代學術概論・第九講》，頁28～29。

第四章　孔廣森的禮學趨向

第一節　《大戴禮記補注》的思想趨向

　　《大戴禮記》之體例與《小戴禮記》頗為相似，其思想亦是以「禮」義之論述為主，而旁及「禮」制、「禮」典等，舉凡儀文、典制、倫理、天道等思想，《大戴禮記》非但能深入其內容，且具有獨創性的論說，所牽涉的議題實多有《小戴禮記》所忽略而未論及之處。清儒阮元甚至認為：「〈曾子〉十篇，儒言純粹，在《孟子》之上；〈投壺〉儀節，較小戴為詳；〈哀公問〉字句，較小戴為確。然則此經宜亟治審矣。」〔註1〕此說以為《大戴禮記》之篇章皆各有特色，且其珍貴之處，實較其他儒家經典更為之精詳。雖然我們對阮元此論，可以不必完全認同，然以其對《大戴禮記》之高度推崇來看，乃證明此書的確存有獨特的學術價值，本文乃以「孝」、「明堂」、「陰陽」三個議題來探討其思想取向，述略如下。

一、論「孝」

　　論孝道思想者，先秦之《論語》、《孝經》已有一定的論述，大抵皆是視孝為一立身處事的美德。在《三禮》中，更把孝與禮作一連繫，以為聖人之行事要「行之以禮，脩之以孝養。」〔註2〕此說無異是把禮與孝都當作是聖道

〔註 1〕　《大戴禮記補注・序》，收入《續修四庫全書》（上海：上海古籍出版社，1995年），第一〇七冊，頁 509。

〔註 2〕　《禮記正義・文王世子》，收入《十三經注疏》（台北：藝文印書館，1981年），頁 405。

之準則了。其中相關孝道、孝行之篇章者，如《儀禮》之〈喪服〉，《周禮》
之〈地官〉，《禮記》之〈曾子問〉、〈壇弓〉、〈內則〉、〈坊記〉等，其篇幅既
多且範圍亦廣，頗能發揚儒家之孝道思想。而《大戴禮記》之論孝亦不惶多
讓，如〈曾子本孝〉、〈曾子立孝〉、〈曾子大孝〉、〈曾子事父母〉、〈曾子疾病〉
等篇皆是藉曾子之孝行為立論對象，其中所牽涉的行為、言論等，頗為豐富，
從此乃可見《大戴禮記》對孝道思想之重視。〔註3〕

　　孔廣森對孝道思想亦是作過深刻的研究工夫，《大戴禮記》言「致敬而不
忠，則不入也。」其補注曰：「不入，不得乎親也。敬而未安，是色莊也，嚴
威儼恪非所以事親也。」〔註4〕故孔廣森之視孝道所以成立，關鍵乃在於忠與
敬的俱備，也就是盡孝道須有忠之心意，且亦須要出於誠敬，故忠與敬乃為
孔廣森孝道思想的兩大原則。而其《大戴禮記補注》之論孝，大致有兩個特
點，一是以為孝心乃孝道之根本，二是重視孝與忠的關係。從第一點而論，
孝心為內而孝行為外，所以要達到孝道的美德，其實有孝行還是不夠的，孝
行只是外在的行為，而孝心則是由內而發，所以內外都兼具了才能表現對
父母之誠敬。因此孔廣森乃特意強調孝行實必須有孝心的意識。其曰：「孝子
必有和氣愉色。」〔註5〕所謂「和氣」是說溫和的氣質，「愉色」指的是和悅
的臉色，此二者皆是無法偽裝的，如不能發自於內心，則態度便形於顏色，
不恭不敬乃表露無遺。所以孔子亦說：「今之孝者，是謂能養，至於犬馬，皆
能有養，不敬，何以別乎。」〔註6〕孔子以為，奉養父母如果只有物質的供
應，而沒有保持尊敬的心態，那與飼養牛馬又有何差別呢？所以內心的態度
是否真誠，往往比外在形式更為重要，否則單只以食物的奉養，那對待牛馬
是否亦可稱孝子？孟子亦曰：「食而弗愛，豕交之也；愛而不敬，獸畜之
也。」〔註7〕所以只奉養、愛慕父母，卻不能恭敬父母以孝心，這亦不是孝道

〔註3〕　《大戴禮記》對於「孝」道多有論述，而其中可視為此思想的代表人物則首
　　　　推曾子。事實上，《論語》、《孝經》皆曾提及曾子之孝行，故孝道之事藉曾子
　　　　而論說乃成為儒家典籍中的一種現象。如《孝經注疏・序》曰：「曾子在七十
　　　　弟子中孝行最著，孔子乃假立曾子為請益問答之人，以廣明孝道。」從此論
　　　　來看，曾子在孔子弟子中是為發揚孝道之楷模。《孝經注疏》，收入《十三經
　　　　注疏》，頁3。
〔註4〕　《大戴禮記補注》，頁548。
〔註5〕　《大戴禮記補注》，頁548。
〔註6〕　《論語注疏・為政》，收入《十三經注疏》，頁17。
〔註7〕　《孟子注疏・盡心下》，收入《十三經注疏》，頁241。

的表現。孔廣森對此孝心亦特別看重，重視之程度甚至有過於孝行，如《大戴禮記》之〈曾子事父母〉曰：「諫而不從，亦非孝也。」此言當父母親有過時，做子女要先以勸諫，即使父母不聽諫，仍須要恭敬的隨從父母親的志意。孔廣森則補注曰：「從，順也。無犯者，事親之義也。雖臣之於君亦務引諸當道，非徒自沿道而已。」〔註8〕孔廣森以爲，從便是順從之意。所以，事親的本義在於能順從至父母合於正道。此即以事親有誠敬的心爲前提，而後能順於父母之行，故順從的美德無異就是孝心的表現。所以從上述而論，要先俱備孝心而後再能奉養，故孔廣森乃視孝心爲孝道之一大根本也。

再論孝與忠之聯繫，實際上孝與忠之關係古人本就相當的重視，如《說文》以爲，「忠」其實就是「敬」，也就是誠敬之心，誠敬是須由內而發的，此與孝道的精神實不謀而合。《大戴禮記》之〈曾子本孝〉亦曰：「曾子曰：『忠者，其孝之本與。』」孔廣森補注云：「孝貴忠誠，無飾僞也。」〔註9〕曾子認爲，對父母盡孝的根本所在，是乃子女的忠誠之心。孔廣森從此說而發微之，其認爲孝是一種無僞裝、無修飾的忠誠，而此種忠誠如運用在對父母親之奉養，便是孝道的極致表現，所以說，能盡孝者勢必俱備有忠誠之心，故以忠誠論孝，的確能說明孝道思想之可貴處。此外，孝與忠的關係，亦可以延伸到人臣身上，因爲能移孝作忠者，古人亦以爲是大孝，如《孟子·梁惠王上》亦說：「修其孝悌忠信，入以事其父兄，出以事其長上，可使制梃以撻秦楚之堅甲利兵矣。」〔註10〕孟子以爲，君子能修養孝悌忠信之事，在家可以侍奉父兄，出仕便可以服務君長，甚至可以爲國家建立功勳，以此顯榮父母，故謂之大孝亦無不可。

孟子之論，雖是言人臣之盡忠，然確是始於人子之盡孝。而《孝經》亦云：「始於事親，中於事君，終於立身。」〔註11〕移孝作忠之舉，亦是君子立身處事所須留意的，《孝經》之說實點出了數千年來儒家的倫理觀念。而孔廣森之論孝，亦視能盡忠者爲能盡孝道，故乃合於傳統儒學之方向也。

二、論「明堂」

所謂「明堂」者，是古代君王辦公之處，亦爲重要的議政集會之場所，

〔註8〕　《大戴禮記補注》，頁550。
〔註9〕　《大戴禮記補注》，頁548。
〔註10〕　《孟子注疏》，頁14。
〔註11〕　《孝經注疏》，頁11。

凡祭祀、朝會、慶典、養老、取士之典禮皆在此舉行，故可以視爲上古的重要廟堂也，如《孟子》曰：「明堂，王者之堂也。」〔註12〕《孟子》乃以爲是專屬君王之堂室。而《詩經正義・干斯》亦曰：「明堂者，明政教之堂也。」〔註13〕「明堂」既是宣明教化之堂，可見君王的重要政令皆是在此發佈。不過因爲漢代以後宮廷的規模逐漸擴大，許多集會都有各自舉行的場所，所以「明堂」後來只存而不用，純粹是爲了保留古制而已。

諸《經》中留意「明堂」之制度者，如《周禮》之〈考工記〉，專論「明堂」的規格；而《小戴禮記》則有〈明堂位〉，其論臣子大夫於「明堂」的站立位置，以表示地位的尊卑；《大戴禮記》則有〈盛德〉與〈明堂〉二篇專論「明堂」，其中〈盛德〉論君王的德行與「明堂」的關係，〈明堂〉則是專論「明堂」的制度。此外，清儒對於「明堂」制度之考證亦形成一股風氣，如惠棟之《明堂大道錄》，戴震之《考工記圖》，毛奇齡之《明堂問》、《明堂考》，孫星衍之《明堂考》，洪頤煊之《禮經宮室答問》皆有一定的成績。而孔廣森對於「明堂」之制亦頗有研究，如其在《禮學厄言》中，便規劃有數幅宮室之圖，其中一幅便是「明堂」的佈置圖，大致是以古制考證而成，其成果大致可與清儒之考證作一聯繫。至於其《大戴禮記補注》乃合《大戴禮記》之〈盛德〉與〈明堂〉爲一篇，以近二千之言來論述「明堂」的功能、方位、規格、裝飾等，又能多方糾正《大戴禮記》之謬誤，雖是以《大戴禮記》爲論述之主軸，然實可謂「明堂」考辨之另一佳作矣。此外，孔廣森頗注重「明堂」在政治上的意義，因爲「明堂」與執政者的關係密不可分，是一切政令的發號處所，且關係著國家的盛衰興亡，因此歷來注重天人關係的學者，便以爲「明堂」之政不修，則災害禍患便綿延不絕，故孔廣森之論「明堂」亦由此說而發微，從此亦可延伸至其天人之思想，此與清儒專門考證「明堂」之典制，又有不同之思路，述略如下。

（一）「明堂」之政與天人之關係

古「明堂」之功能，除可以舉行廟會、朝會外，亦是君王體察時政之處所，所以「明堂」之政，在於執政者能上知天時下知民情，掌握政治的得失。漢代某些學者則認爲，假使「明堂」之政不修，甚至會帶來天道的懲罰，《大戴禮記・盛德》曰：「是故君子考德，而天下之治亂得失，可坐廟堂

〔註12〕 《孟子注疏・梁惠王下》，頁35。
〔註13〕 《毛詩正義》，收入《十三經注疏》，頁385。

之上而知也。」《大戴禮記》以爲，君王如要考察各地的德行，則處明堂之上，便可知其治亂得失。又曰：「凡人民疾，六畜疫，五穀災者，生於天道不順，天道不順生於明堂不飾，故有天災，則飾明堂也。」畢竟明堂是國家議政的重要場所，假使由明堂所發號之命令不正當，則天下的災難弊病便叢生，天道亦會降災難來懲處天子，所以當天下發生災難時，執政者便要修飾明堂的政治教化，以消弭天道的警訊，此則引出「明堂」與天人災異思想的關係。孔廣森亦補注曰：「九宮之數，二在西南，八在東北，……土室象之四正之堂，合於遁甲，一爲水其神天蓬，三爲木其神軒轅，七爲金其神咸池，……是故觀於明堂，以知六儀之詳，節八風之行，順時察方授政。」〔註14〕此論以爲明堂之執政必須要能順應時節、方位以利時政，而其方位依九宮格各判有一司命之神，故所謂「知六儀」、「節八風」者，其目的皆在於能夠順天應人以消弭災害，故人君之居明堂便要「順時察方授政」，此亦強調爲政必須要勤奮、嚴謹。那爲何「明堂」與專制的君政神權密不可分呢？事實上在君權神授的專制社會中，君王之號令有如神喻一般神聖不可侵犯，故明堂既爲天子發號施令之所，因此亦視之爲天子代天行道之處，如《大戴禮記》曰：「故明堂，天法也。」此論認爲明堂便是圃有天命法度之處，盧辨注「天神所在也。王者於此則天，無私勤施之法」，孔廣森亦補注曰：「以其堂祀方明，故或名明堂。」〔註15〕此說以爲明堂乃祭祀六方神明之所，故言明堂。因此，王者之令號於明堂，則無不受所監督，其政是要遵循天道而投以無私之法度，戴東原之〈考工記圖〉亦曰：「明堂，法天之宮。」〔註16〕東原亦以爲「明堂」的確是古帝王法天尊神的宮室，此與孔廣森說法大致吻合，故孔廣森乃以天人之災異喻政治之施行，可見孔廣森也大致贊同董仲舒所言：「國家將有失道之敗，而天乃先出災害以譴告之。」〔註17〕即王政不修則天道降災這個說法了。

　　事實上，按天人災異之說法，西漢經師皆以爲災異的發生乃是要警告執政者之過失，故所謂修飾明堂即是要執政者能勇於檢討，改善治道之施行，

〔註14〕《大戴禮記補注》，頁577。
〔註15〕《大戴禮記補注》，頁578。
〔註16〕戴震：《考工記圖》，收入《戴震全書》（安徽：黃山書社，1995年），第七冊，卷下，頁431。
〔註17〕《漢書‧董仲舒傳》，收入《百納本二十五史》（杭州：浙江古籍出版社，1998年），第一冊，頁469。

否則一錯再錯，當天道降下嚴重災異時，甚至社稷國家都不可保有了。天人思想雖存在一定的神化迷信色彩，然影響兩漢的學術、政治卻頗爲深遠，故孔廣森之天人思想研究，實可代表其對兩漢思想的見解。但比較特殊的是，孔廣森雖在補注《大戴禮記》把「明堂」和天人思想作一結合，不過此舉在清儒之中並未形成一個共識，如乾嘉之前的毛奇齡，其著有《明堂問》、《明堂考》，乾嘉時期戴東原著有《考工記圖》及單篇的〈明堂考〉，與孔廣森同時的孫星衍則著有《明堂考》，皆不喜言天人鬼神思想，毛西河曰：「夫宗廟者，鬼神之居也。祭天而于人鬼之室，非其類也。則公然以明堂爲宗廟爲人鬼之室，不當饗帝。」〔註 18〕此論以爲，如果把「明堂」當作宗廟，則「明堂」便必須祭鬼神，但「明堂」明明就是祭天之處，把祭天之處和祭鬼神之處混淆，這是不恰當的，可見毛西河畢竟反對把「明堂」融入鬼神之說。故孔廣森之補注《大戴禮記》，並不避天人思想與鬼神之說，則爲其獨特之見解，亦是清儒中之特殊也。

（二）「明堂」之制度規格

「明堂」既是上古君王辦公、集會、祭祀之所，故由「明堂」的制度規格乃可知古廟堂的規格劃分也，此對於古禮制之研究實有一定價值。

孔廣森對於「明堂」制度的考察則是以《大戴禮記》爲主軸，再旁證以《三禮》的載記，其研究的成果大致有二，一爲釐清《大戴禮記》載記之錯誤，二是恢復周人古「明堂」之制，如《大戴禮記・盛德》云：「明堂者，古有之也。凡九室，一室而有四戶八牖，凡三十六戶，七十二牖。」此論以爲明堂自古就有之，而明堂分九室，一室有四個門戶八個窗，所以總共有三十六個門戶，七十二個窗。不過孔廣森於此處則糾正了《大戴禮記》的錯誤，其曰：

> 此據漢明堂言之。〈東京賦〉曰：「八達九房。」薛綜注：「堂後有九室，所以異於周制者。」鄭君曰：「九室三十六戶七十二牖，似秦相呂不韋作《春秋》時說者，所益非古制也。」案古明堂五室，畫方九區，四正爲室，四隅爲堂。〔註 19〕

所以孔廣森認爲周代「明堂」之制，實是《周禮疏》所言「五室二十戶四十

〔註 18〕 毛奇齡：《明堂問》，收入《四庫全書存目叢書》（山東：齊魯書院，1997 年），經部，第・〇八冊，頁 585。

〔註 19〕 《大戴禮記補注》，頁 577。

牖」而非「九室三十六戶七十二牖」，所謂「九室三十六戶七十二牖」之說，是《呂氏春秋》與漢人典籍的意見，非是周人古「明堂」之制，《周禮・考工記》也以爲「明堂」五室，故周制五室乃成爲定論。而古「明堂」五室之方位，則是把正方形分爲九區，依金木水火五行的方位排列，正中爲「太室」代表土，其他四室在四隅的空格，此四室都是有四門的室，各有其用途。而四方之位則是堂的方位，依東西南北排列，這四堂都沒有門戶，所以足可證明周人古制與漢人之制是有所不同的。孫星衍亦曰：「鄭未嘗不知明堂九室，于夏制但稱四隅室者，舉五行之交，則五行之正室自見也。」〔註20〕孫星衍也以爲「明堂」九室並不是周制，鄭玄亦駁斥九室之說，所以九室其中的四隅不過是五室交會所衍生出來的隔間，眞正可稱爲室的，也只有五正室了。東原也以爲：「明堂，……五室十二堂，……四隅之室，夾室也。」〔註21〕東原此論亦認爲四隅之室乃是多出的「夾室」，與五正室不可同論之，所以視「明堂」之制爲五室，實是清人治經上的共同識見，而孔廣森補注《大戴禮記》又特別提出也。

　　而論「明堂」的裝飾，孔廣森亦有所糾正，《大戴禮記》云：「以茅蓋屋，上圓下方，……外水曰『辟雍』，南蠻東夷北狄西戎，……赤綴戶也，白綴牖也。」此論以爲這些堂室的屋頂是以茅草蓋住，上面圓形下方方形，象徵天圓地方，而環繞「明堂」的外圍有一小水流名爲「辟雍」，象徵四方的外邦，門戶用紅色綴飾，窗用白色綴飾。不過孔廣森對此亦有所更正，其補注曰「此亦後代之制。考工記曰：『四阿重屋。』古明堂檐有四阿，明非上圓。」〔註22〕此論認爲「上圓下方」實非周人之制，應是漢人所加，因〈考工記〉已有「四阿」方架爲屋檐的記載，故古「明堂」非是圓頂。至於「辟雍」之說亦有錯誤，故孔廣森又曰：「古唯學有辟雍耳，《記》因太學明堂同制，遂雜言之。漢制以明堂、靈臺、太學爲三辟雍。」〔註23〕此說認爲周人之古「明堂」其實是沒有辟雍的，唯有太學才有此制，因太學與「明堂」造型相似，故漢制才加入辟雍，毛奇齡亦曰：「堂下環水稱曰：『辟雍。』則其規制原與

〔註20〕　孫星衍：《明堂考》，收入《百部叢書集成》之《問經堂叢書》（台北：藝文印書館，1968年），第一函，第八冊，頁6。
〔註21〕　《戴東原先生文》，收入《戴震全書》（安徽：黃山書社，1995年），第六冊，頁484。
〔註22〕　《大戴禮記補注》，頁577。
〔註23〕　《大戴禮記補注》，頁577。

學校相表裡，故戴德謂明堂、辟雍是一物。」〔註24〕毛氏此論亦以為，堂下環水才稱為「辟雍」，古代原以學校才有，但因為「明堂」與學校的規制是一樣的，所以到了戴德編《大戴禮記》才把「明堂」也稱為「辟雍」，這也說明把「明堂」稱「辟雍」完全是漢代之後才有的。事實上《大戴禮記》雖保存了先秦儒家的論述，然篇章多有經過漢儒潤飾，故其載記已非周代禮制的原貌，因此孔廣森的釐訂工夫，大抵可糾正《大戴禮記》之錯誤，對於古禮制之考察與重現亦有相當裨益。

「明堂」屬於古廟制，但由於典籍的紀載有限，故諸家說法紛紜，而《大戴禮記》對於「明堂」之規格、長寬、佈局雖有一番解釋，但其中多引漢人說法，已失去對古制的理解。因此孔廣森乃引古禮考校之，其非但注重古義，亦重視規格、度數，故其補注《大戴禮記》的意義，大致能與清儒之論說作一聯繫，亦有其禮學考證上之價值也。

三、論「陰陽」

學者對於孔廣森之定位，多視之為經學家、小學家一流，然孔廣森之義理思想，乃宗法先秦儒學，又以《大戴禮記》之發微為要點，故頗能見其獨特之見解與說法。其論陰陽之思想者，旁及「道」、「性命」、「刑德」等之觀念，並博引〈易傳〉說法使之圓融，而其天道觀、性命論則是擷取董仲舒之說法而疏發，此二家遂成為孔廣森義理思想的先導也，其宗法二家之學，則與其尊崇先秦兩漢之治學態度不謀而合，而氣化之論點又與乾嘉之新義理學有一定的聯繫。本論乃從孔廣森之「陰陽」思想，而深入其「性命」、「天道」、「刑德」等概念之論述，並以各概念的聯繫為論說之要點，如下。

（一）「陰陽」與「道」、「性命」之關係

「陰陽」之思想，古人大體從氣上而論，如《左傳》之「昭公元年」乃紀載：「天有六氣，降生五味，發為五色，……六氣曰：『陰、陽、風、雨、晦、明也。』」〔註25〕此論以為，天存在六種氣，而陰陽居其一二，《左傳》並無一系統來說明此六氣，但其見解並不離宇宙氣化說。而《周易・繫辭傳上》則是把「陰陽」二氣之形成，與形而上之「道」作一結合，云：「一陰一

〔註24〕《明堂問》，頁585。
〔註25〕《左傳正義》，收入《十三經注疏》（台北：藝文印書館，1981年），頁708～709。

陽之謂道。」〔註26〕又云：「太極生兩儀。」〔註27〕故「陰陽」即是「道」所生化之二氣，亦是太極所生成之「兩儀」也，所以「陰陽」即是「道」的體現。而此由「道」以至於「陰陽」的生成變化，又間接引出了「性命」之說，〈乾・象傳〉曰：「大哉乾元，萬物資始，乃統天。……乾道變化，各正性命，……至哉坤元，萬物資生，乃順承天。」〔註28〕所以「性命」的落實與可能，其中的關鍵便是「乾坤」二元，因「乾坤」的變化而「性命」乃生成，此「乾坤」與二氣不離，「乾」是「陽」氣，「坤」是「陰」氣，這二氣皆有生化的能力，《周易・繫辭傳上》所謂「剛柔相推而生變化」，這是說萬物由「陰陽」剛柔的相推移而變成，因此萬物與「性命」之資生，除了是順應天道的變化，「陰陽」的相推、相磨、相易亦起了絕大的作用。故可知，〈易傳〉的「陰陽」二氣實是「道」通往「性命」的重要觀念，也可以說因為有所謂「陰陽」二儀，故能維繫著「道」與「萬物」、「性命」的關係。

又，孔廣森之論陰陽，亦不離〈易傳〉「兩儀」之觀點與氣化之立場，如其《大戴禮記補注》之〈本命〉一篇，首先乃論及「道」與「陰陽」之關係，皆是從氣上說，而後延伸至「性命」之生成、及「陰陽」與「性命」之聯繫，更是與氣化說不可分離。那麼《大戴禮記》所論之「道」其立場為何呢？盧辨則認為是「冥化自然之道也。」〔註29〕也就是說，此「道」乃是自然之道，能造化生育萬物皆為自然的作用，並非有其他神化之色彩，而孔廣森順此亦補注云：「易曰：『一陰一陽之謂道』。分陰分陽而人以生，陰則受金火之命，陽則受木水土之命也。」〔註30〕此所理解之「道」實採取宇宙論立場，可經由「氣」而收攝。其以為「道」乃分化出「陰陽」二氣，也就是說「陰陽」二氣即是自然之「道」所生化，而「陰陽」之流行乃「道」化生之結果也，故陰陽之分判則人旋從此而生。從上述由「道」而「陰陽」之論來說，「道」即是「陰陽」之本體，而「陰陽」二氣由「道」所化生亦為「道」之用，可知「道」與「氣」二者實具有體用、母子之關係〔註31〕。故孔廣森

〔註26〕《周易正義》，收入《十三經注疏》（台北：藝文印書館，1981年），頁148。
〔註27〕《周易正義》，頁156。
〔註28〕《周易正義》，頁10～18。
〔註29〕《大戴禮記補注》，頁613。
〔註30〕《大戴禮記補注》，頁613。
〔註31〕清代之前把「道」與「氣」視之為體用關係者，不乏其人，北宋王安石嘗云：「道有體有用，體者元氣之不動，用者沖氣運用於天地之間。」王氏之說，則明顯指出「道」之體是「氣之不動」，而「道」之用便是「氣」之動了，故

引〈易傳〉之兩儀來解釋《大戴禮記》之氣說，其論述上大致是不離「一陰一陽之謂道」的觀點了。

孔廣森之論「道」與「陰陽」，亦引出了「陰陽」與「性命」之聯繫，那「陰陽」與性命又有什麼關係呢？《大戴禮記》之〈本命〉曰：「分於道謂之命。」此論以爲由「道」所分判的即是「命」，「命」是爲天命，在人是爲生命，故「道」與「命」遂有不可分離的因果關係。而孔廣森亦說明「陰陽」與此命之關係，其補注曰：「分陰分陽，而人以生。」〔註32〕所以「陰陽」既是道所化生，而「陰陽」二氣的分散、凝聚便是人之所生，亦是性命之所成也。又《大戴禮記》之〈本命〉亦曰：「命者，性之終也。」孔廣森則補注曰：

命初分於道，則是生之始也，分道則修短已定，故爲生之終。

〔註33〕

孔廣森此論以爲生命之始終在於「道」分，而「道」之分即是指「陰陽」二氣之發散。故可知「性命」之始終乃由「陰陽」二氣所凝聚而來，而其根本則是源自於「道」也。故由上述則可明顯的看出，由「道」而「陰陽」而「性命」之間的聯繫，是由「陰陽」爲中心而發展的理論，故「陰陽」之觀念實乃孔廣森義理思想的一大樞紐。

清儒之氣化論亦有從「天道」、「陰陽」、「性命」一脈而說，此乃乾嘉義理思想的論點之一，戴東原之說可爲代表，而孔廣森任京官時曾入東原門下，雖無明顯證據可證明孔廣森之義理思想得於東原，然二人之氣化思想大致相近。東原曰：「氣化流行，生生不息，是故謂之道。」〔註34〕東原認爲所謂「道」的呈現，即是氣化生生不息之流行，又曰：「天道，陰陽五行而已。」〔註35〕故可知「天道」的內容即是陰陽與五行相生相衍的流行，此論很明顯把陰陽五行之氣化視爲「天道」的運行。東原又引《大戴禮記》曰：

體用便是道氣之關係，二者實不離，王氏此論雖是爲《老子》而說，但觀其對道氣二觀念的解釋，亦不離〈易傳〉「一陰一陽之謂道」之立場。見王安石：《老子注》，收入《無求備齋老子集成》（台北：藝文印書館，1965年），第四函，頁2。

〔註32〕《大戴禮記補注》，頁613。

〔註33〕《大戴禮記補注》，頁613。

〔註34〕戴震：《孟子字義疏證‧天道》，收入《戴震全書》（安徽：黃山書社，1995年），第六冊，中卷，頁175。

〔註35〕《孟子字義疏證‧天道》，頁180。

「『分於道謂之命，形於一謂之性。』言分於陰陽五行以有人物，而人物各限於所分以成其性。」〔註36〕《大戴禮記》以爲，由道所分化便是「命」，氣化凝聚一形便是「性」，所以陰陽與五行之分化便產生了人、物之「命」，人、物又各因氣化稟受的差異而自有其「性」。因此「性命」之所以落實即是由陰陽五行的分化流行而來，故陰陽五行是「道」的實質，而由氣稟所得的血氣、心知即是「性」的實體了，上述無異就是「天道」、「陰陽」、「性命」一連串分化凝聚之過程，此與孔廣森之說實際上並不離，如把二者加以嚴格比較，唯東原視氣化爲「陰陽」、「五行」二者，而孔廣森並不言「五行」，此爲二人之小差異也。然東原亦引《大戴禮記》的例子疏通之，可知二人之論點實頗爲近似。

從上而知，孔廣森之義理思想與西漢董仲舒之理論亦有一定的契合處，故分析董氏之思想，則孔廣森義理之脈絡乃可明朗。董氏云：

> 天地者，萬物之本，先祖之所由出也。〔註37〕

> 天之大數畢於十，⋯⋯是故陽氣以正月始出於地，⋯⋯人亦十月而生，合於天數也。是故天道十月而成，人亦十月而成，合於天道也。〔註38〕

> 陰陽之氣在上天亦在人，在人者爲好惡喜怒，在天者爲暖清寒暑⋯⋯。夫喜怒哀樂之止動也，此天之所爲人性命者。〔註39〕

上述之論在強調人之生成實合於天道，且「陰陽」二氣爲人之「性命」的重要成份。此處首先說明了天地是萬物與人生成的根源，所以天地即爲人的先祖。而董氏又以「天道」和「天數」之成來影射「人」之所出，這更強調了人的形成就是「天道」所分化，此與孔廣森「命初分於道，則是生之始也」之論實有相符合之處。又董生的「陰陽」之說，則判「喜怒哀樂之止動」，是乃天所付予人性命的「陰陽」之氣，有「陰陽」後則性命得以開展，所以董氏之天道性命思想亦是由「天道」而「陰陽」而「性命」一系所組成，其中「陰陽」乃有接引「天道」及「性命」之功能，故從上述兩人之論點來看，

〔註36〕《孟子字義疏證・天道》，頁175。
〔註37〕《春秋繁露・觀德》，收入《叢書集成初編》之《畿輔叢書》（北京：中華書局，1991年），第一函，第三冊，卷九，頁4。
〔註38〕《春秋繁露・陽尊陰卑》，第三冊，卷十一，頁4。
〔註39〕《春秋繁露・如天之爲》，第四冊，卷十七，頁4。

不能說毫無思想上的聯繫〔註40〕。且孔廣森〈春秋公羊通義序〉嘗云：「胡毋生，董生紀皆此經先師，雖義出傳表，卓然可信。」〔註41〕《公羊》首重微言大義，孔廣森既服膺董氏之《公羊》學，必然也重視其義理之思想，因此總的來說，孔廣森之天道陰陽性命思想實有董仲舒影響之跡也。

（二）「陰陽」與「刑德」之關係

以「陰陽」論「刑德」者，先秦兩漢即有之，如《呂氏春秋》、《黃帝四經》、《春秋繁露》、《淮南子》等，其論大致認爲「刑德」乃是一組相反的觀念，刑代表著肅殺，德則代表生生，且二者皆與「陰陽」有密切關係。

1.「刑德」乃相反之觀念

而孔廣森之「刑德」思想，亦是由「陰陽」之觀念所延伸，如《大戴禮記》之〈易本命〉云：「山爲積德，川爲積刑。」此論以爲屬於自然地理的山川，有積德積刑的現象，孔廣森則補注曰：「山積陽，川積陰；陽爲德，陰爲刑。」〔註42〕《大戴禮記》本文並沒說明山川爲何能積德刑，因此孔廣森便指出山可以積存陽氣，陽爲德，故山可以積德，川可以積存陰氣，陰爲刑，故川可以積刑。總之由於「陰陽」二氣之流行，所以山川便能各依其特質而有稟持，山與川一剛一柔，恰與陽剛陰柔之特質相似，因此山川與陰陽之稟受遂有了德與刑相反之現象。故孔廣森又曰：「夏至陽往陰動，冬至陰消陽息。」〔註43〕其以爲「陰陽」各持反對的立場，各擅適當的時節，故能往來反復，此延伸至「刑德」二者，可知其關係乃爲相反。而董仲舒之「陰陽」論亦可解釋此種「刑德」之相反，其〈陽尊陰卑〉曰：「惡之屬盡爲陰，善之屬盡爲陽，陽爲德，陰爲刑，……是故陽行於順，陰行於逆。」〔註44〕董氏以爲，陰實是惡之屬，其行動爲逆向，所以得刑，陽是善之屬，其行動是順向，所以有德〔註45〕。

〔註40〕孔廣森與董仲舒之天道性命的確有相似的論點，但二者亦有不小之差異，如孔廣森之論「道」以爲是自然冥化之「道」，道即是萬物之根源，此乃出於〈易傳〉之立場。而董仲舒所論之「道」則是由神格化的天所出，且多有災異之附會，也就是董氏把「道」、「陰陽」、「性命」之所生皆歸於神格化的天了。

〔註41〕《春秋公羊通義》，收入《皇清經解》（台北：復興書局，1961 年），頁 8194。

〔註42〕《大戴禮記補注》，頁 617。

〔註43〕《大戴禮記補注》，頁 617。

〔註44〕《春秋繁露》，第三冊，卷十一，頁 6。

〔註45〕董氏認爲「陰陽」是相反，而並非是相對立，因二者皆是構成天道之常道，假使對立，則陰陽並行，天道必不能，如其〈天道無二〉所云：「天之常道，相反之物也，不得兩起，故謂之一；一而不二者，天之行也。陰與陽，相反

〈繫辭〉以爲：「剛柔相摩。」〔註46〕剛的屬性爲陽，柔的屬性爲陰，王弼〈注〉以爲是陰陽相互交感，而有剛柔相互摩切的現象，〈樂記〉亦以爲「陰陽相摩。」〔註47〕陰陽一來一往是相摩切的，故由陰陽的相摩切以致惡與善的一逆一順，終形成德刑二者的相反態勢。因此，由孔廣森的「陰陽」之說推論，再驗證於諸《經》與董氏之說法，則「刑德」之間實俱有相反關係也。

2.「刑德」有相輔相養之特點

此外，孔廣森亦以四時與「刑德」配來解釋其「陰陽」之論，其《大戴禮記補注・四代》云：「春陽爲德，秋陰爲刑，天之經也。」〔註48〕此說乃引出了「刑德」與「春秋」的關係，孔廣森以春爲陽氣，陽有生生之能，所以爲德；秋則爲陰氣，有肅殺之功，所以爲刑，故「刑」與「德」二者皆是天道不可或缺之現象。

事實上，春季時萬物生長，所以能持稟陽氣，故有天地好生之德，而秋季時萬物凋零，肅殺的陰氣凝重，故有刑殺的現象，從春秋的節氣來看，春主德主生，秋主刑主殺，生殺缺一不可，皆是天道之經常，其一消一長之變通，便形成四時之更替，故德與刑的關係不但是相反相對，亦是相養相輔。孔廣森此論與《黃帝四經》的觀念頗近，《黃帝四經》曰：「刑德皇皇，日月相望，……，刑德相養，逆順若成。」〔註49〕由此論可知，刑與德之相反，如同日月一般相互消長，二者一逆一順相互往來輪替，故能「刑德相養」，因此二者也具有相輔之特性。所以「刑德」雖承稟「陰陽」相反的觀念，但在一往一反的前提下卻必須是相依相存，故可知「刑德」之關係相爲表裏，實俱備相輔相養之特點。

第二節　《禮學卮言》的經學思想

《禮學卮言》爲約三萬言之著作，其篇幅雖短，然對古禮與典章制度的

之物也，故或出或入，或右或左。」此論以爲天道爲一，所以其運行就必須一致，陰陽乃相反之物，其一出一入乃符合天道之常，故不得視陰陽爲對立之兩起。見董仲舒《春秋繁露》，第三冊，卷十二，頁5。

〔註46〕《周易正義》，頁144。
〔註47〕《禮記注疏》，頁672。
〔註48〕《大戴禮記補注》，頁583。
〔註49〕《黃帝四經・十大經》，收入《帛書竹簡》（台北：藝文印書館，1976年），頁31。

論述卻相當豐富，且其說法多能以考證爲根據，或有不少超越前人之發明者。本文乃從二方面探討之，一是對古禮的詮釋，此論及巽軒對古禮的考證與重新定位；二是典制的詮釋，此涉及巽軒對諸《禮》之制度、規格的考量，述略如下。

一、對古禮的詮釋

古「禮」的起源與禮儀、儀式的關係密切，《說文》以爲：「禮，履也，所以事神致福也。」〔註50〕所以事神致福之祭祀，便是古「禮」制的重點所在。然而因歷代的沿革皆有變異，所以流傳頗不一致，後世混淆情況亦相當嚴重，而清代基於對禮學的重視，因此學者於古禮多有提出新見解者。至於巽軒撰《禮學卮言》乃由諸經傳著手，從而提出對古禮之恢復，並加以重新詮釋，其說雖與漢唐經師有所出入，然其注重客觀實據的研究方法大致可還原部分的古禮面貌。

（一）「禘」與「郊」之別

「禘」與「郊」同爲吉禮中的祭禮，但往往因爲諸經傳的說法皆不同，故容易造成混淆，甚至古人的解釋也不甚清楚，《論語・八佾》：「或問『禘』之說。子曰：『不知也。知其說者之於天下，如其示諸斯乎？』指其掌。」〔註51〕此乃《論語》載魯人問孔子何謂「禘」禮？孔子則以爲「禘」之難懂，猶如治天下的困難，可見上古之「禘」禮因爲「文獻不足故」，所以有亡佚失傳的現象。然而儒家的經典中「禘」與「郊」仍保存片斷的記載，如《書》之〈召誥〉，《詩》之〈雝〉、〈昊天有成命〉，《禮記》之〈王制〉、〈曾子問〉、〈大傳〉、〈祭統〉、〈郊特牲〉等，故大致可見「禘」、「郊」的部分面貌。

古人視「禘」、「郊」皆爲祭天或祭帝之禮，然「禘」、「郊」實各有所指，亦各具規模與程序上的差異。巽軒曰：「禘，大祭也。祭莫大於祭天。〈大傳〉曰：『禮不王不禘，王者禘其祖之所自出，以其祖配之。』」〔註52〕此論以爲，「禘」就是帝王的大祭，而祭以祭天最爲重大，所以巽軒之所謂「禘」者，則是指祭天而言。巽軒又引《禮記・大傳》，以爲「禘」禮乃是帝王的專門祭

〔註50〕《說文解字》（香港：中華書局，2000 年再版），頁 7。
〔註51〕《論語注疏》，頁 27～28。
〔註52〕《禮學卮言》，收入《皇清經解》（台北：復興書局，1961 年），頁 8206。

典，且是祭拜「其祖之所自出」之典並配以始祖，而帝王之先祖大多視爲天地所生，故「其祖之所自出」必然便是指天而言了，因此依《禮記》的說法，「禘」則指祭天無疑。

至於「郊」祭之說，《禮記・禮運》曰：「祭帝於郊，所以定天位也。」〔註53〕此說大致認爲「郊」的特點乃是祭帝在城郊也，戴軒則曰：「圓丘名禘不名郊。」〔註54〕圓丘乃爲祭天之重地，「郊」祭不在圓丘，故「郊」實非祭天或者祭天帝。那「郊」祭到底爲何？戴軒乃以爲「郊」的對象有六，其曰：「禮之以郊名者，又有六焉。正月上辛祈穀，一也；春祀蒼帝於東郊，二也；夏祀赤帝於南郊，三也；季夏祀黃帝亦於南郊，四也；秋祀白帝於西郊，五也；冬祀黑帝於北郊，六也。」〔註55〕此論認爲，凡「郊」祭有六，天子依時節而祀農神或祭五方之帝皆可謂之「郊」祭，然其中所謂五帝者，非指天帝或者上古之五帝，而是「五精之帝」，即代表五方及五行的神祇。鄭玄對「上帝」與「五帝」有明確的解釋，其《周禮注》云：「皇天北極大帝，⋯⋯上帝即大帝，〈堯典〉云：『欽若昊天』皆是上帝單名之事，⋯⋯五帝亦是大帝單號之事，若然大帝得單稱與五帝同，五帝不得兼稱皇天昊天也。」〔註56〕故鄭玄認爲皇天北極大帝爲最尊，大帝就是上帝，即〈堯典〉所謂的「欽若昊天」，可見大帝是可以代表一切的，包括五帝在內，而五帝則只是上帝之單名，所以五帝不能兼稱皇天上帝。孔穎達《詩經正義》亦云「天帝名雖別而一體也，以此別設其文爲有帝王之嫌，故云帝。五帝謂五精之帝也。《春秋文耀勾》曰：『倉帝其名靈威仰，赤帝其名赤熛怒，黃帝其名含樞紐，白帝其名白招拒，黑帝其名汁光紀是也。』」〔註57〕孔氏此論乃引緯書之說，以爲五帝指的是倉、赤、黃、白、黑之帝，其名雖有五但五者皆爲天之所分出，故五帝乃天帝所分出，五者皆得天帝之一隅，但仍不同於天帝，故天帝可視之爲本，五帝則視之爲末可也。戴軒則以爲，祀天之禮爲與祀五帝之禮同等尊貴，但因「禘」與「郊」之對象不同，所以其程序亦不同，其曰：

〈曲禮〉曰：「大享不問卜。」而〈郊特牲〉言：「郊用辛。」春秋
之郊轉卜三，正是其與禘異矣。《周官・司服》曰：「王祀昊天上帝

〔註53〕《禮記正義》，收入《十三經注疏》，頁438。
〔註54〕《禮學卮言》，頁8206。
〔註55〕《禮學卮言》，頁8206。
〔註56〕《周禮注疏》，收入《十三經注疏》，頁271。
〔註57〕《詩經正義》，收入《十三經注疏》，頁112。

則服大裘而冕，祀五帝亦如之。」〈小宗伯〉曰：「兆五帝於四郊。」
然則五帝之尊與事天同。〔註58〕

此論舉〈曲禮〉之說以為，大的祭享是不用占卜的。而〈郊特牲〉則認為，
「郊」祭必須要在選在辛日，並且要先占卜問先人，以聽取其意見，因此
「禘」不用占卜，而「郊」要占卜，所以二者便有所不同。至於《周官‧司
服》則以為「禘」與「郊」的服飾皆相同，以二者皆為帝王所祀。而〈小宗
伯〉則認為四「郊」之禮在於「兆五帝」，故「郊」禮乃事出於祭五帝。事實
上，「禘」「郊」皆是祭帝之禮，因此很容易造成混淆，漢唐的經師也發覺到
這個問題，所以多有舉例說明二禮之別，如孔穎達〈曲禮正義〉曰：「祭天
地以報其功，其天有六祭，之一歲有九昊天上帝冬至祭之，一也。蒼帝靈威
仰，立春之日祭之於東郊，二也。……黑帝汁光紀立冬之日祭之於北郊，六
也。」〔註59〕從孔氏之言可知，祭天之禮有六，然祭天如出於「郊」者，則
視為五帝之祭，而所謂「昊天上帝冬至祭之」，是說冬至之日祭昊天上帝，此
亦是專指「禘」祭而言之，至於其他「郊」祭則分別在春夏秋冬等日祭之，
故可知二祭非但有名稱之不同，對象、祭祀的時間亦是不同。

綜而論之，二祭雖都冠上祭帝、祭天之名，然其規模與細節卻有明顯之
不同，最大的差別則在於祭天帝與祭五帝對象之異，且地點一為圓丘一為四
郊亦各有旨趣，故「禘」「郊」之同乃在於服飾，不同則在於對象、地點、時
間與程序也。

（二）論「喪」

「喪」乃人之大禮，亦是禮之所終，古人相當重要其環節，故於五禮乃
專設「凶」禮以滿足「喪」事之需求。在《三禮》中，談及「喪」事有一定
的篇幅，如《儀禮》專列〈士喪禮〉、〈既夕禮〉、〈士虞禮〉，其中多引士人之
喪論之；而《禮記》亦有〈檀弓〉、〈曾子問〉、〈喪服小記〉、〈喪大記〉、〈奔
喪〉、〈問喪〉、〈雜記〉等篇專論諸侯或者大夫之喪。至於巽軒之論「喪」乃
由《禮學卮言》而發，能援引經傳之長，並糾正其中的疏失，且其解釋多由
致用的角度立論，故頗有特殊的發明，如下。

1. 大夫有私喪之葛與兄弟之輕喪

喪禮本就是繁重之制，如果又遇有二人之喪時，則情況更為複雜，除了

〔註58〕《禮學卮言》，頁8206。
〔註59〕《禮記正義》，頁97。

需衡量名份輩份的親疏遠近外，其周延的禮數更須恰當而不可逾舉，可謂是
步步皆禮無可小覷。而《禮學卮言》則有〈大夫有私喪之葛〉一節，專以屬
於「私喪」的妻子之喪，與兄弟之喪等二制爲例，指出當大夫、士同時遇有
兩位親人之喪該如何應變？其曰：

> 〈雜記〉：「大夫有私喪之葛，則於其兄弟之輕喪則弁絰。」此兄弟
> 之輕喪，謂降而袒免者也。……兄弟本以緦降，不可遽同於無服，
> 又不可私喪之末臨兄弟，故變而弁絰。〔註60〕

〈雜記〉以爲，大夫在妻子下葬去麻服葛之後，又遇到遠房兄弟之喪，則是
要改變喪服並在帽冠加上繩帶前往弔喪，〈雜記〉此論大致是可信，不過其細
節講的並不清楚〔註61〕。巽軒則認爲，因遠房兄弟的關係算是服緦喪，又或
者不用服喪，再加上大夫的地位尊貴，所以須降一等只要露出右肩去冠帽，
行此「袒免」之禮即可，但如遇上大夫本在服妻喪，妻喪是服齊衰，重於兄
弟之喪，所以去弔喪時不能穿齊衰，必須要更衣再另外於帽冠上加繩帶。所
以從古禮而論之，即使是大夫的地位，又遇上妻喪，但仍須去弔哭遠房兄
弟之喪以表示厚道，不過可以因爲地位尊貴而降服弔之。而孔穎達《禮記正
義》亦曰：「兄弟輕喪則緦麻也。大夫降一等雖不服，以骨肉之親，不可以
妻子之末服而往哭之，故服弁絰也。」〔註62〕這是說大夫的地位高貴，遇到
遠房兄弟之喪，其喪服可以降一級而不用服「緦」，且因親疏有等級，因此
不能以妻喪之服再去弔兄弟之喪，故要改變喪服的裝飾，此論與巽軒之說法
乃吻合。

2. 論「祔」

屬於喪禮之「祔」禮，巽軒亦有深刻之論述，且重視其程序與細節，以
「祔」乃爲喪禮過度到祭禮的重要典制，巽軒曰：「祔，祭名也。其意以爲卒
哭之後，生事畢而鬼事始。……死如事生之義也。」〔註63〕「祔」祭便是在
親人下葬後所舉行之禮，親人雖已亡故，但子孫敬愛親人的心意並不變，所

〔註60〕《禮學卮言》，頁 8231。

〔註61〕所謂去麻服葛是喪禮的程序之一，主要是指亡者下葬後，服喪者必須改變喪
　　　　服的裝飾，如《禮記‧閒傳》曰：「爲母疏衰四升，受以成布七升，冠八升，
　　　　去麻服葛。」爲母親要服四升的喪服，卒哭以後，便要改成七升的布，冠改
　　　　爲八升，且要把首或腰所服的麻帶改爲葛帶。見《禮記正義》，頁 722。

〔註62〕《禮記正義》，頁 722。

〔註63〕《禮學卮言》，頁 8226。

以「祔」禮之設，其本意在於能延續對亡者生前之禮。《說文》亦曰：「祔，後死者合食於先祖。」〔註64〕所謂「祔」祭，即是把後亡者之神主附於祖先的神主之下，進而同享子孫的供奉。《儀禮》則是列「祔」為〈士虞禮〉的名目之一，〈士虞禮〉曰：「死三日而殯，三月而葬，遂卒哭。將且而祔，則薦。卒辭曰：『哀子某，來日某，隮祔爾于爾皇祖某甫，尚饗。』」〔註65〕〈士虞禮〉此論說明了「祔」的過程，其以為士人在死後三日就入殯，三月就下葬，卒哭之後就要舉行「祔」禮，而「祔」禮前一天晚上就需準備禱辭，內容是要稟報祖先誰將「祔」於其下。不過〈士虞禮〉此段的細節並不明確，因此後世如鄭玄等學者，對於「祔」禮程序之說仍頗有出入。至於巽軒對「祔」的論述大致有二，一是認為「祔」祭非在祖廟舉行，二是認為「祔」祭不應設所「祔」之主。

（1）「祔」祭非在祖廟舉行

巽軒認為，「祔」祭實非在祖廟舉行，此論乃與鄭玄不同調。其曰：「『祔』祭即於殯宮行之，……鄭君說：『祔祭於廟，既祭，反主於寢。』已非喪事有進無退之意。」〔註66〕巽軒以為喪事的進行應該是有「去而無退」的，如果神主要先去祖廟行「祔」祭，之後再返回寢中供奉，一來一往實不合喪禮的過程，故「祔」祭應該在殯宮進行即可。事實上，諸《禮》中並沒有說明「祔」祭是否要在祖廟舉行，〈士虞禮〉只言：「明日，以其班祔。」〔註67〕此完全沒有指明「祔」祭的場所。而清儒萬斯同〈祔廟〉亦曰：「周制卒哭而祔以死者之神主，祔於王父之廟也。《儀禮》及《戴記》皆無祔已，主反於寢之文。自鄭氏剏為此說，……喪事有進而無退，見於檀弓，皆主不反寢之證也。」〔註68〕萬氏頗懷疑「祔」禮在祖廟的說法，以為此為鄭玄自己的論點，故證以《儀禮》及《戴記》二書皆無「主反於寢之文」，並引〈檀弓〉之論以為「喪」禮是有進而無退。所以說，「祔」祭雖需附於父祖之下，但因古喪禮有「有進無退」的特點，故往來於祖廟之間的說法實已不合「喪」禮的程序也。

而巽軒又云：「王父死未練祥而孫又死，猶是祔於王父也。此未練則王父

〔註64〕《說文解字》，頁8。
〔註65〕《儀禮注疏》，收入《十三經注疏》，頁511。
〔註66〕《禮學巵言》，頁8226。
〔註67〕《儀禮注疏》，頁512。
〔註68〕萬斯同：《群書疑辨》（台北：廣文出版社，1972年），卷六，頁25。

尚未有廟，而附主于其王父之廟，又從而附之，以新主若何位置乎？」〔註69〕
檘軒此引《禮記・雜記》說法，假設當祖父亡後還未滿一年或二年，而孫
又亡，期間剛好祖父還未有廟的情況下，那「祔」祭要在那裡舉行？檘軒於
此便以爲「祔」祭未必是在祖廟舉行，而可以在原先的殯館舉行了，此乃
針對同時有二人之喪的議論。而清代徐乾學之《讀禮通考》亦有類似的說
法，其《讀禮通考》云：「予謂祔祭有不能在廟者。即祭於寢，概云祭畢反於
寢，猶爲鄭氏之疏。……衛孔悝載伯姬以行，及西門，使貳車反祊於西圃，
是孔氏之廟在平陽也。地之相去或數百里，將使爲人子者寄父主於數百里
之外，而空守殯宮，有是理乎！」〔註70〕徐氏認爲，「祔」祭不應在祖廟舉
行，所謂「祭畢反於寢」，是鄭玄注經上的一大錯誤，比如春秋時期衛國孔文
子的殯宮與祖廟便有百里之遠，如果要在祖廟進行「祔」禮，那就必須放
任百里外的殯宮無人留守，此並非是常理也。由此，可知把「祔」禮設在
祖廟實有不合理處，且一來一往之間亦是勞師動衆，因此判「祔」禮不在
祖廟舉行，除了是針對喪禮之複雜程序而說外，亦是吻合喪禮有進無退的古
說也。

（2）「祔」祭不設所「祔」之主

至於「祔」祭是不是該設祖先的神主，此亦是一問題。檘軒則以爲遷祖
先之神主而進行「祔」祭是爲不合理，故其反對「祔」祭須另設祖先的神主，
其曰：

〈小記〉曰：「士大夫不得祔於諸侯，祔於諸祖父之爲士大夫者。」
夫諸祖父之祖，個藏於其家之廟，當祔之時既不可載已主而往就其
廟，亦必無遷他人之主而來就殯宮。由此言之，則祔祭不設所祔之
主明矣。〔註71〕

此論乃引《禮記・喪小記》之說，以爲士大夫因地位低於諸侯，所以並不能
「祔」在諸侯的祖先之下，而必須「祔」於身份屬於士大夫的諸祖父之後，
也就是低於祖先地位的兄弟下面。然檘軒則認爲，如把神主請到諸祖父之廟
行「祔」祭，一來一往本就不合喪禮之制，假使又要把諸祖父的神主遷到「祔」

〔註69〕《禮學卮言》，頁 8226。
〔註70〕徐乾學：《讀禮通考》，收入《四庫全書》（台北：商務印書館，1983 年），第
一一三冊，頁 232。
〔註71〕《禮學卮言》，頁 8226。

祭的場所更是不合理。所以從上述來看，「祔」祭假若設所「祔」之主便有其困難處，因此巽軒之論乃趨向於不設所「祔」之主，因為如設所「祔」之主則會過於勞師動眾又不合於喪禮的程序。事實上，《荀子》亦言：「稱情而立文。」〔註72〕這是說會以情感的輕重而制禮，而巽軒亦能留意到此問題，故實有其獨特之處。

（三）論「聘」

所謂「聘」者，在五禮中乃屬於「賓」禮，《說文》云：「聘，訪也。」〔註73〕故可知「聘」是有訪問、拜訪之意。此外「聘」禮的內容則是諸侯國之間的外交禮儀，是古代維繫國與國和諧關係的重大典制，《禮記·經解》曰：「朝覲之禮，所以明君臣之義也；聘問之禮，所以使諸侯相尊敬也。」〔註74〕因此「聘」、「問」便是諸侯相互通好之禮，是雙方平等相處的外交方法，其最大的目的在於使兩國能敬讓而不相侵伐。而《三禮》中專論「聘」者，有《儀禮》的〈聘禮〉，《禮記》的〈聘義〉等，二篇互為表裡實可交相參酌，而《周禮》之〈大宗伯〉、〈大行人〉則是專論「聘」者之職掌，然亦有說明「聘」事的程序。

至於巽軒之論「聘」，則是博引各經傳的說法，並調合不一致之處，使各說歸於精當。如《禮學卮言》曰：「〈大行人〉：『凡諸侯之邦，交歲相問也，殷相聘也，世相朝也。』注云：『殷，中也。』……中謂閒一歲也。」〔註75〕《周禮·大行人》以為，諸侯國之間的來往，每年都需進行「問」禮，隔年則行「聘」禮，世代交替時則行「朝」禮。鄭注則以為「殷」有中隔之意，所以「殷相聘」即是隔年相聘。此段很清楚可以看出「聘」禮乃是二年一聘，因中間有一年之隔。不過〈大行人〉此段話只說明諸侯單方面「聘」所需要的時間，但並無顧及回「聘」的問題，所以便有遺漏對方諸侯國該盡之禮。且《禮記·聘義》亦曰：「天子制諸侯，比年一小聘，三年一大聘。」〔註76〕〈聘義〉認為「聘」禮的完成時間是在三年，此說法與〈大行人〉二年之論明顯有異，然巽軒則解釋此條云：

〔註72〕《荀子集解》，收入《新編諸子集成》（台北：世界書局，1996年），第二冊，頁246。
〔註73〕《說文解字》，頁250。
〔註74〕《禮學卮言》，頁8220。
〔註75〕《禮學卮言》，頁8220。
〔註76〕《禮記正義》，頁1028。

假令甲聘丙又聘，閒一歲則涉三年矣。〔註77〕

其論以為，假使甲先聘，之後丙又回聘，中間有隔一年，所以一次「聘」禮就必需花費三年的時間。顨軒的說法實是針對整個「聘」禮而說，亦是顧及到諸侯國雙方的回往之禮。故又曰：

殷聘者，三年也。……中年皆交相聘也。禮尚往來，往而不來非禮也，來而不往亦非禮也。〔註78〕

所以顨軒認為「殷聘」的時間為三年，因兩國的相交「聘」佔用兩個年頭，而中間又隔一年，故總時間是三年也。至於兩國何以要相交「聘」呢？是因為國與國之間講究的是對等的關係，因此在此對等的前提下，「禮尚往來」之規矩便成為外交的通例也。

故由上可知，〈大行人〉以「聘」禮為兩年，實忽略了國與國之間平等、相對的關係，而《禮記·聘義》說「聘」為三年，其論述則明顯顧及了行「聘」雙方的禮數，而顨軒以〈聘義〉之說為基準，又能釐清「聘」二年與三年之異，故其論大致亦符合了古禮「禮尚往來」的通例。

二、對典制的詮釋

所謂「典制」，指的是典章制度，如法度、尺規、廟制、車制、兵制等皆是，《荀子·禮論》曰：「擅作典制辟陋之說，入焉而喪。」〔註79〕此說以為，擅自作典制者，礙於禮之大便會敗亡，可見典制所涉及的層面相當廣博，且與「禮制」關係密切，但不同的是，「典制」較注重器、物等規格制式，而不同於形式上的儀文、儀式。

（一）「廟」與「寢」之別

古人之宮室稱為「廟寢」，「廟寢」則至少由一「廟」一「寢」所組成，其中的增損可視屋主的階級地位而異，如大夫便是三「廟」一「寢」，士則為一「廟」一「寢」〔註80〕。而所謂「廟」者，即是祭祀祖先的堂室，古人或

〔註77〕　《禮學巵言》，頁8220。
〔註78〕　《禮學巵言》，頁8220。
〔註79〕　《荀子》，頁237。
〔註80〕　此「寢」乃是大夫、士之宮室，與《公羊》所言的「路寢」仍有不同之處，《公羊》莊公三十二年載「路寢者何？正寢也。」何休注則以為：「公之正居也，天子諸侯皆有三寢。一曰高寢，二曰路寢，三曰小寢。」所以「路寢」便是天子或者諸侯的正寢，天子與諸侯因為地位高於大夫、士所以能夠擁有更多

有把重要事務於「廟」舉行的，如冠禮、大婚等。「寢」即是寢室，古貴族的寢室大致有宮殿的規模，故堂室相當完備，因此「寢」也可設祭與議事，故古人多有把「廟」「寢」混用的現象，如《禮記・月令》所言：「天子乃鮮羔開冰・先薦寢廟。」〔註81〕〈月令〉以爲，天子在仲春之月，必須以小羊與新開的冰於「寢廟」行獻禮，故可知把二字連用者，乃視兩者皆可設祭。至於古說或有以「廟」「寢」爲同一處者，如鄭玄曰：「五寢，五廟之寢也。」〔註82〕此論乃以爲五「寢」是位於五「廟」中，所以「廟」「寢」爲同一處。不過鄭玄此說仍有可疑處，其所指可能只是「廟之寢」，也就是廟堂後方所附的寢室，而非單指「寢」宮而言，所以不能把「廟」「寢」同一而論，況且漢制便有分「廟」「寢」爲二之例，如《漢書・韋賢傳》曰：「日祭於寢，月祭於廟。」〔註83〕這是說每日祭拜祖先於寢室，而每個月則祭拜祖先於廟堂，故可知「廟」「寢」爲二處乃無疑。

　　顨軒亦認爲古制之「廟」與「寢」實非一處，且設施有異，其《禮學卮言》云：「經《禮》十七篇或行於廟，或行於寢，非詳識古宮室之制其升降進退之節，不可得而知也。蓋右寢左祖，大夫之通法。君子之營宮室，宗廟爲先，居室爲後，則寢之視廟宜有閑矣。爾雅曰：『室有東西廂曰廟，無東西廂有室曰寢。』此寢廟之異有明文者也。」〔註84〕顨軒上述的要點大致有三，一是《儀禮》並無明文規定「廟」「寢」之規格損益，故後世常混淆其制式與細節，所謂「其升降進退之節」不可知也。二是從古代貴族營建的通例，可以看出「廟」「寢」在位置上有左右之分，且建築意亦有先後之順序，故二者雖合併爲「廟寢」但實有二宮室。三是引《爾雅》證明「廟」有廂房而「寢」無廂房，所以二者的佈置的確有異。再從下列《禮學卮言》所附的寢圖、廟圖則可知二者的大概，不過因各房室的格局接近，而佈置也有雷同之處，故仍有分辨的必要，本文乃以大夫、士之「廟」「寢」爲說，列《禮學卮言》所附之「廟」、「寢」圖，並舉三個議題論述之，如下。

　　　的宮室，且與大夫、士之「寢」相比，其格局亦更具規模，《禮記注・玉藻》
　　　甚至認爲「路寢」與「明堂」同制，爲五室的大宮殿也。見《公羊注疏》，收
　　　入《十三經注疏》，頁112。
〔註81〕《禮記正義》，頁300。
〔註82〕《周禮注疏》，頁478。
〔註83〕《漢書》，頁519。
〔註84〕《禮學卮言》，頁8196。

附圖一　廟圖

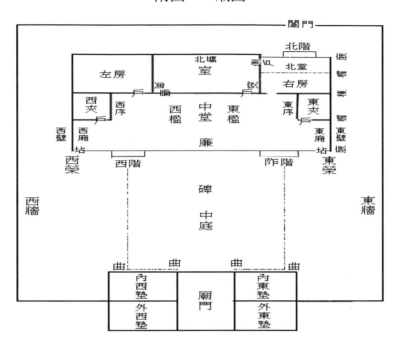

附圖二　寢圖

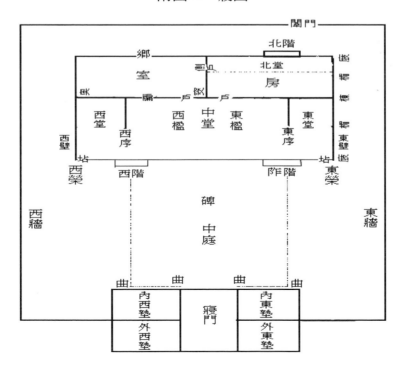

1.「堂」「夾」「廂」之異

「堂」「夾」「廂」是「廟」「寢」之內的獨立空間，其位置大致是在中堂的東西兩旁，李如圭言：「〈公食大夫禮〉：『大夫立於東夾南。』注曰：『東于堂。』賈氏曰：『序以西爲正堂。』序東有夾室，今立于堂下，當東夾是東于堂也。」李氏引〈公食大夫禮〉及其注疏以爲，「東序」的西邊就是中堂，所謂「序」者，就是堂上之牆，所以東牆之內就是東堂。至於「廂」則是「夾」前的小空間，鄭玄〈覲禮注〉曰：「東廂，東夾之前。」可知東「廂」即在東「夾」之前。從《禮學卮言》的附圖上看，「寢」有「堂」，而「廟」有「夾」「廂」，巽軒則以爲「廟」「寢」的名稱雖不同但制度則相近，其曰：「序以外爲東西堂，廟寢所同，但廟之東西堂，又各有前堂後室。分言之，則爲廂爲夾，寢無夾室，通言堂耳。」〔註85〕所以「廟」「寢」之序以外實際都可稱「堂」，但因爲「廟」的東西堂又各分前堂與後室，故才又有「夾」與「廂」之別。

再從附圖來看，「廟」之「夾」還設有門「戶」，可知其應有相當的空間，而加以比較之下，「寢」只有東西堂的設施，因此判斷「廟」應比「寢」的空間要來的大。巽軒曾引「廟」「寢」的「西階」與「西序」論喪禮的擺設，其曰：「〈檀弓〉云：『周人殯於西階之上。』而〈喪大記〉云：『欑殯於西序。』知寢之西階當序也。蓋房屋三間者，其堂廣，則階去序遠。房室二間者，其堂狹，故不與廟同。」此論舉〈檀弓〉之說，以爲周代人都是行殯於西階之上，又引〈喪大記〉以爲行殯時棺木要放在「西序」，此兩說有所不同。從附圖來看「寢」只有兩房，且「西階」是對著「西序」，故只能在「西階」與「西序」之間的空間行殯禮，而「廟」有三房又因爲中堂比較廣的關係，故可以在「西序」下行殯禮，以此而論可知「廟」的格局確實是大於「寢」。從空間的格局來看，「廟」有較大的空間，所以其東西「堂」能另設「夾」「廂」，而「寢」的空間有限，因此只能單設「堂」，但不論是「堂」或者「夾」「廂」，皆是東西「序」旁的空間，功能也大致相近。

2.「房」「室」之異

所謂「房」「室」者，指的是「廟」「寢」的「中堂」之後的間室，不過因「廟」「寢」的規格有別，所以二者之「房」「室」的格局亦有別，《禮學卮言》曰：「《禮》注，每云人君左右房，大夫、士東房西室，自陳用之《禮書》

〔註85〕 《禮學卮言》，頁 8202。

及李寶之《儀禮釋宮》始援〈聘禮〉『負左房』之文。以爲自天子達於士，皆左右房。然鄭君去古未遠說有師承。《漢書》曰：『家有一堂二內。』一房一室合於二內之謂。」〔註 86〕顨軒此論以爲，鄭玄注《儀禮》已說明天子之室有左右兩「房」，而大夫、士之室爲東「房」西「室」，雖宋代陳祥道的《禮書》與李如圭的《儀禮釋宮》援〈聘禮〉反對之，但鄭氏之說仍較合理，且《漢書》之說大致可信，所以顨軒乃以大夫、士之「寢」室爲東「房」西「室」。不過其又認爲大夫、士之「廟」和「寢」並不同制，反而與天子之「廟」同制，皆是二「房」一「室」，其又曰：

> 顨軒竊疑大夫、士之廟爲左右有房，其寢固東房西室以降其君耳。〈饋食禮〉每言東房又言左房，東以西對，左以右對，以爲廟無兩房者，信不然也。〔註87〕

此論認爲，大夫、士之「廟」亦有左右「房」的設施，如再加上一「室」，則與天子之「廟」同，如〈特牲饋食禮〉和〈少牢饋食禮〉之說，便以爲大夫、士之堂室有「東房」與「左房」，古制東與西相對，而左與右相對，所以大夫、士之堂室實有二「房」一「室」的設施，因上述已經指明大夫、士之「寢」爲一「房」一「室」，所以此二「房」一「室」的堂室便是指大夫、士之「廟」而言。而江永的《鄉黨圖考》亦證明大夫、士之堂室有二「房」一「室」的設施，其在「大夫亦有右房」一條注解曰：「賈氏云：『今不在大夫廟，於正客館，故有左房。』此說未必然。」〔註 88〕江永此論反駁賈公彥之「左房」於客館說法，其認爲「左房」還是指「廟」的「左房」，故很明顯江氏乃贊成大夫、士之「廟」有二「房」一「室」也，其所附之「宗廟制度圖」也是列大夫、士之「廟」爲二「房」一「室」。〔註89〕

　　實際上，認爲「寢廟」是一「房」一「室」者，大致從鄭玄之說，不過鄭氏沒有再深入分辨「廟」「寢」之異，亦沒有附圖解說，難免有交待不清之處。而認爲「寢廟」是二「房」一「室」者，則以宋代李如圭爲代表，而清儒亦贊同此說，如江永的《鄉黨圖考》、張惠言的《儀禮圖》皆主此說，且都有附圖說明，故二人的說法實比鄭玄詳盡，但可惜的是江、張二氏亦沒有說

〔註86〕《禮學巵言》，頁 8197。
〔註87〕《禮學巵言》，頁 8197。
〔註88〕《鄉黨圖考》，頁 784。
〔註89〕此圖附於江永：《鄉黨圖考》一書。見《鄉黨圖考》，收入《四庫全書》，第二一〇冊，頁 725。

明「寢」「廟」二制之異，以致有部分的論點無法與經傳吻合。而顨軒之辨別「寢廟」則相當仔細，除了分辨「廟」「寢」爲二外，對「廟」制與「寢」制亦作了詳盡的附圖，對於鄭玄與李如圭交代不清之處又能提出質疑，故從考證的立場來說，顨軒之觀點顯然可爲古「宮室」制度的重要參考了。

3.「闈門」之異

所謂「闈門」指的是宮殿後面或側邊的小門，鄭玄曰：「闈，宮中之巷門。」〔註90〕可知「闈門」並不接大街道，而是連接後巷或者側巷之門。而在某些集會或典禮，闈門是身份較不重要的人士進出的通道，或者參加典禮的諸侯家眷或婦女也有走闈門的通例，如《禮記・雜記》云：「夫人至，入自闈門，升自側階。」〔註91〕〈雜記〉便以爲君夫人回娘家奔喪不能由大門，而是必須通過「闈門」進入宮室。所以「闈門」之制無異是「廟」門和「寢」門。

再從《禮學卮言》的附圖來看，顨軒於「廟」內北面列有「闈門」，其說法與鄭玄有所不同，鄭玄以爲「闈門」是設在東北牆上，但顨軒則曰：「〈雜記〉：『夫人奔喪入闈門，升側階。』意側階與闈門相直也。」〔註92〕此論乃引〈雜記〉之語，證明夫人奔喪時經由闈門而直階由北階爲入「寢」，所以「闈門」便是在北面與北階相對。而顨軒認爲「寢」門外還有另一「闈門」，是設於寢門外之西（但顨軒之圖並無列出），也就是由大門之外通往寢門的門戶，其曰：「寢門外，大門內之庭，乃卿大夫所謂私朝也。寢門外之西亦有闈門。女賓出入由闈門不由大門。」〔註93〕其以爲「寢」門之外與大門之內還有一處內庭，內庭就是卿大夫「私朝」之地，而內庭的西邊即有「闈門」，女賓出去都是由「闈門」而不從大門。顨軒此說大致能合於〈雜記〉，也說明「廟」「寢」的「闈門」有北、西之異。但假使以整個「廟寢」的設施而論，「廟」「寢」之「闈門」實可共用，李如圭《儀禮釋宮》云：「宮南鄉，而廟居左，廟在寢東也……寢廟之大門，一曰外門，其北蓋直寢，……凡既入外門，其向廟也，皆曲而東行，又曲而北。」〔註94〕李氏所謂「廟在寢東」，可知「廟」

〔註90〕《周禮注疏》，頁213。
〔註91〕《禮記正義》，頁750。
〔註92〕《禮學卮言》，頁8201。
〔註93〕《禮學卮言》，頁8201。
〔註94〕李如圭：《儀禮釋宮》，收入《叢書集成簡編》（台北：商務印書館，1966年），頁1。

與「寢」是合併在一起的，中間隔有一牆，牆設有閤門可以相通出入，而「廟
寢」則有共同的大門，稱爲外門，外門是面向於「寢」，所以如果要到「廟」，
就必須先入外門，向東通過閤門後直達廟前，再北向由廟門進入。從上述可
發現，「廟」「寢」雖是二所，但有共同的宮牆且某些設施也是共用的，如外
門便是「廟」「寢」的共同的大門，所以「閤門」雖是「廟」北「寢」西，但
還是可以經由閤門而相出入。因此由巽軒之說，再佐證於李如圭之言可以知
道，「閤門」於「廟」「寢」的位置有異，但因爲「廟」「寢」是緊鄰且相通的，
所以「閤門」之制，乃可成爲「廟」「寢」共同使用的小門。

（二）論「禮服」

「禮服」屬於古代典制之一，舉凡各種典禮、集會相關的服飾冠冕皆可
稱爲「禮服」，其功能大致是用來表現典制的隆重，而與會者也會藉服飾的繁
華來突顯其地位與體面。周代爲了掌管天子的禮服又設有「司服」一職，《周
禮》言：「司服掌王之吉凶衣服，辨其名物，與其用事。」〔註95〕「司服」除
了掌管君王的服飾外，亦安排君王於適當場合的穿著，故可知與「禮服」相
關的細節實是典制的重要一環。至於巽軒之論「禮服」，乃是由服飾的裝扮切
入，再配合典制的論述，最後則指出「禮服」與古禮之聯繫，如下。

1. 大裘而冕

所謂「大裘而冕」是《周禮》認爲「禘」祭時的服裝，「禘」是最高之祭
禮，故「大裘而冕」即是等級最高的「禮服」，其曰：「王之吉服，祀昊天上
帝則服大裘而冕，祀五帝亦如之。」〔註96〕其書以爲「大裘而冕」是君王祭
上帝或五帝時的穿著，祭上帝即所謂「禘」祭，祭五帝則是「郊」祭。其中
「大裘」爲白狐皮毛或黑羊皮毛所作的衣服，通常是俱身份地位的天子或國
君才能穿著；「冕」則是指天子、諸侯等貴族的禮冠，二者的裝扮皆相當華貴。
《周禮》又云：「節服氏掌祭祀朝覲，……郊祀，裘冕二人。」〔註97〕所謂「節
服氏」的官，其職責是掌管天子祭祀朝覲時所需的「禮服」，而郊祀之禮，則
有負責裘冕的官員共二人。而鄭眾亦以爲：「大裘，黑羔裘服以祀天示質。」
〔註98〕所以大裘的功能即是祭天之服。故從上述之說法可知，「大裘」與「冕」

〔註95〕《周禮注疏》，頁323。
〔註96〕《周禮注疏》，頁323。
〔註97〕《周禮注疏》，頁475。
〔註98〕《周禮注疏》，頁107。

皆爲「禘」「郊」之祭所必需的「禮服」也。

然而，巽軒卻認爲服「大裘」與「冕」雖是「禘」祭時穿的「禮服」，但因「禘」祭在祭禮中有其特殊的地位，所以「大裘而冕」的打扮並非是華麗高貴，而是簡單質樸即可，《禮學卮言》曰：「所謂禘也，掃地而祭，器用陶匏，……皆尙潔質，報本反始，其服宜稱之。」〔註99〕巽軒此論及「禘」祭的本位必須是簡單而質樸的，因「禘」的對象是「昊天上帝」，一般視之爲宇宙萬物的本始，所以行「禘」禮時的原則即是以「報本反始」爲重，故在服飾上則要求「質潔」。所謂「質潔」就是簡單整潔，「大裘」照鄭玄〈覲禮注〉之說乃是天子之最上服，樣式必然華麗而高貴，華麗的服飾如此當然不能符合「禘」祭「質潔」的要求了〔註100〕。那「禘」所穿之「禮服」該是爲何呢？巽軒又曰：「是故黑羔之裘，襲玄衣而不裼以充美也，冕無繁露敬之至也。」〔註101〕其以爲「禘」祭者的穿著，內雖穿黑羊皮的大裘，但外則須以玄衣覆蓋，並且不能敞開以表現樸素，而冠冕也不能有垂珠以表現誠敬，一切要作到冠冕沒有修飾，玄衣也沒有華麗的文彩，此便是《禮記・玉藻》所云：「服之襲，充美也。」〔註102〕也就是在嚴肅的祭祀場合需要以「襲」衣加以掩飾文采。而〈玉藻〉又曰：「大裘不裼。」〔註103〕亦認爲大裘於祭天是不需要敞開的。所以《周禮》雖認爲穿大裘是天子祭祀的服飾，但對於最高的「禘」祭則是要有所收斂，即使是穿在內層也要以玄衣加以掩蓋，以表視對「禘」祭的謙卑態度。

2. 袞　衣

所謂「袞衣」就是畫有龍圖案的卷衣，是天子或者王公的袍服，而《周禮》曰：「享先王則袞冕。」〔註104〕所以「袞衣」也是祭祀先王的禮服之一。至於「袞衣」的圖樣，鄭玄曰：「欲觀古人之象，日、月、星辰、山、龍、華蟲、作繢，宗彝、藻、火、粉米、黼、黻絺繡，此古天子冕服十二章。……王者相變至周，而以日月星辰畫於旌旗。所謂三辰旂旗，昭其明也。而冕服

〔註99〕《禮學卮言》，頁8209。

〔註100〕鄭玄曰：「天子六服，大裘爲上。」可見大裘乃爲天子最隆重華貴之服。見《儀禮注疏》，頁324。

〔註101〕《禮學卮言》，頁8209。

〔註102〕《禮記正義》，頁559。

〔註103〕《禮記正義》，頁567。

〔註104〕《周禮注疏》，頁323。

九章。」〔註105〕鄭玄以爲「袞衣」上是必須有文采裝飾，上古帝王之服有十二種圖樣，依序是日月、星辰、山、龍、華蟲、作繢，宗彝、藻、火、粉米、黼、黻等，到了周代服制有了變化，周天子把日月、星辰移到旗幟上，而以龍爲首章。因此鄭氏便以爲周代的「袞衣」只有九章而已。

　　然犂軒則反對鄭玄以龍爲首章之說，認爲其說並無根據，其曰：「鄭君乃以卷象龍首卷，然遂升龍以爲九章之首，……犂軒疑焉。……荀子周人，而其書曰：『天子山冕。』則袞冕首山，不首龍矣。」〔註106〕犂軒懷疑，鄭玄視龍章爲袞衣首章實是錯誤，因《荀子》曾記載，周天子的冠冕是畫上「山」章的，而山是在龍之前，故把龍視爲首章實是一大問題。犂軒於此把重點投注在荀子爲周人而論，其以爲荀子可以親眼所見當時的周代禮制，所以『天子山冕』無異就是最好的第一手資料。

　　而凌廷堪的《禮經釋例》也贊同天子之「袞」非九章，其曰：「公之服，自袞冕而下如王，則不服日月星辰可知。經文謂自袞冕而下，則袞服而上之章，非日月、星辰而何？王服十二章明矣。」〔註107〕凌氏此說引《周禮》之說，認爲公之袞服實與王同，也是服有龍的章紋，但是王的地位明明高於公，所以王必然是要增加日月、星辰的章紋了。《禮記》之〈郊特牲〉亦云：「祭之日，王披袞以象天。」〔註108〕〈郊特牲〉以爲，在祭日那天王要披上「袞衣」以象天。所謂「象天」就是要仿傚天，而天有日月、星辰，因此要有天象的威嚴，則袞袍自然要畫上天才有的日月、星辰了。從上述而論，犂軒之懷疑實有其根據，且處在戰國時期又是周國人的荀子，其眼界、環境之所及應是比漢末鄭玄更爲廣泛才是，而鄭說在經傳上則是無例可循，又無法說明周制轉十二章爲九章的依據爲何？因此可知，犂軒此論大致能糾正鄭氏之誤，並證明周代制度的一些原則，故有相當的參考價值。

（三）論「尺規」

　　「尺規」的制度與古代農業有密切的關係，因爲田畝的方位、面積皆需要一個標準的度量衡加以丈量，而田畝的計算則與國家的土地相關，《禮記·

〔註105〕《周禮注疏》，頁323。
〔註106〕《禮學卮言》，頁8210。
〔註107〕凌廷堪：《禮經釋例》，收入《續修四庫全書》（上海：上海古籍出版社，1995年），第九十冊，頁250。
〔註108〕《禮記正義》，頁499。

王制》所謂：「量地以制邑，度地以居民。」〔註109〕可知精確的測量，實與土地的形勢、城邑的建造密不可分。而「尺規」亦有大小規格之分，如「里」、「步」、「尺」、「寸」、「分」等皆是度量的單位，且各單位都有公定的換算方法，但是因為時代與地方流傳上的變異，亦造成不同規格的現象。如「步」與「尺」、「寸」的換算就有數種之多，《史記・秦始皇本紀》載：「六尺為步。」〔註110〕可知秦制的一「步」就是六「尺」，此為秦人迷信陰陽之說而改制，又《禮記・王制》云：「古者以周尺八尺為步，今以周尺六尺四寸為步。」〔註111〕〈王制〉是漢人之傳，故可知周人乃是以「八尺為步」，漢人則以周制的「六尺四寸為步」，所以周制與漢制的「尺」、「寸」實相同，而「步」實相異。

至於巽軒論「尺規」則有獨特之見解，其乃以文字學與算學的立場進行考證，再進而分析「步」在古制上的換算方法，《禮學卮言》曰：「〈考工記〉曰：『六尺有六寸，與步相中也。』〈王制〉曰：『今以周六尺四寸為步。』篆文四六字相似，此四寸亦六寸之誤也。」〔註112〕巽軒以為，〈王制〉所載的「周六尺四寸」為「步」之說實是錯誤，因從篆文的四六二字來看，其形狀極為相似，只有一劃之差異，故〈王制〉的四乃為六之訛誤也。且〈考工記〉亦有所謂「六尺有六寸」之說，故一步為六尺六寸才是正確的說法。巽軒此論大致是從文字的角度來進行釐清，以為形體是造成理解失誤的原因，不過因為古文字形體相近的例子很多，所以巽軒又舉了單位換算的例子加以旁證，其曰：

> 古者百里，當今百二十一里六十步四尺二寸二分。三百步為里，計八尺之步，百里凡二十四萬尺，以六尺六寸之步除之，適得百二十一里餘六十三步四尺二寸大數相符。若以六尺四寸為步，則較古步正少五分之一。〔註113〕

巽軒此論以為，古制是一「步」八尺，一里三百步，故一百里便等於二十四萬尺。如果以〈王制〉一「步」六尺四寸來除二十四萬尺，所得為一百二十五里反而與〈王制〉的「百二十一里六十步四尺二寸二分」之說相矛盾，但

〔註109〕《禮記正義》，頁 248。

〔註110〕《史記》，收入《百衲本二十五史》（杭州：浙江古籍出版社，1998 年），第一冊，頁 27。

〔註111〕《禮記正義》，頁 268。

〔註112〕《禮學卮言》，頁 8228。

〔註113〕《禮學卮言》，頁 8228。

如果以六尺六寸來除，則所得正好與〈王制〉之說相合，故漢制一「尺」即是六尺六寸無疑，此說也同時證明〈考工記〉之說是正確的。事實上鄭玄亦曾對〈王制〉的說法提出質疑，其〈王制注〉曰：「周尺之數，未詳聞也。按禮，周猶以十寸為尺，六國時多變亂法度，或言周尺八寸則步，更為八八六十四寸，以此計之，古者百畝當今百五十六畝二十五步，古者百里當今百二十五里。」〔註114〕鄭玄頗懷疑周代尺寸的算法，其認為一「步」換算成六十四寸乃是經過戰國人所變更而得，假使執意按照此算法，古者百里今則為一百二十五里，與〈王制〉的「百二十一里六十步四尺二寸二分」之說亦不合。從上述可知，因為今古制的不同調，於是單位換算的誤差問題便屢屢出現，因此「尺規」之考證更顯出其重要性。至於𪅃軒能以算學深考之，又能解釋古人對文字理解之訛誤，已相當接近實證科學的作法，故實有值得留意之處。

（五）論「兵制」

　　𪅃軒之論「兵制」首考之以兵「乘」。所謂「乘」就是計算車輛的單位，一「乘」即為一輛兵車，〈明堂位〉云：「封周公於曲阜地方七百里，革車千乘。」〔註115〕這是說周成王封周公於魯國百里之地，並且准許其擁有革車千輛，因此「乘」便是車輛的計量單位。不過因為經傳的記載多有出入，所以眾說紛紜，或有以為「乘」者，是計算地方出兵之法，而非指三軍車輛之數，邢昺曾解釋過這種分歧的說法，其曰：

> 《司馬法》兵車一乘，甲士三人，步卒七十二人，計千乘有七萬五
> 千人，則是六軍矣。〈明堂位〉云：「封周公於曲阜地方七百里，革
> 車千乘。」……〈閟宮〉云：「公徒三萬」者，謂鄉之所出，非千乘
> 之眾也。千乘者自謂計地出兵，非彼三軍之車也。二者不同故數不
> 相合，所以必有二法者。〔註116〕

邢昺引《司馬法》以為，一「乘」是由七十五人所負責，所以千乘之國便是可以出動七萬五千人的大國〔註117〕。而〈明堂位〉也說魯國擁有千輛的兵車，

〔註114〕《周禮注疏》，頁 268。
〔註115〕《禮記正義》，頁 577。
〔註116〕《論語注疏》，頁 6。
〔註117〕邢昺所引乃為佚文，今本《司馬法》並無此段。《漢書・藝文志》載《司馬法》
　　　　共一百五十五篇，然今本只有五篇，可見《司馬法》亡佚情況相當嚴重。

故《司馬法》、〈明堂位〉皆以爲兵制上的「乘」是計量兵車之數。但邢昺又指出《詩經·閟宮》有不同調的說法，〈閟宮〉說魯國只有三萬兵力，如照司馬法七十五人一乘之說，則魯國根本無有千乘的實力，所以「乘」其實只是「計地出兵」之法，周人是以「乘」爲單位，計算各鄉出兵的人數。會造成這兩種說法之異，完全是計量方法的不同所致。

至於顨軒之論「乘」，則是有二個要點，一是視「乘」爲車輛的量詞，二是認爲「乘」與兵員之數相關，此兩點大致可統合諸經傳之說，但與《司馬法》則有異，《禮學卮言》曰：

古者，車戰，故賦輿之法以乘爲主。而《周禮》萬二千五百人爲軍，不言其車數。以《詩》考之，軍蓋五百乘，乘蓋二十五人。天子六軍而〈采芑〉之〈雅〉曰：「某車三千。」魯僖公時二軍，而〈閟宮〉之〈頌〉曰：「公車千乘。」五百乘爲軍是其明證。〔註118〕

顨軒以爲，車乘在古代便是用在戰爭，所以計算兵車的計算方法就是以「乘」爲量詞，而《周禮》雖然指明一「軍」爲一萬二千五百人，卻沒有提到數量，但從〈采芑〉、〈閟宮〉二詩可知，一「軍」的車數爲五百「乘」，一「乘」便是二十五人。顨軒此說實與《司馬法》之說有異，但卻是比《司馬法》一「乘」七十五人要更爲合理。至於顨軒之理由則以周制爲準，其曰：「周法五人爲伍，五伍爲兩，兩之言輛也。二十五人而車一輛，百乘成師則二千五百人，五百乘成軍則萬二千五百人。」〔註119〕所謂「五人爲伍，五伍爲兩」是出於《周禮》之〈小司徒〉，因此可知周制便是以爲二十五人管理一輛兵車，而一萬二千五百人便是有五百乘的數目，且上述〈明堂位〉就說明魯國有千乘兵車的數目，能出千輛兵車便有近二萬五千的兵員，此數目與〈閟宮〉「公徒三萬」之說也較爲接近，說明魯國可以動員的兵力乃在二「軍」左右，魯國是七百里之國，可以出動二「軍」大致可信，故顨軒推二十五人爲一「乘」之說頗爲合理。

至於《司馬法》之說仍有很大的疑問，畢竟能出六軍共七萬五千人的大國卻只有千乘是否有過於弱小之嫌呢？且《孟子》中就有「萬乘之國」的說法，假使依《司馬法》的論點，則「萬乘之國」的兵員不就要有七十五萬之多？此數量在春秋或者戰國的諸侯國中皆無有能及者，因此《司馬法》的說

〔註118〕《禮學卮言》，頁8208。
〔註119〕《禮學卮言》，頁8208。

法實頗有疑問。《司馬法》的問題，南宋的朱子也曾討論過，《朱子語類》言：「問：『司馬法車乘士徒之數，與周禮不同，如何？』曰：『古制不明，皆不可考，此只見於鄭氏注。』……曰：『或以周禮乃常數，司馬法乃調發時數，是否？』曰：『不通處，如何硬要通？不須恁思量，枉費心力。』」〔註120〕朱子以為論《司馬法》之「乘」者首見於鄭玄注，且因古制的年代太過久遠，《司馬法》亦不能解釋清楚，所以如硬要去思量《司馬法》之說，無異就是枉費心力了。

　　從上述而論，諸經傳中皆無同於《司馬法》者，且其數量的說法過於不合理，因此實不可信。至於㣲軒除了能釐清數量的問題，又能統合眾說，故其解釋比他說又更為精密。

〔註120〕《朱子語類》，收入《朱子全書》（上海：上海古籍出版社，2004 年），第三十七冊，頁 2928。

第五章　孔廣森的公羊學思想

第一節　《春秋公羊通義》的禮學思想與政治觀

　　《春秋公羊通義》之思想主要是爲《春秋》經傳而發微，在體例上，大致能遵循《春秋》內容廣博，與《公羊傳》好說義不重事的特色。至於其說法或有異於漢代之公羊家派，然集諸經傳爲註解則是一長，而其提煉《春秋》經傳的禮學、政治思想，實有豐富之論述〔註1〕。而《春秋公羊通義》的另一層面則是欲修正何休之失，並論述其可觀處，以爲可以藉此書發揚公羊學優良的傳統，及導正公羊家法過多的揣測附會之論，《春秋公羊通義·序》曰：「《解詁》體大思精，詞義奧衍，亦時有承訛率臆，未成醇會傳意，……輒因原注，存其精粹，刪其支離，破其拘窒，增其隱漏。」〔註2〕故巽軒重視何休之注，並保留其精粹說法，但又嚴格審視其說，所以對於何休之《公羊解詁》顯然是有褒有貶，對其辭例有繼承亦有勘誤。此書爲巽軒三十歲辭官後之作品，是集其公羊學、三禮學、考據學等思想的著作，曾自言：「冀備一家之言。」〔註3〕可見此書亦爲其開拓學術理想的大作。

〔註1〕　《春秋繁露·玉英第四》曰：「《春秋》之道，博而要，詳而反一也。」此以
　　　　爲《春秋》之義理，博要而精詳，且原則一致。可知《春秋》的內容廣博，
　　　　對於禮制、政事、戰事、時節、天象、災異等事，皆無所不載。見《春秋繁
　　　　露》，收入《叢書集成初編》之《畿輔叢書》（北京：中華書局，1991 年），第
　　　　一函，第一冊，卷三，頁 6。
〔註2〕　《春秋公羊通義·序》，收入《皇清經解》（台北：復興書局，1961 年），頁
　　　　8194。
〔註3〕　《春秋公羊通義·序》，頁 8194。

本文乃從《春秋公羊通義》的立場析之，有四個要點。一是論「變禮」思想，此針對《春秋》與《公羊傳》特殊的禮例而說；二是論述華夷之辨與「大一統」思想，《春秋》本有「尊王攘夷」的立場，故辨別周王室、諸夏、夷狄的名份，成為一大課題，而其中的關鍵在於禮。此外，董、何的「王魯」說與「大一統」思想代表漢代公羊家學，然說法過於附會，且多有不合理處，故給予辯駁；三是論及戰爭的合理性，由《春秋》所記載的史事來看，戰爭特別受到重視，但不合理的戰爭輕則勞民傷財，重則造成侯國的覆滅，故《春秋》經傳給予的嚴格批判，頗可留意之；四是論及「三世」說，《春秋公羊通義》是在董仲舒、何休之基礎上加以修正，其觀點雖與漢儒不同，然大致是以《公羊傳》的立場抒發，特點是能徵於文獻，而少有附會之說，對於清代公羊思想具特殊的意義，至於董、何二家雖代表千年公羊家法的根本理論，但其說法仍有議論的空間，本文乃以黑格爾的「歷史哲學」方法檢討之，最後另比較晚清公羊後學之「三世說」，論述如下。

一、《春秋公羊通義》的「變禮」思想

《春秋公羊通義》對禮學相當重視，以為《春秋》所體現的儀文與禮制對經傳有一定的重要性，㢝軒嘗評何休：「不以禮之說，又其不通之一端。」〔註4〕此乃說明㢝軒把禮學視為通曉《春秋》的門戶之一，不能循禮之說，則無法明《春秋》之制。至於《春秋》之論禮，依董仲舒之《春秋繁露》，則不外乎「經禮」與「變禮」二者，「經禮」指的是經常之禮，也就是在正常的情況下所行的禮儀；「變禮」指的是禮數的變例，凡不符合正常情況之禮皆可謂「變禮」，然「經禮」未必就符合人情的需要，而「變禮」也是其不得已行之的情況，故其〈玉英〉篇曰：「《春秋》有經禮，有變禮。為如安性平心者，經禮也；至有於性雖不安，於心雖不平，於道無以易之，此變禮也。……明乎經變之事，然後知輕重之分，可與適權矣。」〔註5〕這是說《春秋》「經禮」、「變禮」之例是以心志為徵，故行事上則有可為而為之，與不可為而為之的例子。所以能明瞭此二禮之殊異，則有助於權衡《春秋》事件的輕重。然而《春秋》較受注目的仍是「變禮」，而且此類事件往往是違反常俗的，故《春秋》多以為是有過失而特加記載。不過由「變禮」之變仍然

〔註 4〕《春秋公羊通義・序》，頁 8194。
〔註 5〕《春秋繁露・玉英第四》，卷三，頁 3～4。

可以審視「經禮」之常，在二者的相較下更爲容易窺見《春秋》文辭的用意，故對「變禮」之探討頗具有《經》學上的價值。在《春秋公羊通義》中，顨軒乃以《春秋》經傳的「變禮」發揮之，再經由禮學考證的方式處理，而多能得到特殊的見解，本文以三個層面來討論《春秋公羊通義》之「變禮」，如下。

（一）論卜郊爲「非常禮」

禘郊之禮，爲祭祀天地的大禮，古人或以爲是關係社稷命運之大典，故往往都是天子需親臨現場，可知其規模的繁重實非同小可。至於《春秋》中所反應的禘郊之禮，多是魯公擅自的行祭，而魯公爲諸侯而非天子，故可知有非禮的事實。如《春秋》「僖公三十一年。夏，四月，四卜郊不從，乃免牲，郊三望。」《公羊傳》曰：「卜郊非禮也。卜郊何以非禮？魯郊非禮也。魯郊何以非禮，天子祭天，諸侯祭地。」〔註6〕此以爲，魯國爲了行郊禮而占卜四次是違禮的，因唯有天子才能祭天於郊。所以魯公是諸侯，最多只能祭領土內之山川，其行郊祭而占卜，乃有過份僭越之嫌。

董仲舒甚至認爲魯舉行周天子的禘郊之禮，爲《春秋》罪惡產生的隱憂之一，其曰：「魯舞八佾，北祭泰山，郊天祀地，如天子之爲，以此之故，弒君三十二，亡國五十二，細惡不絕之所致也。」〔註7〕董氏於此譴責魯國的僭越本份，並視之爲弒君亡國的前兆。而徐彥則以爲魯國此舉有違反「周公之禮」，是《春秋》七缺之一〔註8〕。不過事實上，《禮記・明堂位》曾載周天子賜魯君行天子之禮的事蹟，其曰：「成王以周公爲有勳勞於天下，……命魯公世世祀周公以天子之禮樂。」〔註9〕此是周天子爲了褒獎周公所給予魯國的特

〔註6〕《公羊注疏》，收入《十三經注疏》（台北：藝文印書館，1981年），頁157。
〔註7〕《春秋繁露，王道第六》，第一冊，卷四，頁7。
〔註8〕所謂「七缺」者，爲《春秋説》所提出，而徐彥加以舉例，其《公羊疏》云：「春秋書有七缺，七缺之義如何，答曰：『七缺者，惠公妃匹不正，隱桓之禍生，是爲夫之道缺也。文姜淫而害夫，爲婦之道缺也。大夫無罪而致戮，爲君之道缺也。臣而害上，爲臣之道缺也。僖五年，晉侯殺其世子申生，襄二十六年，宋公殺其世子痤，殘虐枉殺其子，是爲父之道缺也。文元年，楚世子商臣弒其君髡，襄三十年，蔡世子般弒其君，固是爲子之道缺也。桓八年正月巳卯，蒸。桓十四年八月乙亥，嘗。僖三十一年夏四月，四卜郊不從乃免牲，猶三望六祀，不脩周公之禮缺，是爲七缺也矣。』」所以「七缺」便是夫、婦、君、臣、父、子、禮道之喪亡，爲《春秋》史事載紀人倫義理缺失之例。見《公羊注疏》，頁7～8。
〔註9〕《禮記正義》，收入《十三經注疏》（台北：藝文印書館，1981年），頁157。

勳，可知魯君的僭越天子之禮並非無因。而巽軒則據此加以發揮，認為魯國之卜郊雖是違禮，但為「非常禮」，故仍有討論的餘地，其曰：

> 謹案，《周禮》以冬日至祀昊天上帝於圜丘，配以帝嚳謂之禘，又以夏正正月上辛祈穀於郊，配以后稷謂之郊。郊禘者，有常日，故不卜也。魯不敢效天子日，至事天之事，故用郊禮而擬禘，月轉三卜正與《周禮》殊，康周公得有此祭耳，非常禮也。魯郊雖非禮，成王賜之，魯公受之，有自來矣。非八佾兩觀之比，故不譏。〔註10〕

由《周禮》來看，禘郊之禮皆有一定的祭祀的對象、場所與時間，故郊禘不用占卜則相當清楚。因此巽軒以為，魯國的行郊禮並非是完全逾越，西周時成王賜天子之禮早有明文，只是魯國不敢一味效仿周王室之禮，更避免與周天子行禘郊同日，所以才於禘郊前占卜祭日，此即是魯公以「變通」之法來行郊禘之禮。這與魯公行八佾舞、蓋兩觀城樓的天子之制仍不可同日而語，所以《春秋》的文辭並沒有譏諷魯公用郊祭。

而何休也認為魯公之卜郊未必沒有理由，此點與巽軒說法乃同調，其曰：「非禮，故卜爾。昔武王既沒，成王幼少，周公居攝，行天子事，制禮作樂，致太平有王功。周公薨，成王以王禮葬之，命魯使郊以彰周公之德，非正，故卜三，卜吉則用之。」〔註11〕所以魯國行郊祭，實有得到周成王的授權，雖然魯公的地位非正當，因此在行禮前便先行占卜，問其吉凶之兆。所以巽軒論卜郊為「非常禮」，而不是完全違禮，乃以為卜郊是經過變通後的行舉，屬於「變禮」一類，雖違反常理，但有不得行而行之的理由，因此並非是不可赦免之大罪，此由《禮記》、何休之說可以證得。

（二）論婚之「變禮」

婚禮是《春秋》常書之禮，為了因應特殊事件，《春秋》之載婚禮也有「經禮」與「變禮」之例，如董仲舒云：「昏禮不稱主人，經禮也；辭窮無稱，稱主人，變禮也。」〔註12〕這是說婚禮的過程本不能以當事人的身份去進行，而是必須透過層層的關係才是常理，至於以當事人身份進行之婚禮，即是發生變故之婚禮。董氏此說正反應了古代婚制的隆重與複雜，當事人雖不出面且不以本人身份親自去交涉，此是顧及到男女有別的保守禮制，〈士婚

〔註10〕 《春秋公羊通義》，頁8110。
〔註11〕 《公羊注疏》，頁157。
〔註12〕 《春秋繁露·玉英第四》，第一冊，卷三，頁3。

禮〉所謂：「成男女之別，而立夫婦之義。」〔註13〕這在在說明了人倫的制度與規矩，是有相當程度的深植於社會階層中，何休也說「婚禮不稱主人」是「養廉遠恥」，此表明婚姻重視男女之別，伸張男女之防，是婚禮得以成禮的基礎。〔註14〕

　　所以如《儀禮》所列出的六個婚嫁程序，即納采、問名、納吉、納徵、請期、親迎等，除了親迎之外無一不是經中間人所完成，而非當事人所能過問了。不過春秋亦曾發生各種特例，促使婚禮無法照正常的禮數完成，或有大夫為一己之好而越境娶親，或有諸侯不親迎的，故違禮之事件，史筆皆譏諷之，但其中亦有雖違禮但不失人情之例，此即是《春秋》婚禮的「變禮」。

　　如《春秋》「隱公二年，九月」，《公羊傳》曰：「宋公使公孫壽來納幣，則其稱主人何？辭窮也。辭窮者何？無母也？」〔註15〕此為宋公命臣子來下聘之事，《公羊傳》則認為宋公以本人的名義來下聘是違禮，因婚姻本需要父母之命，無父母之命而私自下聘，終造成辭窮。何休則以為：「禮有母，母當命諸父兄師友，稱諸父兄師友以行，宋公無母莫使命之，辭窮故自命之。」〔註16〕何說認為，即使宋公沒有父母在，還是可以請諸父兄師友作主，而不得以己命私自下聘。故何氏此說實有貶宋公之意，於禮制而論大致是得體的。

　　然㦡軒則認為其中有人情的不得已處，故此事可視之為「變禮」，所以並不贊同何休的說法，且以為《公羊傳》雖寫出其事但最終並沒有譏諷，故仍有很多可討論之處，《春秋公羊通義》曰：

　　　　何邵公以為有母，母當命諸父兄師友，稱諸父兄師友命以行。若然
　　　　宋公無母，猶有諸父兄師友。……昏，《禮》記云：『宗子無父母命
　　　　之，親皆沒，已躬命之。』以宗子之尊尚不稱父兄，況諸侯乎！其
　　　　稱父兄師友，謂大夫以下非宗子者耳。〔註17〕

此論以為，何休議論此事時，則沒有考慮到諸侯的母親已亡之例。所以依孔穎達之說，以為宋公既是國君，則「諸父兄師友」即是他的臣子，當然不能命其君主，且〈士昏禮〉亦以為宗子父母過逝後，宗子是可以自己決定婚事

〔註13〕　《儀禮注疏》，收入《十三經注疏》，頁 1000。
〔註14〕　《公羊注疏》，頁 25。
〔註15〕　《公羊注疏》，頁 25。
〔註16〕　《公羊注疏》，頁 25。
〔註17〕　《公羊春秋通義》，頁 8048。

－141－

的。從上述來看，何說明顯過份注重禮制的規定，而忽視了《春秋》重人情的宗旨，其論述實缺乏彈性而無法有效處理特殊之變例。

清儒淩曙也以為宋公能合於人情，其曰：「《白虎通》：『人君及宗子無父母，自定娶者。』卑不主尊，賤不主貴，故自定之也。」〔註18〕淩氏引《白虎通》之說，認為君主或者宗子無父母，可以自己決定娶妻之事，因宗子的身份為尊，尊不受命於卑，所以可以不用聽命於「諸父兄師友」。因此從《春秋》正常之例來看，宋公此舉的確是違禮，因為婚禮本需從父母之命。然《公羊傳》最終未對此事加以諷刺，而是直書其事以表其殊，董仲舒則云：「於傳聞，殺其恩，與情俱也。」〔註19〕這是說所傳聞之世，《春秋》較不看重恩情，論述通常都只符合情理，此說法也證明了顨軒之論點實不違《春秋》之大意。所以宋公此事雖失禮而存人情，並不違《春秋》論事「重志」的大義，故可視為《春秋》「變禮」之例。

（三）論「去樂卒事」之得禮

所謂「去樂卒事」指的是停樂而完禮。禮儀在進行當中，會因某大事停止奏樂，然音樂雖停奏，典禮仍繼續舉行。從禮儀的立場來看，無樂伴奏的典禮本為不成禮，如鄭玄云：「禮成樂備，乃可以言先王禮樂之道。」〔註20〕所以禮與樂有相輔相成的功能。不能「禮成樂備」則有失先王禮樂之道，因此從禮制來說，行禮無樂實不成禮。但假使遇到有人情之大變時，正在行禮的儀式是否該判為違禮仍可再討論之，所以依董仲舒論《春秋》重心志的意向，所謂「去樂卒事」實有其深層的意義。

《春秋》「昭公十五年，二月，癸酉，有事于武宮，籥入，叔弓卒，去樂卒事。」《公羊傳》曰：「其言去樂卒事何？禮也。君有事于廟，聞大夫之喪去樂，卒事。」〔註21〕此記載魯國大夫叔弓死亡，而魯公本在宗廟行祭，持樂者已進入宗廟，魯公聽到厄訊後，便停止奏樂，卻繼續行禮之事。《公羊傳》評此事則以為是合於禮的，當祭祀在進行中又剛好聞大夫之喪，可以去樂表示哀悼，也可以完成典禮。而顨軒，其云：

〔註18〕 淩曙：《春秋公羊禮疏》，收入《續修四庫全書》（上海：上海古籍出版社，1995年），第一二九冊，頁344。

〔註19〕 《春秋繁露‧楚莊王第一》，第一冊，卷一，頁5。

〔註20〕 《儀禮注疏》，頁151。

〔註21〕 《公羊注疏》，頁289。

> 去樂者，哀也。卒事者，君事重也。《穀梁》傳曰：「君在祭樂之中，
> 大夫有變以聞可乎？大夫國體也。古之人重死，君命無所不通。」……
> 經言有事，不舉祭名者，略爲變禮。〔註22〕

此論以爲，在祭禮當中，去樂是因爲要表現哀痛之情，要完成典禮則是因爲
此典禮爲國家大事所以不可廢，所以《春秋》載此「去樂卒事」，卻不載魯公
所祭何事，明顯是以隱約的言辭來敘述此事，故可視爲「變禮」。《穀梁》也
認爲古人重視喪事，而大夫是國家之棟梁，故在重要的祭典之中，可以發佈
大夫死亡的消息。而清儒凌曙則引《宋書》以爲「去樂卒事」雖廢樂但爲吉
祭，可以視爲祭禮上的特殊事件。〔註23〕

　　綜而論之，上述的重點有二，一是從人情而論，大夫之死可謂國家的大
喪，但因重大禮儀也不能偏廢，所以採「去樂卒事」折衷的方法；二是大夫
對國家有相當的重要性，故可以在大祭典中發佈死訊，所以國君爲大夫「去
樂卒事」也是可以理解的。而徐彥《公羊疏》則曰：「叔弓卒，去樂卒事。傳
云：『其言去樂卒事何？禮也。君有事于廟，聞大夫之喪去樂。』注云：『恩
痛不忍舉』。」〔註24〕這是表明「去樂卒事」有人情哀慟的立場在，所以在制
度上雖有違禮之嫌，但並不離於禮，所以《公羊注》也認爲不奏樂是因爲過
於哀慟。故巽軒乃認爲《春秋》先舉出此例，但沒有諷其違禮，而《公羊傳》
也不認爲違禮，故視爲「變禮」之一例可也。

二、華夷之辨與「大一統」思想

（一）華夷之辯

　　華夷之別，《春秋》亦視爲大事，在二百四十二年的行事中，《春秋》乃
多次斥責破壞華夏之防的例子，因此華夷之辨反映了當時華夷間的政治紊
亂，故頗有其特殊意義。

　　所謂「夷」者，在《春秋》的時代，指的是中原東方或者周遭的外族或
諸侯國，其特徵是與華夏諸國異文異制，甚至禮節、習俗皆不相同。而《春
秋》與《公羊傳》對於華夷之辨相當著重，更以爲華夷之防乃華夏民族能否

〔註22〕《春秋公羊通義》，頁 8166。
〔註23〕 其曰：「《宋書‧禮志》，永嘉中，散騎常侍江統議曰：『陽秋之義，去樂卒事』
　　　　 是爲吉祭有廢樂也。」這是說依《春秋》義法，「去樂卒事」雖廢樂但尚爲吉
　　　　 祭。見《春秋公羊禮疏》，頁 419。
〔註24〕《公羊注疏》，頁 195。

興盛的重要因素，因此尊王攘夷之思想便爲《春秋》所稱許，董仲舒亦曰：「桓公救中國，攘夷狄，卒服楚，至爲王者事；晉文再致天子，皆止不誅，善其牧諸侯，奉獻天子，而服周室，春秋予之爲伯，誅意不誅辭之謂也。」〔註25〕這是說齊桓、晉文二公，其雖有逾越臣下之禮，而代行天子之事，但二人能扶持天子，臣服外夷，稱霸中原對華夏有大功，所以《春秋》雖有隱約的諷貶但仍然是稱許他們。

1. 據「地域遠近」以辨華夷

至於華夷之辯，《公羊傳》亦有明文，其論乃關係周王室、華夏諸國與夷狄的地位，《春秋》「成公十五年」一段，《公羊傳》曰：「《春秋》內其國而外諸夏，內諸夏而外夷狄。王者欲一乎天下，曷爲以外內之辭言之，言自近者始也。」〔註26〕這是說《春秋》提出一套內外的方法來辨別華夷，由地域上遠近，先是以本國周王室爲中心，而後再延伸至諸夏，而後夷狄，故王者要一統天下乃是由近而遠也。可知《春秋》之筆，乃以周王室爲尊爲近，其次華夏諸國爲次，而夷狄爲卑爲遠。《周禮・夏官》亦曰：『乃辨九服之邦國，方千里曰：「王畿。」其外方五百里曰：「侯服。」……又其外方五百里曰：「蠻服。」又其外方五百里曰：「夷服。」』〔註27〕這是說由「王畿」而外，每五百里便分爲一服侍周天子的屬國，依遠近親疏而共有九服，蠻夷皆爲外服之一。而巽軒亦以爲：「《解詁》曰：『明當先正京師，乃正諸夏；諸夏正，乃正夷狄，以漸治之。』葉公問政於孔子，孔子曰：『近者悅，遠者來。』……故所聞之世，始內諸夏，所見之世，始治夷狄。」〔註28〕故以京師爲中心，由近而遠，逐次臣服，先正諸夏，諸夏正則夷狄久之自然平服。所以諸夏夷狄之別是可由地域之遠近來分辨的，巽軒特別取何休之論來說明，可知《公羊》學者於此是有所共識的。

2. 據「禮」以辨華夷

然東周以降，華夷的界限卻反而越來越淺微，並非由地域的遠近即可辨別之，近人汪高鑫則曰：「早在上古時期，人們就開始以地域關係來辨別夷夏；春秋戰國時期，隨著華夏與夷狄地緣關係被打破，禮義文化則成了區分

〔註25〕《春秋繁露・王道第六》，卷四，頁10。
〔註26〕《公羊注疏》，頁231。
〔註27〕《周禮注疏》，收入《十三經注疏》（台北：藝文印書館，年），頁501。
〔註28〕《春秋公羊通義》，頁8144。

夷夏的標準。」〔註29〕所以很明顯，原先仍以地域來區分華夷，到了春秋時代已難以分別，而華夏的衰弱，更與夷狄的侵襲和僭越名份有關，因此《春秋》終不得不以禮義文化來規範二者的名位，此乃爲《春秋》刻意抬高中國的禮義文化，而諷貶夷狄的非禮。

《春秋繁露》亦云：「《春秋》之常辭也，不予夷狄，而予中國爲禮。」〔註30〕可知《春秋》之用辭，是視中國爲行禮之邦，而夷狄則爲無禮之國，所以具不具禮，便成爲華夏或者夷狄的根據。《春秋》「昭公二十三年，秋」《公羊傳》載：「戊辰，吳敗頓、胡、沈、蔡、陳、許之師于雞父……此偏戰也。曷爲以詐戰之？辭言之，不與夷狄之主中國也。然則曷爲不使中國主之？中國亦新夷狄也。」〔註31〕這是說不載此戰爲正當，是因爲主伐者是夷狄，而不載華夏諸國爲被伐者，是因爲諸夏都不敬周天子，而去服事楚國，因此亦把他們當作夷狄看待。顨軒於《春秋公羊通義》中亦提出其看法，其曰：

> 時六國之師爲楚伐吳，若偏戰之辭當以吳及六國，是與吳爲主故不可。……陳蔡新受楚封而率小國以附楚。故曰「新夷狄也。」六國爲夷楚役，亦不可與使爲主。〔註32〕

此論乃視受夷之楚國所封的六國爲夷狄，因受楚所使役，等同失禮於正統的周工室，所以《公羊傳》乃視爲「新夷狄」，此很明顯是以禮的有無來分辨華夏夷狄，因諸夏之無禮，故等同於夷狄，此與何休之說顯然不同調。清儒王闓運亦云：「中國者，禮義之國也。……君子不使無禮義制治有禮義。」〔註33〕這是說《春秋》的作者是無法認同以無禮之國來治理有禮之國，所以《春秋》之辭顯然是以禮爲褒貶之依據。

而《春秋》「桓公十五年」，《公羊傳》載「邾婁人、牟人、葛人來朝」一事，何休曰：「桓公行惡，三人俱朝事之。三人爲眾，眾足責，故夷狄之。」〔註34〕何論是說邾婁、牟、葛這三國國君幫助桓公行惡，所以《春秋》才會

〔註29〕 〈論漢代公羊學的夷夏之辨〉，收入《南開學報》（北京：南開大學，2006 年第一期），頁 87。
〔註30〕 《春秋繁露・竹林第三》，卷二，頁 1。
〔註31〕 《公羊注疏》，頁 299。
〔註32〕 《春秋公羊通義》，頁 8169。
〔註33〕 《春秋公羊傳箋》，頁 87。
〔註34〕 《公羊注疏》，頁 66。

貶爲夷狄。但《春秋公羊通論》則以爲是邾婁、牟、葛違禮，所以《春秋》才會貶其爲夷狄，顨軒曰：

> 《解詁》曰：「桓公行惡而三人俱朝事之，三人爲眾，眾足責，故夷
> 狄之。」謹案，此與董生說異。《繁露》曰：「夷狄邾婁人、牟人、
> 葛人爲共天王崩而相朝聘也。」若然襄元年，簡王崩，於時邾婁來
> 朝，營剟交聘，不復夷狄亦貶重，從同之例也。〔註35〕

這是說邾婁人、牟人、葛人三國在天王駕崩時，卻不顧臣子之禮而朝聘，所以列其爲夷狄，而非何氏所說的幫魯公作惡，因此何說並不能完全說明《春秋》貶辭的用意。董仲舒也說：「夷狄邾婁人、牟人、葛人，爲其天王崩而相朝聘也，此其誅也。」〔註36〕董氏以爲此三小國雖列華夏之國，但在周天子駕崩期間還相互朝聘，因此《春秋》視爲夷狄實有其因，故何氏《解詁》不能以違禮解之，乃有忽略之處。從顨軒與董氏之論可知，《春秋》視三小國爲夷狄乃是譏貶之辭，但其中的華夷之防已由地域而延伸到禮教，這也說明了《春秋》之義法，實存有「夷狄不得與中國爲禮」的立場。

從上述的辨華夷之名，可說明幾個現象。一是華夷分別的界限，已非西周時期的明顯，故《春秋》作者乃有以華夏諸國爲夷狄，或者以夷狄爲華夏之國的例子，此雖寄託有《春秋》特意之褒貶，然多少體現了華夏諸國衰微的狀況；二爲警示中國的威名實每下愈況，如周王室的衰弱、華夏諸國被滅等，已非特有事件，而被列爲夷狄的楚、吳、越等國卻逐漸強大，甚至有稱霸中原的能力；三是顯示了華夏諸國的混亂與不守禮。從紀載看，華夏之國有諸多不安份的動亂，如弒君、叛亂、逾禮者屢見不鮮，故《春秋》乃以守「禮」與否爲諷貶的準則。

（二）批評「王魯」之「大一統」思想

《公羊傳》之「內其國而外諸夏，內諸夏而夷狄」說法，明確的表明了「周王室－諸夏－夷狄」由內而外所構成的華夷之別。但漢代公羊家卻不以爲然，或有所謂以「春秋爲新王」之說，這是說春秋有爲新王者變革改制。董仲舒有所謂「王魯」之說，其曰：「故春秋應天作新王之事，時正黑統，王魯，尚黑，絀夏、親周、故宋。」〔註37〕此表明《春秋》之作，應著天道而

〔註35〕《春秋公羊通義》，頁 8069。
〔註36〕《春秋繁露・王道第六》，卷四，頁 11。
〔註37〕《春秋繁露・運國身第二十二》，第二冊，卷七，頁 6。

寄託以魯國爲新王的使命，並親近周制，以殷商爲故國，有改革的現象。但
是，如照董氏之說，「內其國」則是需以「曲阜」爲中心向諸夏延伸，而後夷
狄才得以正治。董氏此說得到何休的應和，並以此和「三世說」結合，終成
爲漢代公羊家學的重要理論。

　　然巽軒則另有看法，首先他反對董氏、何氏「王魯」之論，視「王魯」
爲猥說，其曰：「天子諸侯通稱君。古者諸侯分土而守，分民而治，有不純臣
之義。故名得紀元於其境內。而何邵公猥謂唯王者然後改元立號，經書元年
爲託王於魯，則自蹈所云，反傳違例之失矣。」〔註38〕此說明諸侯亦以元年
爲始，是因諸侯和天子都稱君，因此在自己的國境內可以用紀元來記年，至
於何休以魯國爲新王，全然是落入己意之解釋，說法與《公羊傳》有異。故
說何休「自蹈所云」、「反傳違例」，當然是指責何說過於附會且有誤解傳例之
嫌，這是與《公羊傳》意旨不相吻合的訛說，巽軒乃依此而反對其「王魯」
說明矣。

　　因此按巽軒之說法推測，「內其國」之「國」仍是周王室，以周王室爲中
心，由近而遠向外延伸，才是《春秋》作者之用心。故巽軒以爲《春秋》作
者之用心是表現在爲周王立大法，與建立統一的國家制度，其又曰：

　　　　謹案，此《春秋》爲後王大法建首善，自京師始而四海之內莫敢不
　　　　正。乃若殊方別俗，披之聲教，羈縻弗絕而已。故所聞之世，始內
　　　　諸夏，所見之世，始治夷狄，操之有本，推之有序。〔註39〕

其認爲《春秋》所寄託之意，乃有爲後來的周天子建立治國的方法，畢竟經
過東周的亂世，周王室已失去大部分的權利，故要「一乎天下」仍需有一套
完善的方法，此亦表達了《春秋》作者的治世理想。

　　清代公羊學之先驅莊存與也視周文王爲周代唯一受命之祖，這無異是
承認周王室爲正統，其《春秋正辭》曰：「公羊子曰：『王者孰謂？謂文王
也。』……文王，受命之祖也，成、康以降，繼文王之體者也。……受命必
歸文王，是謂『天道』。」〔註40〕所以如莊氏之言，能代表周代合法政權的，
唯周王室一系無二，故尊周天子才是合於「天道」。莊氏又以爲國家不可有二
王的亂象，這形同排斥了「王魯」說，其引《禮記》曰：「記曰：『天無二

〔註38〕　《春秋公羊通義》，頁 8045。
〔註39〕　《春秋公羊通義》，頁 8114。
〔註40〕　《春秋正辭》，收入《續修四庫全書》（上海：上海古籍出版社，1995 年），第
　　　　一四一冊，卷一，頁 4。

日，土無二君，國無二尊。』」〔註41〕天下既沒有二王，當然唯以周天子爲尊，所以莊氏治《春秋》亦沒有贊同何休的「王魯」說。蘇輿之《春秋繁露義證》以爲：「秦漢之際，言《春秋》者尙無改制之謬說。漢儒泥於陰陽，推迹五運，乃始以是屬入《公羊》耳。」〔註42〕此乃懷疑漢儒改制之說的正當性。清末廖平亦不認同「以春秋爲新王」論，曰：「若今去王魯而主素王，則主王魯者多年積久而悟其非，誠非去僞以存眞。……《春秋》仍以侯禮責魯。」〔註43〕廖氏之「素王」說雖不必完全在意，然其論亦認爲何氏之「王魯」說，多有不符合歷史事實的問題，此視《春秋》的作者仍用侯禮待魯可知。因此從清儒無徵不信的立場看，漢代公羊家的論點是有待檢驗的了。

而《公羊傳》的「一乎天下」，也導出了王者受命之「大一統」理想。所謂「大一統」思想是認爲天下皆歸周天子統領，即使是夷狄也要臣服於周王室之下，故周王室便爲天下之共主，《春秋》「隱公元年」，《公羊傳》曰：「何言乎王正月，大一統也。」徐彥則以爲：「所以書正月者，王者受命制正月以統天下，令萬物無不一一皆奉之以爲始，故言大一統也。」〔註44〕可知《春秋》一開頭就提出「王正月」的說法，其用意實爲正周王之朔，故以周代之曆爲正月，也同時端正周王室之名份，因此顨軒亦云：「以王之政，正諸侯之即位。」〔註45〕此「王」指的是周王室，諸侯則爲魯國也。故董仲舒、何休雖以「春秋爲新王」，視《公羊傳》有寄託魯取代周的政治理想。然從《春秋》或者《公羊傳》的文字上看，以周王之朔爲正月，實已表明於篇首，此種年、月、日的載紀被《春秋》視爲天道行諸於世的論點之一，是身爲諸夏之魯國所不能動搖的常道。

故顨軒又云：「王者復起，推明《春秋》之意，以治天下，則亦君子之所樂也。」〔註46〕其論乃把《春秋》視爲王者再起而統治天下的重要依據，是《春秋》作者的刻意之作，「王者復起」之說也證明，顨軒視《春秋》作者仍是把治世理想寄託於周王室的。所以從目的而言，《春秋》的用意非常清楚，

〔註41〕《春秋正辭》，卷一，頁5。
〔註42〕《春秋繁露義證》，收入《續修四庫全書》（上海：上海古籍出版社，1995年），第一五〇冊，頁536。
〔註43〕《何氏公羊解詁三十論》，收入《續修四庫全書》（上海：上海古籍出版社，1995年），第一三一冊，頁355。
〔註44〕《公羊注疏》，頁9。
〔註45〕《春秋公羊通義》，頁8045。
〔註46〕《春秋公羊通義》，頁8188。

其非但能為周王室端正地位、正朔，更欲為復起的周王室建立治國方法，然並非是以魯國為新王亦可知。從此處看，撝軒之解《春秋》，少有以己意附會的現象，在解說上能遵循經傳文辭，至於董仲舒、何休之論雖自設有一應和改制的「王魯」說，以為是公羊家一脈相承之思想，但在嚴格檢視下卻明顯違離經傳，故顯然非《春秋》經傳所本有的核心理論了。

三、強調戰爭的合理性

　　《春秋》是反對戰爭的，其文字的載記雖無任何反戰的意思，然其義法則處處表明對戰爭的厭惡，如董仲舒所言：「戰伐之事，後者主先，苟不惡，何為使起之者居下，是其惡戰伐之辭已！」〔註47〕董氏以為《春秋》之記戰爭，把發動戰爭的國家記在後，而受侵略的國家記於前，這便是有諷貶對戰爭主動國家的意味。但是，身為魯史的《春秋》仍無法避免紀載頻繁的戰爭事件，所以《春秋》便特意強調戰爭的合理性，因為不合理的戰爭便是好戰的惡例，與《春秋》主旨相違的。本文乃從《春秋公羊通義》的二個論點析之，一為反對師出無名之戰，此點乃針對《春秋》中好戰、好殺的君主或武將而發，其中能承接《公羊傳》之說，而評論其褒貶之意；二是贊許仁義好禮之師，以為其臨危而不失禮節，戰勝而不好殺，故有上古敦厚之風氣，述略如下。

（一）反對師出無名之戰

　　對於發動戰爭的正統性，《公羊傳》相當的留意，如是非戰而戰者，必定譴責之，撝軒對於師出無名之戰亦頗有譏貶，以為是好殺者之舉，如《春秋》「隱公二年，春」一段，《公羊傳》載曰：「無駭帥師入極，無駭者何？展無駭也。何以不氏，貶，曷為貶？疾始滅也。始滅，昉於此乎？前此矣，前此則曷為始乎此？託始焉爾。曷為託始焉爾？春秋之始也？此滅也。其言入何？內大惡，諱也。」〔註48〕此是貶損魯卿大夫無駭之論，《公羊傳》於此未論其姓屬，乃有貶低之意。而對於魯國所發動的戰爭，《公羊傳》則是用「入」的字眼諷貶之，以為魯國此次所發動的戰爭有相當的不合理性。

　　《春秋公羊通義》大致是承此譏貶之論點而抒發，且特別針對人，其曰：「貶者，黜也。《春秋》託天子之事，故有貶法。大夫貶去姓氏，言宜奪其卿

〔註47〕《春秋繁露‧竹林第三》，卷二，頁2。
〔註48〕《公羊注疏》，頁24。

位。諸侯貶稱人，若曰：『宜降為小國也。』」〔註49〕巽軒認為，「貶」就是有黜落的意思，《春秋》假託天子之事，所以論「貶」都有一定的方法，如大夫不書寫其姓氏，諸侯只稱人不稱爵，都是要貶低其地位。從此處看，人終究是造成戰爭的罪魁禍首，所以《公羊傳》先貶低發動戰爭的大夫或諸侯，而巽軒亦認為發動戰爭者乃是率眾殺人，故史筆一定要黜落其地位，並數落其罪狀。

　　而除了人以外，發動戰爭的國家亦必須受史筆之譴責，故《春秋公羊通義》又云：「侵伐圍入都無諱文，獨滅諱惡者。諸侯有得專征伐之道，不得專滅國覆人之社、絕人之世，合誠有內外亂鳥獸行為者，當以九伐之法正之，非可攘土地以自廣。」〔註50〕巽軒也以為《春秋》以「入」來說明這場戰爭的不合性是合適的，所以如「侵」「伐」「圍」「入」等字眼，《春秋》都不避諱，唯有避諱「滅」字者。「滅」就是有消滅、滅亡之意，所以諸侯攻伐他國，需有其應守的規則，不可隨意覆滅他人的社稷，或絕斷他人的子嗣，就算有大惡不赦者，當從周王之師而以正當的九種攻伐討之，而不可趁機增加自國的土地。趁戰爭而爭奪土地者，孟子亦以為是率眾吃人，其曰：「爭地以戰，殺人盈野，爭城以戰，殺人盈城，此所謂率土地而食人肉，罪不容於死。」〔註51〕這是說為爭奪土地與城池，而發起戰爭者，等同率領土地上的人民去吃人，其罪過就算處死也不足以赦免。因此，從上述看，為土地、利益所發動無名之戰的諸侯、大夫，非但《春秋》的「君子」譴責，並以言辭譏諷之，在儒家的觀點亦視為莫大的罪惡。

　　又《春秋》「僖公二十一年，秋，宋公、楚子、陳侯、蔡侯、鄭伯、許男、曹伯會于霍，執宋公以伐宋。」是載記宋公與楚子等諸侯會盟，但楚子卻利用詭計俘虜宋公之事。《公羊傳》則載曰：「孰執之，楚子執之。曷為不言楚子執之？不以夷狄之執中國也。」《春秋》不說誰抓了宋公，是因為貶低楚國為夷狄，故終不紀載此事的發動者，其又云：「此楚子也，其稱人何？貶。曷為貶？為執宋公貶，故終僖之篇貶也。」〔註52〕此論把爵位當「子」的楚子，稱為楚人，《公羊傳》則認為原因是要諷貶「僖公二十一年」之會，楚君不守信用俘虜宋襄公，之後又征伐宋國之事，所以《公羊傳》對其有絕大的貶詞，

〔註49〕《春秋公羊通義》，頁 8048。
〔註50〕《春秋公羊通義》，頁 8048。
〔註51〕《孟子注疏》，頁 134。
〔註52〕《公羊注疏》，頁 143。

在「僖公」共三十三年的載記中，皆貶楚君為楚人。

而《春秋公羊通義》則云：「序楚於諸侯上，使主其罪也。楚至此稱子者，方將終僖之篇，貶若壹皆稱人。」〔註53〕顨軒以為，《春秋》之筆把「楚人」放在諸侯之前，又在「僖公」之篇一味稱楚君為「楚人」，是特意要突顯楚君之過，所謂「貶楚人之謾，以伸宋公之信。」〔註54〕因楚君不守信用，又發動不義之戰，故必須譴責之。所以整體來看，楚國雖打了勝仗，然史筆卻諷貶之，而且所諷貶非但在君主一人，甚至連楚國都輕視之，因此貶其君主，又貶其國人，對楚國實是莫大的譴責。而顨軒的立場大致是贊同《公羊傳》的筆法，更以為《春秋》之貶「楚人」之名，即是要突顯「宋襄公」之義，在兩相對照下，楚人欺信違義之戰，更顯示出其攻伐的不正當性。

（二）贊許仁義之師

《春秋》與《公羊傳》皆載記了大量戰爭，其中對不合理的攻伐多有貶辭，但其立場並非是完全的否定武功之事，而是能贊揚其中能合於禮節仁義者，如《春秋》「僖公二十二年，春」一段，《公羊傳》載宋襄公被楚國擊敗之事，宋襄公雖為敗戰之君，然《公羊傳》卻贊揚其為「有禮之師」，這其中的關鍵在於宋襄公能遵行仁義，《公羊傳》載曰：「春秋辭繁而不殺者，正也。何正爾？宋公與楚人期戰于泓之陽，楚人濟泓而來，有司復曰．請迨其未畢濟而擊之，宋公曰不可，……已陳，然後襄公鼓之，宋師大敗。故君子大其不鼓不成列，臨大事而不忘大禮，有君而無臣，以為雖文王之戰，亦不過此也。」〔註55〕《公羊傳》此論以為宋襄公雖敗猶榮，其所領導的軍隊能奉行節義而不違，不趁敵軍未準備而擊之，面臨大戰而不失禮，甚至周文王之用兵也不過如此，所以即使《春秋》用字簡潔卻不抹殺這段事蹟。

從上述來看，《春秋》仍贊成戰爭須有其節度，而不是一味的混戰求勝名，所以宋師不攻擊未渡河且未整隊之軍，《春秋》皆無諷之，反而稱其有「禮節」了。顨軒亦云：

> 《司馬法》曰：「逐奔不過百步，從綏不過病，明其仁也；成列而
> 鼓，明其信也；爭義不爭利，明其義也。」此所謂文王之戰也。
> 襄公之於楚，……雖功烈不及伯者之為，其所嚮慕則王者之用心

〔註53〕　《春秋公羊通義》，頁8104。
〔註54〕　《春秋公羊通義》，頁8104。
〔註55〕　《公羊注疏》，頁148。

也。〔註56〕

巽軒此論引《司馬法》，說明宋襄公之舉是合於仁義節度的，又比之於古代周文王之戰，以爲宋襄公雖無霸天下之實，然其用心則有王者之風範。《史記》亦曰：「襄公之時，修行仁義，欲爲盟主，……襄公既敗於泓，……宋襄之有禮讓也」〔註57〕太史公以爲宋襄公本欲以仁義，服諸侯而爲盟主，其雖敗於楚軍，然其禮讓之舉仍值得褒獎。所以史筆對於宋襄公仍是褒多於貶，其雖有泓水敗戰的缺失，並不傷其仁義治軍的美德，而能恢復古禮的敦厚，此即孔子所謂「克己復禮爲仁」，故說其爲仁義之師亦爲合適。

又《春秋》「宣公十二年，夏」，《公羊傳》載楚莊王伐鄭國敗晉軍之事，其曰：「楚子戰于邲，晉師敗績，……不與晉而與楚子爲禮也，曷爲不與晉而與楚子爲禮也。」〔註58〕此說明楚與鄭、晉之交戰，楚軍能勝利是因爲合於禮，又能赦免鄭國，勇於面對晉軍的挑釁，故終打了大勝仗。此二戰《公羊傳》皆贊許之，以爲楚莊王能合於禮節，《春秋公羊通義》亦云：「言不以晉人爲直，而善楚子爲有禮也。林父錄名氏反爲不與晉者，莊王之師，進以義、退以仁，卓然君子之行。林父不度德力，輕取敗中國遂衰，故專特出主名，專見其罪。」〔註59〕巽軒以爲，《春秋》稱讚楚莊王之義行而貶低晉國，是因爲晉國好戰又不識時務，不知鄭國已被赦免，還直要與楚國一戰，故雖是華夏之國卻反不如位於南方楚國的好仁義了。

董仲舒甚至認爲，《春秋》以楚國爲禮儀之國，這種褒貶的特例是與《春秋》好禮惡惡有關，其曰：「夫莊王之舍鄭，有可貴之美，晉人不知其善，……是以賤之，而不使得與賢者爲禮。」〔註60〕這是說《春秋》之用辭，是依據當時情況而轉移，因楚莊王的以禮節對待戰敗之鄭國，所以把楚視爲華夏，而晉人不知善，所以乃貶低其地位，可知《春秋》對於戰爭亦有好善非惡的立場。《左傳》也以爲楚莊王不好戰，而能於干戈中息戰立德，其載曰：「楚子曰：『非爾所知也。夫文止戈爲武。』武王克商作頌曰：『載戢干戈』。」〔註61〕楚莊王以爲「武」的文字構造就是「止戈」之型，故武功的最高用意

〔註56〕《春秋公羊通義》，頁8105。
〔註57〕《史記》，頁134。
〔註58〕《公羊注疏》，頁203。
〔註59〕《春秋公羊通義》，頁8132。
〔註60〕《春秋繁露‧竹林第三》，卷二，頁1。
〔註61〕《左傳正義》，頁397。

其實是要止息戰爭，並斷絕更大的殺伐，所以即使是周武王克商後，仍作頌表示其不好征伐的本意。故從上述來看，楚莊王以禮節仁義治軍，名揚四海，的確是做到了霸天下大業，而其赦免鄭國，又打敗了晉國，也充份反映其「武非吾功」的非戰思想。

四、《春秋公羊通義》的「三世」說

「三世」說是《公羊傳》所特別提出的歷史觀，其目的是用以劃分《春秋》二百四十二年的史事，並使年代的遠近更易於掌控，對於評析《春秋》之辭文與辭義有一定的影響。《春秋》「隱公元年，公子益師卒」，《公羊傳》曰：「何以不日，遠也。所見異辭，所聞異辭，所傳聞異辭。」〔註62〕此表明不提出日期，是因為年代過於久遠，而《春秋》的作者也無法正確得知，故《公羊傳》於此便把《春秋》分為三世，即所見、所聞、所傳聞，認為是以作者孔子為主軸所劃定的三個世代。但是，《公羊傳》雖提出「三世」說，在傳文中確沒有提到「三世」的實際年代，亦沒有說明這「三世」是以那個君主為根據，也因此西漢董仲舒、胡母生與東漢何休皆提出其說法，後世或有以為何休的「三世」說乃是承自董仲舒、胡母生之說，而形成所謂公羊家學。然《春秋公羊通義》並沒有全盤認同董、何二氏的「三世」說，除了修改其「二世」劃分，亦批評其劃分之依據。𡮿軒大致是尊漢儒顏安樂之論，而終提出具個人特色的「三世」說。

（一）對董、何「三世」說的檢驗

董仲舒是繼《公羊傳》以後，首位指出「三世」劃分的學者，故其理論被視為公羊家法的指標，其曰：「春秋分十二世以為三等，有見、有聞、有傳聞。有見三世，有聞四世，有傳聞五世。故哀、定、昭，君子之所見也，襄、成、文、宣，君子之所聞也，僖、閔、莊、桓、隱，君子之所傳聞也。」〔註63〕董氏明確的說出「三世」是依照《春秋》的十二公所劃分，其中所見世有三公，分別是「哀、定、昭」三世，共六十一年，是孔子親眼所見的世代；所聞世則是孔子所聽聞的「襄、成、文、宣」四世，共八十五年；所傳聞世是「僖、閔、莊、桓、隱」五世，是孔子於傳說之聽聞，有九十六年。不過除了分別十二公的世代，董氏又補充《春秋》於「三世」的用辭方法，其曰：「於

〔註62〕《公羊注疏》，頁 17。
〔註63〕《春秋繁露・楚莊王第一》，卷一，頁 4～5。

所見，微其辭；於所聞，痛其禍；於傳聞，殺其恩，與情俱也。」〔註64〕所以用辭隱約，是因爲親眼所見，有所避諱之故；對於所聽聞的，便在言辭中惋惜其罪過，對於所傳聞者，其評論的情感比較淡薄，這完全是因爲從情理上而斟酌。由董氏所整理的論斷方法可知，《春秋》作者對各世代評論的文辭是大不相同，其中用法的差異則是以具情感的輕重來橫量。事實上，董氏把《公羊傳》的「三世」與十二公作結合是合乎《春秋》經傳的，但其劃分並沒有明確的事實依據，故也造成公羊後學對於「三世」說的異論。

至於何休的「三世」說，大致是發揚董仲舒的說法，但卻有過於附會之嫌，以爲「三世」是由亂而治的結果，同時又滲入與史實不符的論點，《解詁》曰：「所見者，謂昭、定、哀，已與父時事也。所聞者，謂文、宣、成、襄，王父時事也。所傳聞者，謂隱、桓、莊、閔、僖，高祖曾祖時事也。異辭者，見恩有厚薄義有深淺。……於所傳聞之世，見治起於衰亂之中，……於所聞之世，見治升平，……至所見之世，著治太平，夷狄進至於爵天下遠近小大。」〔註65〕這是把「三世」逐次由亂世至太平而陳述，以爲東周到了孔子「所見」之世便有太平的景象，政事漸歸於平治。而何氏解釋「太平世」的改制成功，還提出夷狄終會臣服於新王的大一統威權之下。但由信史看，東周並無出現「太平」的盛世，何氏此說並非事實，且《公羊傳》的文字，亦從無出現「太平」、「升平」、「據亂」之論，故把何氏之說列爲其政治理想或史學思想可也，或可歸爲其「三科九旨」的理論之一，但如視之爲《公羊傳》本有的思想，仍是一大問題。〔註66〕

二十世紀初期，美國學者威廉・詹姆斯（William. James）曾提出對「觀念」與「客體」的批評，其中「觀念」可以是一種意識或者想法，而「客體」可以解釋爲他事或者他物。詹姆斯認爲，當「觀念」與「客體」相互作用時，二者都必須靠攏於「現實」，才有可能趨向於「真理」，其曰：「當以功能的角

〔註64〕《春秋繁露・楚莊王第一》，卷一，頁4～5。
〔註65〕《公羊注疏》，頁17。
〔註66〕何氏以「三科九旨」爲《春秋》作者所寄托的改制思想與撰作筆法，《公羊疏》云「何氏作文謐例云：『三科九旨者，新周，故宋，以春秋當新王，此一科三旨也。』又云：『所見異辭，所聞異辭，所傳聞異辭，二科六旨也。』又：『內其國而外諸夏，內諸夏而外夷狄，是三科九旨也。』」所以其「一科三旨」是以春秋時代爲核心，以周、宋爲依據的「張三世」理想；「二科六旨」是指對三個世代不同的褒貶手法，即「存三統」；「三科九旨」是以魯國爲核心，由近而遠的「異內外」思想。見《公羊注疏》，頁7。

度來看時，觀念是一種工具，使我們能夠與客體產生更好的關係，且作出相關的行爲。但是觀念與客體兩者都是整個現實的一般構成的一小片；當我們說觀念引導我們趨向客體時，那只是說觀念帶著我們穿過現實的中介地帶，進入靠近客體的鄰近區域，進入至少是客體相關事物的中間。」〔註 67〕很顯然的，作爲工具的「觀念」，當其被用於詮釋「客體」，則並不能背離「現實」而運作。此如同「三世說」用於解釋《春秋》之事，則二者亦不能背離歷史「現實」的發展。因此，由詹姆斯的旨趣來理解何休之言，則何氏所突顯的實已脫離歷史眞實的範疇。

此外，西哲黑格爾曾對「歷史哲學」的研究作出一系列的批判，其中對於歷史與哲學的關係有相當論述，本文由此來檢驗漢代的公羊家法，其曰：

> 就歷史來說，「思想」似乎隸屬於已存的事物——實際的事物，並且以這種事實爲它的基礎與南針。同時哲學的範圍卻是若干自生的觀念，和實際的存在是無關的。抱著這樣的思想來治理歷史，不免把歷史當作是一種消極的材料。不許它保存原來的面目，逼迫它去適合一種思想。〔註68〕

固然「思想」可以是獨立且自生的觀念，但假使抱持此態度去研究「歷史」，卻不注重「歷史」本有的事實，則無異只是把「歷史」當成一種消極的材料，勉強「歷史」去迎合「思想」罷了。所以「歷史哲學」的研究方法中，「歷史」本有的事實爲一前提，此成立了，「歷史哲學」的研究才成爲可能，故黑格爾又呼籲，「理性」才是「哲學用以觀察歷史的唯一思想。」〔註69〕此「理性」的內容也包含對客觀歷史的審查。所以由此論何休以來的「三世」說，何氏以自發的「思想」勉強加諸於《春秋》的經傳中，此無異把《春秋》的經傳視爲抒發自己思想的消極材料，完全不具有歷史哲學研究所重視的「事實」。因此漢代公羊家之治《春秋》，雖以義理來詮釋《春秋》經傳，但終是有遺漏歷史眞實的嚴重缺失。

（二）異於公羊家法的「三世」說

而《春秋公羊通義》之「三世」說，其劃分則與董氏、何氏一脈的家法

〔註67〕《眞理的意義》（台北：立緒文化，2005 年），頁 150。

〔註68〕黑格爾著，王造時譯：《歷史哲學》（上海：上海書店出版社，2001 年），頁 8。

〔註69〕《歷史哲學》，頁 8。

異多同少，大致是遵循漢儒顏安樂之見，對於何說乖誕之處則不予採用，其曰：「顏安樂以爲襄公二十三年，邾婁鼻我來奔。《傳》云：『邾婁無大夫，此何以書？……以近書也。』又昭公二十七年，邾婁快來奔，《傳》云：『邾婁無大夫，此何以書？……以近書也。』二文不異同一世，故斷自孔子生後即爲所見之世，㮁軒從之。」〔註70〕此以爲《春秋》的襄公與昭公有二段文字之辭語頗相近，語氣亦同，然二公之世如照何休舊說，襄公應該是屬於「所聞世」而昭公是屬於「所見世」，二者爲不同世代，既是不同世代，用辭是不可能一樣的。

再以用辭例而論，重視文辭的《公羊傳》，在評論二事時語氣卻相近，因此由《春秋》的文辭、下筆的情感推斷，則孔子出生在襄公之世，已是「所見世」的開始，故《春秋公羊通義》曰：

> 所以三世異辭者，見恩有深淺，義有隆殺；所見之世，據襄爲限，成、宣、文、僖四廟之所逮也。所聞之世，宜據僖爲限，閔、莊、桓、隱，亦四廟之所逮也。親疎之節，益取諸此。〔註71〕

㮁軒把「三世」都分爲四公一世，其中「所見世」爲襄、昭、定、哀四公，「所聞世」爲僖、文、宣、成四公，「所傳聞世」爲隱、桓、莊、閔四公。至於㮁軒劃分的依據則是以《春秋》的言辭爲準，比如：「凡大夫卒，日者主爲恩痛錄之。所傳聞世，恩殺恆不日，彄牙之日，有故焉爾。所聞世，恆日，惟得臣，逐以罪不日。至于所見之世，雖有罪皆日卒矣。」〔註72〕所以《春秋》「大夫卒」一事，於「所傳聞世」一般是不載的，有紀錄便是有特殊事件；於「所聞世」則都紀錄，但如大夫犯罪則不紀錄；於「所見世」則不管大夫犯罪與否都需紀錄。因此，㮁軒在此劃分上明顯與董、何有異，而他也批評何氏「承訛率臆，未能醇會傳意三世之限。誤以所聞始文，所見始昭。」〔註73〕這也指出了何氏劃分「三世」太過於主觀，又不能意會傳文之辭例與「三世」的關係，終造成誤判。事實上，㮁軒以《春秋》的言辭來判斷世代，亦比照了董仲舒所謂「於所見，微其辭，……於傳聞，殺其恩」之說，故以屬辭比類之運用而論，二者的論調並不相違，但如果審慎評估其劃分細節，再進而推敲辭例的內容，則《春秋公羊通義》的論點顯然是比董、何要

〔註70〕 《公羊春秋通義》，頁8047～8048。
〔註71〕 《春秋公羊通義》，頁8048。
〔註72〕 《春秋公羊通義》，頁8048。
〔註73〕 《春秋公羊通義》，頁8188。

來得精準了。

（三）與公羊後學之比較

不過，晚清學者的「三世」說，仍是承董、何之論，且不滿單以辭例來論《公羊傳》，甚至把公羊好「屬辭比事」的特性轉移到對政局的抒發，此與顨軒的《三傳》互解方法相較更是大異其趣了。以龔自珍、康有爲而言，此二儒皆是在學術提出變革的大家，其眼見晚清頹敗的政局，故以《公羊傳》爲經世的依據，強調治亂與革新，「三世」說誠然是其創變的重要理論。

如龔自珍即提出政治與「三世」之聯繫，其曰：「三世非徒《春秋》法也。洪範八政配三世，……食、貨者據亂而作祀也；司徒、司寇、司空也，治升平之世；賓、師乃文致太平之事。」〔註 74〕此是把〈洪範〉之八種政事與「三世」相配合，關於經濟、祭祀屬於據亂世；土地、禮儀、刑法的實施在升平世；交誼、守衛則屬太平世。所以龔氏是把「三世」廣泛的討論開來，並給予政事上的定位，此非但有意順應當時政治之改革，更具備經學上的創見。與何休比較，龔氏此論明顯是承接其「三世」的名目，但可惜龔氏仍未能解釋其「三世」說於史實上失眞的部分。

而康有爲對於詮釋何說實更勝於龔氏，其《孔子改制考》則專爲改革而撰寫，以爲是「託古改制」的權宜。而董、何的「三世」說只配合《春秋》二百多年的時間，然康氏的「三世」說並沒有時間上的限制，而是因應整個中國歷史逐次進化，此爲其特色，其曰：「『三世』爲孔子之非常大義，托之《春秋》以明之。所傳聞世爲據亂，所聞世托升平，所見世托太平。……升平者，漸有文教，小康也。太平者，大同之世。」〔註 75〕康氏把「三世」和〈禮運〉的小康、大同結合，以爲《春秋》之作，是孔子寄託對社會改造的大義，故康氏又曰：「大約據亂世尚君主，升平世尚君民共主，太平世尚民主。」〔註 76〕康氏由「三世」延伸出「君主－君民共主－民主」的政治體制，此即是把歷史與當時政局結合《春秋》經傳的創舉，有相當濃厚的改制思想。不過康論仍未能反省「歷史哲學」重視歷史事實的核心價值。

〔註 74〕龔自珍：《定盦續集》，收入《四部叢刊》（台北：商務印書館，1967 年），第九十九集，卷二，頁 61。

〔註 75〕康有爲：《春秋董氏學》，收入《中國現代學術經典》（河北：河北教育出版社，1996 年），卷二，頁 173。

〔註 76〕康有爲：《孟子微》，收入《康南海先生遺著彙刊》（台北：宏業書局，1976 年），第五冊，頁 275。

客觀的說，康氏之「三世」說與何休頗有關聯，但更強調改革的旨趣，並能與時代環境作結合，此爲其優點。不過在「託古改制」上卻走入了何休的方法，除了不重視歷史事實外，又變本加厲，主觀的認定「三世」有朝民主進化的趨向，所以康氏終也未能跳脫何說的格局。

和㦸軒的「三世」說相較，晚清公羊學似乎較重視時勢的問題，且改革的意圖更勝於前代，此固然是今文學在治學方法上的特色，但亦受到時代環境的影響。不過㦸軒是處於乾嘉時期，是清代的盛世，所以顯然沒有內憂外患問題，故不重視時局問題是可以理解的。由上述而論，晚清公羊後學大致能繼承何休以來的理論，並能結合時局與《春秋》經傳的問題，此爲其創見。但在詮釋《春秋》經傳上，亦不離何休好附會之特色，對於「三世」說多溺於改革的議題上，而不能正視經傳本有的問題則是其缺失。

（四）小 結

或有學者以爲，㦸軒解《公羊傳》不依董、何氏之「三世」說，是公羊學的歧出現象，如錢穆言㦸軒：「已不遵兩宋以來謂《春秋》直書其事，不煩褒貶之義；然於何休所定三科九旨，亦未盡守。」〔註77〕這是說《春秋公羊通義》不能循公羊家法解《公羊傳》，是不守公羊家法。但何氏之說，多以己意作註解，在義理的抒發上實有相當成份的附會，對經傳事實之還原也未必著重。且㦸軒著《春秋公羊通義》一書，本就有集眾論而規正何說的用意，所以《春秋公羊通義》並非要以何說來詮釋《公羊》是很明確的。

今人黃開國先生則以爲，㦸軒與何氏「三世」說之異，並無法說明㦸軒是否偏離了《公羊傳》之說法，其曰：「孔廣森認爲，顏安樂的三世劃分可以較好地解釋《春秋》的三世不同筆法奕異。……但是三世的劃分只是三世說的技術問題，而不關於《公羊》學的理論實質，……所以，孔廣森關係三世劃分與何休的不同，……更不是與公羊學理論性質的不同。」〔註78〕這是說㦸軒所劃分之「三世」只有技術層面的問題，而與《公羊傳》理論的問題並無直接關係。所以何氏之「三世說」，雖可代表漢代至晚清公羊家的論述，然其升平、太平之說實過於附會，且「王魯說」又無史實的根據，姑以一家之說視之可也，但如徵於文獻之考證，再印證於史實的紀載，何氏之說則反不

〔註77〕《中國近三百年學術史》（臺北：臺灣商務印書館，1980 年），頁 528。
〔註78〕〈孔廣森與何休的經學之異〉，收入《齊魯學刊》（山東：曲阜師範大學出版社，2006 年第二期），頁 12。

如顨軒之論的平實了。

第二節　《春秋公羊通義》的「三科九旨」與災異思想

「三科九旨」向來是公羊學所重視的議題，故漢代以來言《公羊傳》者，必藉此以推論《春秋》，故「三科九旨」嚴然成爲公羊家解釋《春秋》的重要方法。本文試論述《春秋公羊通義》的「三科九旨」，又另比較漢儒何休、宋衷之說法。至於災異思想自漢末之後固然有沒落的現象，然經由清代公羊學的復起，災異的議題又受到學者的重視。而顨軒的「三科九旨」雖強調是《春秋》作者的撰著筆法，但是通過董仲舒「天人相應」之旨，其「三科九旨」並非與災異思想無涉。故本文經由《春秋公羊通義》之抒發，而探討災異思想與天道、王道、人道之聯繫。述略如下。

一、《春秋公羊通義》之「三科九旨」

「三科九旨」一詞由何休率先提出，是其通過《公羊傳》之「三世異辭」、「異內外」說法，及董仲舒之「三統」等思想，再加以整合的見解，故何說實存在相當濃厚的改制思想與歷史哲學。至於《春秋公羊通義》的「三科九旨」，顨軒則以爲是《春秋》撰作的筆法，此與漢代公羊學的旨趣頗不同，在定義上則較何休之說來的狹隘。然其特殊的見解大抵切合《春秋》撰作之旨，亦不違《公羊傳》論述之義，故可視爲其「冀備一家之言」的公羊學思想。

此外，或有以爲顨軒自立「三科九旨」是不遵公羊家法，或認爲其說法是曲解何休之意。然顨軒之撰《春秋公羊通義》，本抱持著批判何休的態度，嘗批判「何氏屢蹈斯失」之過〔註79〕。可知其嚴格審視何說，不附會其論點的趨向明矣。故本文乃對顨軒的「三科九旨」作一解析，再進而比較漢代何休、宋衷的「三科九旨」思想，爲顨軒之前的公羊家立場作一論述。

（一）《春秋公羊通義》「三科九旨」的意義

《春秋公羊通義》所提出的「三科九旨」是相當特殊的，其不爲漢代公羊學所扞格，又能會通諸經傳的意旨，可視爲乾嘉公羊思想的代表主題之一。不過後學者對顨軒的見解頗有微辭，如梁啟超便以爲其與公羊家學格

〔註79〕《春秋公羊通義》，頁8194。

格不入，曰：「清儒頭一位治《公羊傳》者爲孔廣森，著有《公羊通義》，當時稱爲絕學，但巽軒不通《公羊》家法，其書違失傳旨甚多。」〔註80〕梁氏所謂「不通家法」，即是在批判巽軒的「三科九旨」，以爲其論點無法與漢代公羊思想作一接承。不過案何休「三科九旨」的說法，兩者本就有不同的思想旨趣，且二者對於「科」「旨」詮釋的立場亦有異，故巽軒之「三科九旨」可視爲具備個人色彩的經學見解，《清史稿》評其爲「孤家絕學」，頗爲適當。

至於其「三科九旨」的意義，《春秋公羊通義》以三科「天道、王法、人情」爲撰作的綱領，另九旨「時、日、月、譏、貶、絕、尊、親、賢」爲此綱領的細目，其曰：「《春秋》之爲書也，上本天道，中用王法，而下理人情。不奉天道，王法不正。不合人情，王法不行。天道者，一曰時，二曰月，三曰日。王法者，一曰譏，二曰貶，三曰絕。人情者，一曰尊，二曰親，三曰賢。此三科九旨既布，而壹裁以內外之異例，遠近之異辭，錯綜酌劑，相須成體。」〔註81〕巽軒所謂「三科九旨」，是指《春秋》作者著書立書的筆法，其宗旨在於論斷《春秋》之是非，而非如何休所認爲的，是《春秋》作者寄托的理想與改制義法，可知二者立論的方向本有差異。以下解釋《春秋公羊通義》的「三科九旨」的內容。

1. 一科三旨

《春秋公羊通義》的「一科三旨」，是指以「天道」爲綱領的「時、日、月」，從字面上判斷，「時、日、月」也就是《春秋》紀年載月所必須的時間單位，《春秋公羊通義》曰：「《春秋》之序事甚簡，稱言甚約……誠求諸繫時、繫月、繫日，繁殺之不相襲，則其明晰有不啻若史傳之論贊者。東山趙氏嘗言之曰：『事以日決者，繫日；以月決者，繫月。踰月則繫時，此史氏之恆法也。』」〔註82〕此論援引宋代趙汸「時、日、月」相繫的論點，以爲《春秋》採取史傳的方法，對史事做簡約的紀錄。《左傳》重視《春秋》的紀事，故「時、日、月」的聯繫更顯重要，孔穎達曰：「既辨春秋之名，又言記事之法，繫者以下綴上，以末連本之辭。言於此日而有此事，故以事繫日；月統日，故以日繫月；時統月，故以月繫時；年統時，故以時繫年，所以紀理年

〔註80〕 梁啓超：《中國近三百年學術史》（臺北：里仁書局，1995 年），頁 270。
〔註81〕 《春秋公羊通義》，頁 8190。
〔註82〕 《春秋公羊通義》，頁 8192。

月遠近，分別事之同異也。」〔註 83〕所以，《左傳》亦相當注重「時、日、月」紀事的功能，所謂「紀遠近」、「別同異」皆能由「時、日、月」之運用而表現。

但是，假使只一味重視《春秋》的紀事功能，則《春秋》不過是具備「史」的功能，並無法凸顯其爲「經」的意義，此點顨軒亦深表認同，故其認爲可通過「天道」之「時、日、月」書寫與聯繫運用，而表達《春秋》所寄託的深義，《春秋公羊通義》又曰：

> 孔子之修《春秋》也，至於上下內外之無別，天道人事之反常，史
> 之所書，或文同事異，事同文異者，則假日月以決其變、決其疑。
> 大抵以日爲詳，則以不日爲略；以月爲詳，則以不月爲略。〔註 84〕

因此「時、日、月」的功能除了記事外，書寫或不書寫則反映了「內外遠近」及「天人」之間關係，此即顨軒以爲《春秋》辨義的方式之一。顧炎武曰：「《春秋》獨並存時、月者，以其爲編年之史。有時、有月、有日，多是義例所存，不容闕一也。」〔註 85〕其以爲《春秋》並用時、月，是刻意書寫的義例。學者楊濟襄先生言：「孔氏就《春秋》經文對『入國』、『滅國』二種事件的寫法，觀察出二者在時間的書記上，暗藏玄機，……『入國』事件往往只寫出『月份』，而未寫出『詳細日期』，只有在誅討『有罪者』時，才會連『詳細日期』都一併寫出。」〔註 86〕其以「入國」爲例，認爲一般情況紀「月」而不紀「日」，唯有特例才會寫出詳細的「月、日」。可知書寫詳細的「時、日、月」與否，便有《春秋》作者所寄託褒貶的義法，以此來理解顨軒「時、日、月」的意義，大致可信。

不過，此紀事的「天道」則類似於自然天道，如以《春秋公羊通義》所理解的天道觀而論，其代表「一科三旨」的「天道」與「時、日、月」，仍具有另一層意義。《春秋公羊通義》之天道觀，大致是尊循董仲舒的思想，故可由董氏的天道觀加以理解。董仲舒的天道觀是相當特殊的，他通過對上古宗教的認識，再結合戰國末至西漢所流行的陰陽家理論，而發展出一套「天」的哲學，《春秋繁露》曰：「天亦有喜怒之氣，哀樂之心，與人相副，

〔註 83〕　《左傳正義》，頁 7。
〔註 84〕　《春秋公羊通義》，頁 819。
〔註 85〕　《日知錄集釋》（台北：中華書局，1984 年），第一冊，卷四，頁 9。
〔註 86〕　〈孔廣森公羊學「三科九旨」論述〉，收入「第三屆國際暨第八屆清代學術研
　　　　討會」論文集（高雄：國立中山大學，2003 年），頁 7～8。

以類合之，天人一也。」〔註87〕此以為天有喜怒哀樂與人相符，所以天與人便有相互影響的可能。又曰：「天、地、陰、陽、木、火、土、金、水九，與人而十者，天之數畢也。」〔註88〕天有十端皆是天之數，董氏用天道來統攝一切，故天為「群物之祖」，因此自然天象與災異之變亦是天道的表現。徐復觀先生言：「到了董仲舒，才在天的地方，追求實證的意義，有如四時、災異。更以天貫通一切，構成一個龐大的體系。」〔註89〕四時、災異的更替、發生，皆是在天道系統的範疇之中，故董氏以天道統攝一切事物的用意實為明顯。

　　事實上，董氏並非這種天道思想的濫觴，先秦儒家的經典中便有所論述，如《尚書・湯誥》載夏桀暴虐之事，其云：「並告無辜于上下神祇，天道福善禍淫，降災于夏，以彰厥罪。」〔註90〕這是說夏桀無道，天降災難嚴懲之。孔子也說：「獲罪於天無所禱。」〔註91〕天即有處罰罪惡的意識。孔穎達《正義》則曰：「政善，天福之。淫過，天禍之。故下災異以明桀罪惡，譴寤之，而桀不改。」〔註92〕孔氏此論也說明，天是依據為政者的善惡而給予賞罰。所以由董氏所詮釋的天道觀，並不違離上古儒家對天之理解。

　　或以為《春秋公羊通義》的天道是由「時、日、月」的筆法所表現，因此巽軒是稟持「假日月以明其變、決其疑」的態度〔註93〕，來疏通《春秋》與天道的關係。由字面上看，此層意義固然可經由日、月之紀繫於《春秋》之事，但假使只重視「時、日、月」的紀事與書寫與否的層面，那公羊家所表明的義法則勢必與《左傳》的旨趣相當。然巽軒曾自言：「經主義，史主事。」〔註94〕其視《公羊傳》為解《春秋》之傳，故必不以載史之書待之。因此，只循以紀事的天道觀來理解《春秋公羊通義》的思想，則非能深入巽軒所強調「《春秋》本天道以正人事」的態度了。

　　故由天數人副來理解此「時、日、月」之緒，則頗能見天道觀另一層意義。董仲舒認為，「時、日、月」是「天之大經」，是天數變化的常道，此天

〔註87〕《春秋繁露・陰陽第四十九》，卷十一，頁2。
〔註88〕《春秋繁露・天地陰陽第八十一》，第四冊，卷十七，頁6。
〔註89〕《兩漢思想史》（台北：學生書局，1976年），卷二，頁371。
〔註90〕《尚書正義》，收入《十三經注疏》，頁112。
〔註91〕《論語注疏》，收入《十三經注疏》，頁28。
〔註92〕《尚書正義》，頁112。
〔註93〕《春秋公羊通義》，頁8192。
〔註94〕《春秋公羊通義》，頁8191。

數亦是人生成之數，其曰：「天以終歲之數，成人之身，故小節三百六十六，副日數也；大節十二分，副月數也；內有五臟，副五行數也；外有四肢，副四時數也。」〔註95〕以小骨節副「三百六十六日」，以大骨節副「十二月」，以四肢副「四時」，故天道的「時、日、月」非但是天之數，亦是人之數。故其又曰：

> 春者，天之和也，夏者，天之德也，秋者，天之平也，冬者，天之威也。……爲人主者，居至德之位，操殺生之勢，以變化民，民之從主也，如草木之應四時也，喜怒當寒暑，威德當冬夏。〔註96〕

董氏以爲天道的四時皆有其性情，用之與人君配，其施政便需合於四時，因此天有寒暑多夏，人君亦有喜怒威德，此即董氏所謂「人理之副天道也」的理解〔註97〕。而巽軒亦曰：「書曰『欽若昊天，厤象日月星辰，敬授民時。』言王者嚮明而治，必奉順四時之正，天道正於上，人事正於下。」〔註98〕王者施政能敬天順民，則便有四時的風調雨順，此亦反映天道與人事相應、相感的立場，與董氏的說法實不二。又《春秋》「隱公，元年，春，王正月」，巽軒解釋曰：

> 不上奉王之政，則不得即位，故先言正月，而後言即位。政不由王出，則不得爲政。故先言王而後言正月也。王者不承天以制號令則無法，故先言春而後言王。天不深正其元，則不能成其化。故先言元而後言春，五者同日並見，相須成體，乃天人之大本。〔註99〕

此說明「天」、「王」、「政」、「時」、「月」相繫連用的情況，「天」、「時」、「月」爲天道，「王」、「政」代表人道，五者「同日並見」且「相須成體」，故天道之「時、日、月」與人道之「王、政」實緊密相繫，而似同一體。因此，通過對董仲舒天道觀之理解，再進而闡明《春秋公羊通義》「萬物之相繫」這層意義，則巽軒欲會通天人之際的天道思想，實已明朗。

2. 二科六旨

其「二科六旨」是指以「王法」爲綱領的「譏、貶、絕」。由字面上來看，「譏、貶、絕」便是《春秋》用以褒貶的筆法，《說文解字》曰：「譏，誹

〔註95〕　《春秋繁露·天數人副第五十六》，第三冊，卷十七，頁3～4。
〔註96〕　《春秋繁露·威德所生第七十九》，第四冊，卷十七，頁2。
〔註97〕　《春秋繁露·王道通三第四十四》，第三冊，卷十一，頁8。
〔註98〕　《春秋公羊通義》，頁8054。
〔註99〕　《春秋公羊通義》，頁8045。

也。」〔註 100〕「譏」就是言語上的非議。又曰:「貶,損也。」〔註 101〕「貶」有損減的用意。又曰:「絕,斷絲也。」〔註 102〕故「絕」便有語言文字上絕斷之意,三者皆爲《春秋》評議之筆。至於與王法的關係,《春秋公羊通義》曰:「生殺不相悖,天以成其施;刑賞不偏廢,王以成其化,非《春秋》莫能則之。撥亂之術,譏與貶、絕備矣。」〔註 103〕故經由王法所強調之「譏、貶、絕」,有撥亂反正的效用,所謂王政之「生殺」、「刑賞」等是非,皆可由「譏、貶、絕」的筆調所反映,故「譏、貶、絕」便有爲王法立威的功能。楊濟襄先生亦認爲:「孔氏對於《春秋》「譏」、「貶」、「絕」的筆法,便直接視之爲『撥亂之術』;也就是說,《春秋》「譏」、「貶」、「絕」的行文尺度,實際上是聖人「王法」社會中,道德價值觀的呈現。」〔註 104〕這實強調了「譏、貶、絕」作爲發揚王道的筆法,是《春秋》據以評議王事的準則。董仲舒亦曰:「春秋論十二世之事,人道浹而王道備,法布二百四十二年之中,相爲左右。……是故論春秋者,……是以人道浹而王法立。」〔註 105〕顯然,人道王道得以和諧與完備,則在於王法之成立,因此「譏、貶、絕」作爲《春秋》褒貶的筆法,實俱備糾正的作用,可見王法與王道的關係基本上是相繫的。故「譏、貶、絕」作爲《春秋》褒貶的一端,亦是爲《春秋》樹立王道政治典範的利器。

至於「譏、貶、絕」於《春秋》之用,則是體現於文辭之上,顨軒曰:「聖人之所爲經,詞以意立,意以詞達。」〔註 106〕故《春秋》寄託以「譏、貶、絕」之辭,而體現其義。如《春秋》「桓公五年,夏,天王使仍叔之子來聘。」《公羊傳》則曰:「仍叔之子者何?天子之大夫也。其稱仍叔之子何?譏。何譏爾?譏父老子代從政也。」《春秋公羊通義》則云:「譏父老,子代從政者。亦譏世卿之意也。」〔註 107〕不在其位,不謀其政,仍叔雖老,但以其子代爲行事仍是過當,故《春秋》譏諷之。且仍叔身爲周天子的大夫,其子又襲其位,亦違反卿大夫不世襲的禮法。故此論「譏」的用意有數處,一

〔註 100〕《說文解字》(香港:香港中華書局,2004 年再版),頁 54。
〔註 101〕《說文解字》,頁 131。
〔註 102〕《說文解字》,頁 271。
〔註 103〕《春秋公羊通義》,頁 8193。
〔註 104〕〈孔廣森公羊學「三科九旨」論述〉,頁 12。
〔註 105〕《春秋繁露·玉杯第二》,第一冊,卷一,頁 11。
〔註 106〕《春秋公羊通義》,頁 8191。
〔註 107〕《春秋公羊通義》,頁 8064。

是「譏」父老子代從政之事，二是「譏」卿大夫世襲之事，另外，周天子任命仍叔之子為大夫是違反禮法，亦在「譏」諷的範圍之內。所以巽軒認為《公羊傳》以「譏」來反映此事，在在證明其目地在於端正王道之缺失。而何休亦曰：「《春秋》假行事以見王法，聖人為文辭，孫順、善善、惡惡。」〔註108〕何氏所謂假「行事」以見王法，即是以「譏、貶、絕」的文辭而論斷《春秋》之事，而對於「孫順、善善、惡惡」之批評，可知其作用是相當普遍的。

此外，強調作為王法之三旨，雖只有「譏、貶、絕」，然而「譏、貶、絕」的旨趣較趨於貶損，有立貶而無立褒，亦難以凸顯《春秋》尊崇王道之筆，而徐彥曰：「《春秋》褒貶，皆以功過相除。」〔註109〕如徐氏言，《春秋》之筆是有功則褒，有過則貶。孔穎達亦曰：「其節失則貶其惡，得則褒其善，此春秋之大旨，為皇王之明鑒也。」〔註110〕褒貶與善惡相應。故由此層面而論，「褒」的重要性實與「貶」相為表裡，皆是為王法立威的利器。不過由文辭上統計，「褒」所出現的次數相當少，在《春秋》與《公羊傳》共只出現一次。《春秋》「隱公元年，三月，公及邾婁儀父盟于昧。」紀載魯公與邾婁會盟一事。《公羊傳》曰：「何以名？字也。曷為稱字？褒之也。曷為褒之？為其與公盟也。與公盟者褒矣。曷為獨褒乎此？因其可褒而褒之。」傳文認為此次的會盟首開兩國的先例，所以值得褒揚，故對待邾婁國君皆用以對待華夏諸國的筆法。從文辭來看，邾婁明明為小國，《春秋》用「褒」來對待，是否有過份之處？事實上，《春秋》用「褒」的意義，仍是為王法立威為前提，由此亦可看出此「假事以託義」的筆法實同於「譏、貶、絕」的作用。

巽軒便以為，用「褒」待邾婁，是因其國能「親賢敦鄰」，且漸進於尊王道，曰：

> 其後儀父至莊公之世，實得王命為諸侯。故因其有將進之漸而褒之。若曰：「苟以文王之法治諸夏，所封有親賢敦鄰。如儀父者，其可也。」邾婁之進自緣他事，因而褒之於此。此則《春秋》之新義，《春秋》皆假事以託義者也。〔註111〕

邾婁國後果得周天子的封爵，所以邾婁之能得「褒」，自是能尊循王道，故《春

〔註108〕《公羊注疏》，頁89。
〔註109〕《公羊注疏》，頁92。
〔註110〕《左傳正義》，頁3。
〔註111〕《春秋公羊通義》，頁8046。

秋》便「進之漸而褒之」。而董氏亦曰：「為人臣者，其法取象於地，……推進光榮，褒揚其善，所以助明也。」〔註112〕此說明臣子者取象於地，而忠於王事，其善行漸進，便得以「褒」揚。因此《春秋》之用「褒」，其意旨實同於「譏、貶、絕」，皆是為王法立綱紀明矣。此亦證明，「褒」之筆法雖不為㢲軒列入「王法」之科，然其功能實不外於「譏、貶、絕」之意旨，故此「褒」意實頗俱意義。

3. 三科九旨

《春秋公羊通義》之第「三科九旨」，是指以「人情」為綱領，而處理「尊、親、賢」三種關係的撰作筆法，其中「尊」是指周天子或者魯公等尊長；「親」指的是周遭親近之人；「賢」指的是有賢能之士。㢲軒以為，《春秋》便是透過這三種身分，來論述其對「人情」的疏通，其曰：「為尊者諱，諱所屈也。……為親者諱，諱所痛也。……為賢者諱，諱所過也。」〔註113〕此可視為《春秋》作者於切身的處事當中，為此三種人物所特立的隱晦之辭。案楊濟襄先生言：「孔氏以人情為『第三科』，……人情的考量，表現在《春秋》對於『尊、親、賢』這三種身份的行文斟酌上。」〔註114〕可知《春秋》作者對於「尊、親、賢」關係的論述，是相當審慎的。

不過在這層意義之外，㢲軒所刻意強調人情的諱筆，仍可見於對王法之關懷，也就是董仲舒所謂「人道浹而王法立」之意。故楊先生又曰：「事實上，這種隱諱的筆法，若是以『隱過』為目的，那麼，聖人便不須大費周章地『變其文而為之諱』，孔氏以『人情』來詮釋《春秋》之諱筆，並且直接指出『諱猶譏也』。」〔註115〕這指出通過人情來詮釋《春秋》，非但有諱筆亦存在譏辭。董仲舒亦曰：「於內諱而不隱，於尊亦然，於賢亦然。」〔註116〕這是說《春秋》為「尊」「賢」避諱但不隱瞞其缺失，此評議《春秋》隱筆的態度實與㢲軒同。所以㢲軒以為《春秋》之論人情，雖有「隱諱」之筆法，但仍是保有「譏」、「貶」的意義在，此與其對「王法」的推崇實是一體兩面。

如《春秋》「定公元年，春，王三月。」此無書正月，明顯有諷貶之意。故《公羊傳》曰：「元年春王。定何以無正月？正月者，正即位也。定無正月

〔註112〕《春秋繁露・天地之行第七十八》，第四冊，卷十七，頁11。
〔註113〕《春秋公羊通義》，頁8089。
〔註114〕〈孔廣森公羊學「三科九旨」論述〉，頁14。
〔註115〕〈孔廣森公羊學「三科九旨」論述〉，頁14。
〔註116〕《春秋繁露・楚莊王第一》，第一冊，卷一，頁5。

者，即位後也。即位何以後？昭公在外，得入不得入，未可知也。曷為未可知？在季氏也。定哀多微辭。」此以為魯定公的即位不正的，是因季氏擅權特立獨行，但《春秋》尊「尊」，故不直書其事，只書以微辭。𢝠軒亦曰：「意有所尊，恩有所諱。定公受國於季氏，不敢名其篡。」〔註117〕這表示定公即位雖不正，然《春秋》念其「尊」的地位，所以為其避諱。所以這微辭的用意相當深廣，𢝠軒解釋此微辭曰：

> 微辭者，意有所託而辭不顯。唯察其微者，乃能知之。〔註118〕

所以，「辭不顯」即是避諱，避諱即是為「人情」而考量，但除此之外，微辭又另「意有所託」，此便是以寄寓譏貶，而保留整個事實經過。《穀梁傳》也以為：「元年，春，王，不言正月，定無正也。定之無正何也？昭公之終，非正終也。」〔註119〕《春秋》只紀「王」而不紀「正月」，此可視為不合王道之意，因此《穀梁傳》譏諷其「無正也」，則在在表明定公雖得「尊」，但實失王法之正了。

　　由上述的分析可以整理出《春秋公羊通義》之「三科九旨」的幾個要點。一是三科九旨為《公羊》成書的一大要旨，此即是循「《春秋》之為書，上本天道，中用王法，而下理人情」而論，因此「《春秋》之為書」即是指《春秋》的撰作筆法。二是其「三科」與「九旨」之間是相呼應的。𢝠軒視「三科九旨」是「錯綜酌劑，相須成體」的，此與何休所謂「三科九旨正是一物」同理。楊濟襄先生亦以為：「孔廣森所說之『三科』，是《春秋》褒貶大義之總綱，而『九旨』則是三科之細目，『三科』與『九旨』實為一體。」〔註120〕故其「三科九旨」即有不可分開詮釋的特點。三是𢝠軒之「三科九旨」並非與漢代公羊學完全合同。其異於何休，而近於宋衷，但又不全同於宋說的論點，實是其疏通《春秋》經傳後的學術見解，故亦可視為欲成「一家之言」的理論。

（二）與漢儒「三科九旨」之比較

　　前已明言，首提出「三科九旨」者為東漢何休，故何說影響之後的公羊家頗大。不過在何休之後，漢儒宋衷仍對何說加以繼承、修訂，且頗有其見

〔註117〕《春秋公羊通義》，頁8188。
〔註118〕《春秋公羊通義》，頁8175。
〔註119〕《穀梁注疏》，頁186。
〔註120〕〈孔廣森公羊學「三科九旨」論述〉，頁19。

解，故由何、宋二人的說法，乃可見漢代「三科九旨」的旨趣所在。或以爲「三科九旨」可追溯至董仲舒對於「六科」「十旨」的理解，不過楊濟襄先生以爲：「『六科』論述孔子修《春秋》的用心——亦即『微言』的目的與『義法』之總綱，『十旨』則昭示後學研讀《春秋》舉得義旨之方法。……董氏所論之『六科』、『十旨』，與後來何休以下公羊學家所言之『三科九旨』，在內容上並不相同。」〔註121〕因此董氏的「六科」、「十旨」之趨向實與何休以降的「三科九旨」有異。

至於何休之「三科九旨」今可見於徐彥的《公羊疏》，其云：

> 何氏之意，以爲三科九旨正是一物，若總言之謂之三科。科者，段也。若析而言之謂之九旨。旨者，意也。言三個科段之內，有此九種之意。……云：「三科九旨者，新周，故宋，以春秋當新王，此一科三旨也。」又云：「所見異辭，所聞異辭，所傳聞異辭，二科六旨也。」又：「內其國而外諸夏，內諸夏而外夷狄，是三科九旨也。」〔註122〕

「新周，故宋，以春秋當新王」寄寓託古改制的理想，何氏以爲是《春秋》作者欲爲「王魯」而提出的論點，此點實是承董仲舒「春秋應天作新王之事，時正黑統，王魯，……親周、故宋」之說〔註123〕。「所見異辭，所聞異辭，所傳聞異辭」首見於《公羊傳》，何氏又歸爲進化的三世說，以爲《春秋》是逐世而平治之思想寄，故又其導出了「據亂、升平、太平」三士之論。「內其國而外諸夏，內諸夏而外夷狄」則凸顯內外華夷思想。何氏即以此「三科九旨」來表明《春秋》的思想與義法，歷來公羊家亦認同「三科九旨」爲其家法。

而漢末宋衷亦依照何說加以發揮，其「三科九旨」可見於徐彥之《公羊疏》，其曰：「宋氏之注《春秋》，說三科者，一曰張三世，二曰存三統，三曰異外內，是三科也。九旨者，一曰時，二曰月，三曰日，四曰王，五曰天王，六曰天子，七曰譏，八曰貶，九曰絕，時與日月詳略之旨也。」〔註124〕宋氏之「三科」爲「張三世、存三統、異外內」，此實與何休的「三科九旨」同調，「九旨」爲「時、月、日、王、天王、天子、譏、貶、絕」，可視爲《春秋》

〔註121〕〈孔廣森公羊學「三科九旨」論述〉，頁3～4。
〔註122〕《公羊注疏》，頁7。
〔註123〕《春秋繁露・三代改制質文第二十三》，第二冊，卷七，頁6。
〔註124〕《公羊注疏》，頁7。

撰作的書法，不過其「三科」與「九旨」並無聯繫，此點則與何休的論點有異。近人黃開國以爲：「何休以三科包含九旨，宋衷則在三科以外另立九旨。」〔註125〕這也道出了何說與宋說的根本差異。但基本上何休的「三科九旨」是與宋衷的「三科」是相應的，楊濟襄先生以爲：「以『三科』而言，宋氏注與何休之說可以相應：何休的『所見異辭，所聞異辭，所傳聞異辭』與宋氏注之『張三世』相應……然而，以『九旨』來說，宋氏注的『九旨』與何休的『九旨』，就顯然不同。」〔註126〕因此，何、宋論點之同在於「三科」，且宋說已包含何說的「三科九旨」，而兩人的相異則在於「時、日、月、王、天王、天子、譏、貶、絕」等書法了。

但是，和戁軒的「三科九旨」比較，則除了與何休所謂「三科九旨正是一物」之觀點相同外〔註127〕。二者的論點實大異其趣。而宋衷之「九旨」近於戁軒之「三科九旨」，但內容稍有不同，不過都是視爲《春秋》撰作的筆法。因此，總的來說，何休、宋衷與戁軒的說法，是同少而異多了。

二、《春秋公羊通義》的災異思想

災異是指災難與變異之發生，二者本爲二事，董仲舒以爲：「災，天之譴也。異，天之威也。」〔註128〕此是把災害當作上天的譴責，變異則是上天的示威，二者一爲懲戒一爲警告各有旨趣。大陸學者士文濤先生曰：「災與異意義不同，災的含義有二。一是自然發生的火災；二泛指災害、禍患；異指的是怪異的事物。」〔註129〕二者明顯有不同之處。但典籍多有連用二字的情況，如《漢書‧宣帝紀》載：「蓋災異者，天地之戒也。」〔註130〕此視災異爲天地間的警戒，可知災異連用已相當普遍，而信史更專有爲災異之變而列「志」者〔註131〕。《春秋》經傳則有專記「災」與記「異」這兩種現象，其中「災」

〔註125〕〈孔廣森與何休的經學之異〉，收入《齊魯學刊》（山東：曲阜師範大學出版社，2006 年第二期），頁 12。

〔註126〕〈孔廣森公羊學「三科九旨」論述〉，頁 4。

〔註127〕《公羊注疏》，頁 7。

〔註128〕《春秋繁露‧必仁且智第三十》，第二冊，卷八，頁 15。

〔註129〕〈論董仲舒的災異思想〉，收入《中州學刊》（河北：河北師範大學出版社，2005 年第六期），頁 150。

〔註130〕《漢書》，收入《百納本二十五史》（杭州：浙江古籍出版社，1998 年），第一冊，頁 318。

〔註131〕歷代史書多有專記災異之志，如《漢書》、《後漢書》、《晉書》的〈五行志〉，《魏書》的〈靈徵志〉，《清史稿》則專列〈災異志〉等，可知信史仍重視災

多指魯國或他國自然的災變，如火、水、旱、蝗等；「異」則指怪異之事，舉凡人事、天象、地理、動物、草木之異象皆可謂之。〔註132〕

　　然而，災異思想固有其獨特的旨趣，但在漢代之陰陽學說、讖緯思想逐漸沒落後，後世之論災異者並不多見於學術思想範疇之中。雖歷代史紀多有列如「五行志」、「災異志」等書志，文學上亦多如《搜神記》、《太平廣記》等論災異的著作，但專門針對災異而發起的學術著作，可謂少並非是學術的主流。故朱子亦評漢儒專以「災異、讖緯」為內學，是「甚怪」之事〔註133〕。可知災異思想於學術上仍少有討論的空間。但到了清代中葉後，公羊學重新受到重視，故研究《公羊傳》的學者便重新審視災異與《春秋》的聯繫，由此也使災異思想被學者所留意。如莊存與之《春秋正辭》列〈奉天辭〉，專討論《春秋》陰陽災異的關係。而劉逢祿的《春秋公羊經何氏釋例》則列〈災異例〉，崔適《春秋復始》論「災異」亦有二卷之譜，可知清中葉災異思想亦成為一議題。莊存與便以為：「《春秋》志天事，必以尊嚴之辭承之；志災異之辭，必以前後事求之。異不在大，於事有明徵乃志之。」〔註134〕莊氏認為災異的紀載，是與《春秋》事件有前後連貫性，可知災異之於《春秋》實不可忽略。劉逢祿則以為災異是聖人的事業之一，其曰：「災異者，聖人所以畏天命重民命也。聖人之教民，先之以教，而後誅隨之。天之告人主，先以災異，而後亂亡從之，其任教而不任刑一也。」〔註135〕劉氏說明了災異與天道思想的聯繫，而中間的過度人物便是聖人與人君，此說實不違離漢代天人思想的課題，與漢代公羊學是相接軌的。因此，有鑑於清中葉公羊思想的復起，則災異思想亦隨起而受注目。

　　至於《春秋公羊通義》亦強調《春秋》之「天道人事之反常」思想〔註136〕，

異之紀載。

〔註132〕災異二辭雖常並用，不過《春秋》首重「異」次重「災」，《公羊》以為「異大乎災也。」何休亦言：「異者所以為人戒也。重異不重災，君子所以貴教化而賤刑罰也。」「異」不至於傷害有譴告的功能，「災」則已是處罰，此是何氏以教化立場而論。《公羊注疏》，頁317。

〔註133〕《朱子語類・歷代二》（上海：上海古籍出版社，2004年），第八十冊，卷一三五，頁4205。

〔註134〕《春秋要旨》，收入《續修四庫全書》（上海：上海古籍出版社，1995年），第一四一冊，頁121。

〔註135〕劉逢祿：《春秋公羊何氏釋例》，收入《續修四庫全書》（上海：上海古籍出版社，1995年），第一三〇冊，卷十，頁569。

〔註136〕《春秋公羊通義・序》，頁8192。

此不僅合於《春秋》經傳好言天道的特色，亦是繼承董氏天人感應論的哲學觀。故本文乃透過《春秋公羊通義》所認同的「三科」，即「天道」、「王法」、「人情」三個微言進而剖析撝軒之災異思想，再藉由《春秋》災異之變而理解其「天人相與」的看法，此與董氏之詮釋災異變化是前後相應的。

此外，撝軒對於災異之發生，並不完全訴諸於天道與人事的消長，而是旁及天象變化的探究，故其取證於陰陽理論，以爲陰陽二儀的推移轉化是災異產生的原由之一。其多參考劉向的〈洪範五行傳〉、或《漢書》的陰陽說法，而所宗則在於董仲舒的《春秋繁露》。〈五行志〉嘗曰：「董仲舒治公羊春秋，始推陰陽，爲儒者宗。」〔註137〕可知撝軒詮釋《公羊傳》的災異思想，乃寄寓一定的陰陽思想旨趣，述略如下。

（一）寓「三科」於微言的災異書寫

撝軒的災異思想受董仲舒之影響頗深，其理論大致是經由董氏的「天人思想」加以發展。董氏曾提出「天人相應」的說法，以解釋天道與人事之聯繫，其曰：「臣謹案春秋之中，視前世已行之事，以觀天人相與之際，甚可畏也。國家將有失道之敗，而天乃先出災害以譴告之，不知自省，又出怪異以警懼之，尚不知變，而傷敗乃至。以此見天心之仁愛人君而欲止其亂也。」〔註138〕所以天人感應便是天道與王政、人道三者間的緊密關係，故災異之發生即是天道警示統治者失政的手段，此即爲董氏用以理解《春秋》經傳的立場。故其又曰：

> 周衰，天子微弱，諸侯力政，大夫專國，士專邑，不能行度制法文之禮，諸侯背叛，莫修貢聘，奉獻天子，臣弒其君，子弒其父，孽殺其宗……日爲之食，星霣如雨，雨螽，沙鹿崩，夏大雨水，冬大雨雪，……至於秋七月，地震，梁山崩，壅河，三日不流，晝晦，彗星見于東方，孛于大辰，鸛鵒來巢，春秋異之，以此見悖亂之徵。〔註139〕

董氏指出，周衰以來政治與倫理的悖逆，是造成災異頻繁的主因，故下弒上、臣子叛國、禮制的偏廢種種人事的缺失，終帶來天道的譴責，如洪水、日食、暴雪、地震等自然災異的禍患。董氏所著重的，固然是符瑞一類的符

〔註137〕《漢書‧五行志》，頁377。
〔註138〕《漢書‧董仲舒傳》，頁469。
〔註139〕《春秋繁露‧王道第六》，第一冊，卷四，頁5。

應之事，不過當災異之變與《春秋》事件相結合，人物與政治的作爲便成了重要依據，董氏顯然認爲「悖亂之徵」的災異與《春秋》事件的治亂是相貫通的，所以人物與政事的過失才是釀成災異的一大主因。何休亦言：「旱者，政教不施之應。」〔註140〕有政教的過失然後才有災異。清儒王闓運則認爲是統治階層「是變古易常而有天災。」〔註141〕此無異是把天災的發生歸咎於政治上的過失，從此而論，歷來的公羊學者多有循董氏之「善言天者，必有徵於人」來解釋對災異的看法。〔註142〕

　　而《春秋公羊通義》更進一步牽縐「三科」之天道、王法、人情與《春秋》的災異之變，欲透過此「三科」之微言，而凸顯災異變化之大義，此亦是通過董氏「天人之應」所發展的見解，顨軒曰：「上治隱桓，而貶絕之法立；下錄定哀，而尊親之義著。君君、臣臣、父父、子子、夫夫、婦婦，采毫毛之善，譏纖芥之惡。凡所以示後王經制者，靡不具焉。天之大數不過十二，因而十之，周而再之，天道浹於上，人事備於下。」〔註143〕所謂「貶絕」、「尊親」乃是「三科」之「王法」、「人情」所隱埋的微言，《春秋》便以此凸顯天數之常與人事之善惡，可知天道與人事之相應是顯明矣。故董氏又言：「孔子作春秋，上揆之天道，下質諸人情，參之於古，考之於今。故春秋之所譏，災害之所加也；春秋之所惡，怪異之所施也。書邦家之過，兼災異之變，以此見人之所爲，其美惡之極，乃與天地流通而往來相應。」〔註144〕董氏乃指明《春秋》之作即是要釐清天人的關係，透過譏、貶之辭的點綴，則災異變化的大義便顯明，由此乃可見人事的種種美惡行舉。

　　而楊濟襄先生亦認爲：「對於『陰陽』宇宙自然之秩序，董仲舒將它具體化而以人事之倫理秩序去類比，那麼，天地陰陽之道，就可以在『君臣、父子、夫婦之義』上體現。……孔廣森『三科九旨』裡所暢論的『天道』與『王法』，我們可以在董仲舒的春秋學裡找到一致的脈絡。」〔註145〕這段文字也說明顨軒「三科九旨」之旨趣，與董氏天人陰陽學說的關係。故顨軒欲

〔註140〕《公羊注疏》，頁53。
〔註141〕《春秋公羊傳箋》，收入《續修四庫全書》（上海：上海古籍出版社，1995年），第一三一冊，頁243。
〔註142〕《漢書・董仲舒傳》，頁471。
〔註143〕《春秋公羊通義》，頁8188。
〔註144〕《漢書・董仲舒傳》，頁471。
〔註145〕〈孔廣森公羊學「三科九旨」論述〉，頁20。

闡明的災異思想，實與董仲舒「天人之徵，古今之道也」所寄寓的大義是相涉的〔註146〕。如董氏認為「凡災異之本，盡生於國家之失」及「以天之端，正王之政」的議題，此與𣿰軒通過「三科」於微言的論述立場基本上是不離的。

1. 以符瑞應天道的災異書寫

災異之變固然起於人道、王政缺失之應，然可以表現災異之變者則需經由天道本身，因此藉由符瑞之應則可凸顯災異之思想。至於𣿰軒釋災異之例多循董仲舒之論，而其天道觀亦宗董氏，故其災異思想乃可經由天人相副的意旨而開展。

如《春秋》「宣公十六年夏，成周宣謝災。」此記載周天子的廟發生火災。《春秋公羊通義》以為此是天道在警示周王室將有動亂，故經由此符瑞之微言，則可凸顯其此災異下之天道變化，其曰：

> 天道不遠，三五復反，向使周人寅譴異修政，更始興宣王之禮樂，則子朝之亂必不作，必可以無居新周之事。傳所深探經旨，上本天意，稱言約而取義遠矣。〔註147〕

所謂「三五復反」指的是天地有反復運作的現象，「三」代表日、月、星，「五」則是五行，皆是天地之數。何休以為：「王者始起，先本天道以治天下，質而親親及其衰敝其失也。……復反之於質也。質家爵三等者，法天之有三光也。文家爵五等者，法地之有五行也。」〔註148〕可知王者之治上本天道，而反復質於三光五行之數，此即是人效法天地之論。而𣿰軒認為《春秋》紀此災是為因應周王室之動亂，以「日、月、星」與「五行」配合是強調天道循環有常，而之所以發生這種警訊，則在於周人不能上合天道之常而「譴異修政」、並興「宣王之禮樂」，因此《春秋》乃據「天意」的立場來紀載此事。董仲舒解釋這種「天意」曰：「災異以見天意，天意有欲也、有不欲也，……人內以自省，宜有懲於心，外以觀其事，宜有驗於國，故見天意者之於災異也。」〔註149〕此論以為災禍是出於天譴，但目的是欲人「自省」，然周人見此災異而不知自省，故終有後世的動亂。所以《春秋》通過天道之微

〔註146〕《漢書‧董仲舒傳》，頁471。
〔註147〕《春秋公羊通義》，頁8135。
〔註148〕《公羊注疏》，頁63。
〔註149〕《春秋公羊通義》，頁8134。

言而闡明災異之變是顯明的,此亦不違離董生「天人之應」的旨趣。

或有歐陽修反對以「天人之應」解釋《春秋》的災異之變,以爲是「異端起」,然清儒陳立則認爲災異的解釋實需由天人關係著手,《公羊義疏》曰:「不言天則天道廢。故讉見於天,則王者避正,殿不舉樂,戒百官省闕,失此《春秋》書災異之意。」〔註150〕此以爲言「天道」而不言「天」是不完備的,如不能認同天道之緒,亦失去《春秋》紀災異的用意。因此欲詳盡《春秋》之災異,由天道的意義而開展,則災異之變與天人的關係可明矣。

2. 王政譏刺下的災異書寫

前已說明王法是《春秋》作者譏諷的筆法,而王法即是批評王政之法,故王法之「譏、貶、絕」於《春秋公羊通義》有兩層意義,一是指通過王法,進而評論周天子之政;一是指批評諸夏之法,而諸夏亦需聽命於周天子,故實是王政的一端。通過此王法而評論政事,即顨軒所謂:「東周王室衰微,夷狄僭號,五等邦君以強弱易周班。而伯者之興,幾於改物,其災祥禍福之變,禮樂政刑之亂,必皆有非常之故焉。」〔註151〕因此通過微言,而凸顯王政之衰弱,即爲《春秋》作者闡述的「非常之故」。而所謂「災詳禍福之變」,即是說明此王政譏制下的災異書寫也。

故顨軒認爲《春秋》寓王法之「譏、貶、絕」於微言,實欲以透過此災異之變,來譏貶僭越的諸侯,並強調王政的衰弱,此即是對董仲舒「春秋之所譏,災害之所加」的理解。故董氏言:「今災害生,見天下未和平也,天下所未和平者,天子之教化不政也。」〔註152〕可知災異思想的本意,必是落實於此「天子教化不政」的反應。《左傳》亦云:「敝邑失政,天降之災。」〔註153〕這在在說明,天之有降災,是因失政事所引起。故在王法的這一層意義下,由災異思想所寄喻的微言,實能反應王政缺失之情。

如《春秋》「僖公十六年,春王正月戊申朔,霣石于宋五,是月六鶂退飛過宋都。」此載五顆隕石飛落宋國及六隻鶂鳥倒退飛翔之異象,《春秋》以此譏諷宋公的所爲,《春秋公羊通義》則視此爲譏貶之書寫,是欲凸顯王政的衰弱與侯伯的僭越,其曰:

〔註150〕《公羊義疏》,收入《續修四庫全書》(上海:上海古籍出版社,1995 年),第一三〇冊,頁 487。
〔註151〕《春秋公羊通義》,頁 8192。
〔註152〕《春秋繁露·郊語第六十五》,第四冊,卷十四,頁 9。
〔註153〕《左傳正義》,頁 843。

> 宋石鷁之異，一在月本，一在月末，是宋襄始終之象也。五石者，
> 五伯之數也。星麗于上降而爲石，此王者威福遂下移於諸侯之徵
> 也。於朔者示襄公將始起繼桓，列於五伯也。六鷁退飛，像伯業終
> 退。〔註154〕

經傳提到了「霣石于宋五」、「六鷁退飛宋都」等，顨軒以爲，此二事分別發生在一年的始末，故象徵宋襄公霸業的始終。而「霣石」暗喻王道衰弱，「五石」表示五霸堀起，「六鷁退飛」則諷刺五霸終將沒落。此乃通過異象之發生，進而譏諷王道衰弱與諸侯之霸業。

許愼《五經異義》闡述此事：「隕石於宋五，象宋公德劣國小，陰類也。而欲行霸道，是陰而欲陽行也。其隕，將拘執之象也。是宋公欲以諸侯行天子道也。」〔註155〕此認爲隕石的異象，是霸道興而王道衰的徵兆，許愼把隕石的「拘執之象」比爲僭越之事，並指責宋公不行王道而興霸道，這是欲貶斥宋公的霸業。莊存與也說：「五石六鷁之辭不設，則王道不亡矣。」〔註156〕此認同《春秋》設五石六鷁之辭，在於譏諷王道之衰。雖然何休注解云：「王者之後有亡徵，非親王安存之象。……石者，陰德之專者也。鷁者，鳥中之耿介者，皆有似宋襄公之行。襄欲行霸事，不納公子目夷之謀，事事耿介自用，卒以五年見執，六年終敗，如五石六鷁之數。天之與人昭昭著明，甚可畏也」〔註157〕何氏直指二異變是欲警示宋公之霸業的危機，比照之下與顨軒論王政之衰固然稍有異，但是何氏亦譴責宋公過於耿介自用，有不能循其先祖之政以行王道之失，因此我們如以此而論，則何氏的災異之變仍可視爲因王政缺失而生，此與顨軒的立場是一致的。

3. 人情關懷下的災異書寫

前已說明，顨軒以人情之「尊、親、賢」爲第三科九旨，故其特通過微言的書寫來凸顯《春秋》對「尊、親、賢」這三種身份的關懷，此微言亦可由災異而見其大義。有鑑於此，我們乃可通過《春秋》對「尊、親、賢」人情之避諱，進而尋求災異書寫的旨趣。故顨軒所謂「爲尊者諱，諱所屈也」、「爲親者諱，諱所痛也」、「爲賢者諱，諱所過也」的用意，即可由此災異的

〔註154〕《春秋公羊通義》，頁 8102。
〔註155〕許愼說法收入《穀梁注》。《穀梁注疏》，頁 84。
〔註156〕《春秋正辭》，頁 18。
〔註157〕《公羊注疏》，頁 139。

書寫筆法所凸顯。〔註 158〕

　　所謂「尊」，指的是天子、國君之類的身份，巽軒認為《春秋》之筆有替尊者避諱的用意，然通過記災異之微言，則大義得以顯明。如《春秋》「僖公二十年五月乙巳，酉宮災。」《公羊》只紀載此災的發生，而沒有表態災異之由。然《春秋公羊通義》則引《洪範五行傳》云：「應以妾為妻之亂。」〔註 159〕這說明魯公立妾為妻，違反禮法，而終有災難之應。何休也說：「是時僖公為齊所脅，以齊媵為嫡。楚女廢在西宮而不見恤，悲愁怨曠之所生也。」〔註 160〕所以魯公把廢原配楚女，反以齊媵為嫡，而終成災。但《春秋》的正文並不直接書寫魯公的過錯，明顯是因魯公的地位尊貴，所以《春秋》有為其「尊」長的地位避諱之意，故董仲舒便以為：「是故《春秋》推天施而順人理，以至尊為不可以加於至辱大羞。」〔註 161〕這是說《春秋》推崇天道的崇高，而用於人道之上，因此不把嚴重的屈辱，加諸在「尊」長。這種不加罪過於尊長的觀念，明顯是巽軒之為「尊」以「變其文而為之諱」之用意，即「為尊者諱，諱所屈」的考量。然《春秋》雖為其避諱，卻仍透過災異書寫的形式，欲以微言的方式來表達譏諷，故此特殊的筆法通過災異而寄託大義，又與董氏的「於內諱而不隱」之說洽合，因此用之於對「尊」微言的解釋是可以理解的。

　　又所謂「為賢者諱」，指的是為賢能的臣子或大夫避諱，至於何以要為賢者避諱？巽軒則以為《春秋》有「賢者有過是不忍譏」之用意，因此可透過為賢者諱之微言，而闡明災異背後所隱含的大義。如《春秋》「文公九年，九月癸酉，地震。」《公羊》解釋地震是地動之異。然《春秋公羊通義》云：「時以政在公子遂所致。《京氏易傳》曰：『臣事雖正，專必震。』」〔註 162〕公子遂專政才有地震的異象，但《春秋》不闡明專政之事，而是藉地震之微言以譏貶其過，此即巽軒所謂「為賢者諱，諱所過」之論點。何休亦以為：「天動地靜者，常也。地動者，象陰為陽行。是時魯文公制於公子遂。」〔註 163〕何氏也以為公子遂以卑代尊位，不合人臣的地位，才會有地動的反常。因此紀載

〔註 158〕《春秋公羊通義》，頁 8089。
〔註 159〕《春秋公羊通義》，頁 8104。
〔註 160〕《公羊注疏》，頁 142。
〔註 161〕《春秋繁露・竹林第三》，第一冊，卷二，頁 9。
〔註 162〕《春秋公羊通義》，頁 8118。
〔註 163〕《公羊注疏》，頁 171。

「地震」乃在於譏諷公子遂專政之失，但公子遂有「賢」名，《春秋》爲賢人避諱，所以不直書其名，因此透過災異而凸顯諷貶之大義。

（二）由陰陽推見災異之變

所謂「陰陽」指的是陰與陽二氣，《易》曰：「一陰一陽之謂道。」〔註164〕董仲舒也認爲：「天道之常，一陰一陽，陽者，天之德也，陰者，天之刑也。」〔註165〕所以陰陽二氣即是天道之一端。而陰陽又是氣化的表現，《左傳》云：「天有六氣，……曰：『陰、陽、風、雨、晦、明也。』」〔註166〕所以陰陽即是構成天道的氣質之一。《大戴禮記》亦曰：「陰窮反陽，陽窮反陰；陰以陽化，陽以陰變」〔註167〕故由氣上說，則陰陽便具流動轉移的特質，可反復往來。至於陰陽之氣與人的相應如何可能？董氏則曰：「天有陰陽，人亦有陰陽，天地之陰氣起，而人之陰氣應之而起。人之陰氣起，天地之陰氣亦宜應之而起，其道一也。」〔註168〕天人可相互影響，因天與人有同樣的陰陽特質，故能「同類相動」，此即董氏《春秋》學「天人相副」的延伸。

前面曾說災異之變可經由天道之符應而凸顯，巺軒乃視此爲「天戒」，也就是認同災異是由天道反常而起的譴責。如此，陰陽作爲天道的一端，則災異之變必然可經由其作用而理解，巺軒以爲：「調陰陽之氣，而知四時之節，以辟疾之災也。」〔註169〕調和陰陽，順應四時，在於使災害不生。故可知災異即是由陰陽失調而起。董仲舒亦曰：「世亂而民乖，志僻而氣逆，則天地之化傷，氣生災害起。」〔註170〕這是說，局勢混亂則影響氣的順逆，逆氣傷害天地的造化，災害便叢生。故可知《春秋》之事，乃能經由陰陽而評斷災異的變化，此亦《春秋公羊通義》所秉持的旨趣。

故巺軒之論災異與陰陽實存有兩層意義，一是災異通過天人之應，便與陰陽發生聯繫，故可由陰陽推見災異之變。二是從天人的立場而論，則災異之變，與人道的缺失相關。因此，通過陰陽之緒可推見災異之變，亦可觀察

〔註164〕《周易正義》，頁148。
〔註165〕《春秋繁露‧同類相動第四十九》，第三冊，卷十二，頁2。
〔註166〕《左傳正義》，頁708～709。
〔註167〕《大戴禮記補注‧本命》，收入《續修四庫全書》（上海：上海古籍出版社，1995年），第一○九冊，頁617。
〔註168〕《春秋繁露‧同類相動第五十七》，第三冊，卷十三，頁5。
〔註169〕《大戴禮記補注‧盛德》，頁574。
〔註170〕《春秋繁露‧天地陰陽第八十一》，第四冊，卷十七，頁6。

人道之缺。

如《春秋》「僖公十年，冬，大雪雹。」「雹」是冰雹，此紀冬天降下大冰塊的異象。顨軒引〈五行志〉解釋曰：

> 《五行志》曰：「劉向以爲盛陽雨水，溫煖而湯熱，陰氣脅之不相入，則轉而爲雹；盛陰雨雪，凝滯而冰寒，陽氣薄之不相入，則散而爲霰。故雹者陰脅陽也，霰者陽脅陰也，春秋不書霰者，猶月食也。」
> 董仲舒以爲：「公脅於齊桓公，立妾爲夫人，不敢進群妾，故專壹之象見諸雹，皆爲有所漸脅也，行專壹之政云。」〔註171〕

其以爲雨水本屬盛陽，但遇陰氣脅迫又無法調和，所以才轉成冰雹，所以此異象即是陰氣脅迫陽氣所造成。再循董氏「天人相應」之說，則以爲魯公先是以妾爲夫人，以「卑」擅「尊」位違反常道，所以天道才應以「陰脅陽」之冰雹，故陰陽的失調與人政之相應明矣。莊存與也以爲陰陽是與人君的作爲相繫，《春秋正辭》云：「君動靜以道奉順陰陽，則日月光明，風雨時節寒暑調和。臣愚以爲，陰陽者，王者之本，群生之命，自古聖賢未有不繫者。」〔註172〕此說明人君需調劑天道與陰陽，如此天人才會調和，災異便不生起，反之則然。故莊氏最後又強調對陰陽的認知實是「王者之本」。所以陰陽除了是天人相副的重要因素，亦是由災異推斷人道的樞紐，顨軒所謂：「《春秋》本天道以正人事。」〔註173〕此所本即是天道之陰陽。故徐彥以爲「陰陽和調，災害不生。」〔註174〕這強調了陰陽與災變關係的緊密。又誠如董氏所言：「故其治亂之故，動靜順逆之氣，乃損益陰陽之化。」〔註175〕因此人道的治亂、氣的順逆動靜，皆可由陰陽通過災異變化進一步證實。

清儒廖平或曾批判董氏，以陰陽解《春秋》之非，其《何氏公羊解詁三十論》云：「董子說《春秋》好雜引五行陰陽家言，並及圖讖悠謬之說。如〈重政二端篇〉之論元年官制，〈象天篇〉之論十端，……支離失據，咸非本旨。」〔註176〕或有以爲董氏之陰陽思想是得於戰國的陰陽家，故廖平認爲董氏好以陰陽附會經傳，並非《春秋》本旨。然何休亦言陰陽，阮元〈公羊校勘記〉

〔註171〕《春秋公羊通義》，頁8099。
〔註172〕《春秋正辭》，頁6。
〔註173〕《春秋公羊通義》，頁8068。
〔註174〕《公羊注疏》，頁266。
〔註175〕《春秋繁露・天地陰陽第八十一》，卷十七，頁6。
〔註176〕《何氏公羊解詁三十論》，頁374。

云：「何休為膠西四傳弟子，本子都條例以作注，著《公羊墨守》、《公羊文諡例》、《公羊傳條例》，尤邃於陰陽五行之學，間以緯說釋傳疏。」〔註177〕故何休實深闇陰陽之學，並用以注《春秋》經傳。而徐彥〈公羊疏〉則載：「案三統歷云：『春為陽中，萬物以生，秋為陰中，萬物以成，故名《春秋》。』賈、服依此以解春秋之義。」〔註178〕以「陰」「陽」之端配「春」「秋」之事，故陰陽實為歷代公羊家解《春秋》之大旨。因此可知董、何的陰陽之論，非但代表漢代公羊學的立場，亦是歷來公羊家所尊循的態度，顨軒用以闡明《春秋》之災異，頗可與公羊學相呼應。

〔註177〕《公羊注疏》，頁 6。
〔註178〕《公羊注疏》，頁 6。

第六章 結 論

一、孔廣森經學於清學上之定位

孔廣森做為乾嘉學人的一份子，其學術與清學之聯繫是很鮮明的，其禮學與公羊學皆富含經世的旨趣，並著重文獻與典制之考證，且多項論述皆開創清代研究之風氣，故顨軒之學實與清學頗有淵源。述略顨軒在清學上之定位，如下。

（一）聯繫清學「經世」之研究風氣

禮學與公羊學本身即富含「經世」之特質，如秦蕙田便以為：「竊謂禮為經世鉅典，非可託之空言，正欲見之行事。」〔註1〕所謂見諸行事，即是欲通過禮的作用，而見諸於日常生活的行事。因此《三禮》所強調的「吉、凶、軍、賓、嘉」等典制，實與社會、文化所存在的禮儀和典章制度息息相關。

此外，公羊學本身亦涉及眾多政治、戰爭、典制等，故顨軒視《春秋》之作為：「必將因衰世之宜，定新國之典，寬於勸賢，而峻於治不肖。庶幾風俗可漸更，仁義可漸明，政教可漸興。」〔註2〕此充分表明其對《春秋》經世創作宗旨的贊同與認知，視《春秋》為興盛起衰，改善社會卑弱現象的治世經典。顨軒此意亦與董仲舒所言「春秋之道，以元之深，正天之端，以天之端，正王之政，以王之政，正諸侯之即位，以諸侯之即位，正竟內之治。」

〔註1〕 秦蕙田：〈答顧復初司業論五禮通考書〉，收入《皇朝經世文編》（台北：文海出版社，1966年），卷五十四，禮論，頁13。
〔註2〕 《春秋公羊通義》（台北：復興書局，1961年），頁8190。

〔註3〕由天道以端正王道、治道，可知《春秋》所寄託經世的意義是相當深遠的。事實上，《春秋》本是孔子見諸魯史事而後所纂修的經典，蘊含相當成份的經世思想。故在漢代以降，《春秋》經傳的辭例便被視為政策執行的依據，或者斷獄的準則，或者外交上的前鑑。由這層關係而論，源自於《春秋》的公羊學頗具實務上的意義，必然為講究經世致用的清學，可以留意的經典之一。

從上述而論，巽軒治禮、公羊二學，實符合清學講究「經世」之旨，其禮學的議題可與當代的禮儀、典制作一銜接。而公羊學更推動了乾嘉以降公羊學研究的熱潮，間接影響了晚清公羊派的創作理念。

（二）符合清代考據學的思潮

乾嘉學術重視經學上之箋著、辨偽、校勘、輯佚等課題，此風氣亦是巽軒治經的方法與途徑。在禮學上，其重視禮經的詮釋與禮制的考證，並能以諸經傳、子書解《禮》，此亦符合當時學術發展的潮流，張壽安先生言：「從禮學思想或思想史的研究而言：考證在整個禮秩重省運動中擔當著的，正是權力的『正當性』、也可謂法典的正當性。……我們是可以越過這正字標記，直尋清儒禮學的創新意義。」〔註4〕故從考證的立場而論，巽軒的禮學思想與清代禮學的趨向是一致的。其治禮循此觀念，而多有創新。

巽軒治公羊學亦著重考證的功夫，在注疏上必參酌《左傳》、《穀梁傳》，又旁徵於諸經傳，故雖有宗法何休之論，但又不避諱糾正何休，甚有批判何休。其《春秋公羊通義·序》曰：「何氏屢蹈斯失，……《解詁》體大思精，詞義奧衍，亦時有承訛率臆，未成醇會傳意，……輒因原注，存其精粹，刪其支離，破其拘窒，增其隱漏。」〔註5〕所以巽軒雖認同何休《解詁》的，但對其某些理論仍是不滿意的。故有存其「精粹」、刪其「支離」、破其「拘窒」、增其「隱漏」之說，巽軒對於何說的種種審視，實存在相當縝密的考證工夫。因此此種趨向於漢學，卻又不盡信漢學的態度，誠俱備考據學「實事求事」、「無徵不信」的治學理念了。

〔註3〕《春秋繁露·二端第十五》，收入《叢書集成初編》之《畿輔叢書》（北京：中華書局，1991年），第一函，第一冊，卷六，頁2。

〔註4〕張壽安：《十八世紀禮學考證的思想活力·緒論》（台北：中央研究院近代史研究所，2001年），頁463。

〔註5〕《春秋公羊通義·序》，收入《皇清經解》（台北：復興書局，1961年），頁8194。

（三）開拓《大戴禮記》研究之熱潮

清代研究《大戴禮記》本是盧文弨與戴震為先，其校勘、辨正的工夫頗有一定建樹，然盧、戴二氏皆未有專書問世，故巽軒的《大戴禮記補注》可視為清代《大戴禮記》研究的先驅，與同時期汪照的《大戴禮記補注》齊名。本論〈孔廣森與乾嘉學人交遊述略〉一文曾提及，依段玉裁言：「二十六年辛巳，三十九歲。是年夏，有再與盧侍講書論校《大戴禮》事。蓋《大戴禮》一書，譌舛積久，殆於不可讀，……。至癸巳，召入《四庫》館充纂修官，取舊說及新知，悉心覆訂其書上，於先生歿後一月，自後曲阜孔廣森太史因之作補注。」〔註6〕可知東原歿後，其注解《大戴禮記》的原稿輾轉流入孔府，又巽軒曾為《東原集》作序，故便有閱覽東原注《大戴禮記》原稿的可能。因此從這層關係來看，巽軒之《大戴禮記補注》非但是受東原啓發，且有繼承東原論點的可能。故巽軒於《大戴禮》實有注解之勞，亦有為東原傳注之功。

在巽軒《大戴禮記補注》之後，清儒研究《大戴禮記》者，又有王聘珍、孫詒讓、王樹枏等，對於巽軒之論則頗有留意，因此巽軒之《大戴禮》學在清禮學上極具特殊意義。

（四）開創與革新《公羊傳》之研究

漢代以降，公羊學沉寂了一千多年，到了清代才有復興趨勢。而清代治《公羊傳》者，巽軒為一先驅。梁啓超以為：「清儒頭一位治《公羊傳》者為孔巽軒，著有《公羊通義》，當時稱為絕學。」〔註7〕巽軒所用力本於公羊學，乾嘉同時雖有莊存與《公羊正辭》，然巽軒著作明顯是比莊氏要來的完備，且更有創變的旨趣，故當時才有「絕學」之稱。不過梁氏也批評巽軒的「不通家法」，但從巽軒解《公羊》的理路來看，其本有繼承與批判何休公羊學之意，即巽軒嘗言「冀備一家之言」的學術企圖。故從創新的層面而言，便不可以漢代公羊學之家法而全然論斷巽軒之學。

總而言之，巽軒治公羊學為清學建立一個指標是明確之事。而其理論思想雖非盡同於漢儒，然其批判與論辨方法則精密過漢儒，而其以《左傳》、《穀梁傳》解《公羊傳》，或以《三禮》、諸子釋《春秋》，亦是清代公羊思想的一大革新。故巽軒之後，治公羊學有劉逢祿、凌曙、陳立、廖平、龔自珍等，

〔註6〕段玉裁：《戴震年譜》，收入《戴震全書》（台北：大化書局，1978年），頁44。
〔註7〕《中國近三百年學術史》（台北：里仁出版社，2002年），頁271。

皆不能忽略巽軒之說法。

二、孔廣森經學思想之成績

（一）禮學思想之成績

巽軒之禮學，著重在復古，然對於古說又以嚴格的態度檢視之。從其《禮學卮言》與《大戴禮記補注》的研究可歸納出二個要點。

1. 不囿於一家的治禮特質

巽軒之治禮多能融通眾論，而不囿於一家之說，此則是承繼鄭玄注《三禮》之方法。本論析出兩個方法，一是「不拘門戶，兼採漢宋」，巽軒雖宗法漢學，然對宋說亦能擷取，其兼採漢宋之治經方法，頗能見其客觀治學的態度；其次是「不守舊例，會通諸說」，復古是巽軒治經的一個旨趣，但卻不以守舊例為自足，而是能析釋古今，並博洽眾說。且巽軒又多參酌清儒的觀點，與當代惠、戴二氏皆有聯繫，可知其旁搜遠紹的治禮意識是相當顯明的。

2. 推崇復古的禮學思想

巽軒相當重視《三禮》所論及的古代典制與禮儀的議題，此於其《禮學卮言》有相當的論述。如「明堂」、「廟」「寢」、「宮」等禮圖，與禮服、度量衡、兵制等古制的考察。或「郊」、「祀」、「喪」、「聘」等古禮的考證。因此巽軒對於古禮與古制的鑽研實不遺餘力，故不愧梁啓超說《禮學卮言》有其「獨道處」，而能與「武虛谷的《三禮義證》、金誠齋的《求古錄禮說》、凌曉樓的《禮說》、陳樸園的《禮說》」等禮論等量齊觀了〔註8〕。此外，其解《大戴禮記補注》則著重儀文、典制、倫理等議題，甚至旁涉於「氣」、「心性」、「陰陽」觀點，又其多尊循先秦荀子與《三禮》的禮論，且直承北周盧辯的見解，故清代治《大戴禮記》者，巽軒實是先驅者之一。

（二）公羊學思想之成績

巽軒學術之所重在於禮學、公羊學，而哲理思想的抒發則在於其公羊學一門，如天人、災異、陰陽的議題皆可由其《春秋公羊通義》導出，故公羊學可謂是寄託其價值意識的一門學科。其嘗曰：「詳《公羊》之義長，《春秋》重義不重事，斯《公羊傳》尤不可廢。」〔註9〕此重「義」的說法，尤道出巽

〔註8〕《中國近三百年學術史》，頁267。
〔註9〕《春秋公羊通義・序》，收入《皇清經解》（台北：復興書局，1961年），頁8194。

軒側重《公羊傳》的原因，實有由「義」而見「志」，可見其欲從公羊學之發明而成就「一家之言」的意圖所在了。

1. 重新詮釋《春秋》之公羊學

犨軒對於《公羊傳》之研究多有特殊見解，如其通過《禮》解《公羊傳》，而引出「變禮」的議題，誠然是有「通學」之用意；而其批判董、何的「王魯說」，則打破漢代以來公羊家的舊說，其識見是相當超然；又強調「《春秋》無達例」的解經觀念，誠然有糾正何、徐的注疏的意圖。從上述這些實例來看，犨軒的學術企圖是相當鮮明的，其不滿漢代公羊家的部分觀點，又能直尋於諸經傳的見解，嘗言：「何氏屢蹈斯失，若盟于包來下，不肯援《穀梁》以釋傳。叛者五人不敢取證《左傳》。而鑿造諫不以禮之說。」〔註10〕犨軒以為，何氏不援《穀》、《左》二傳，又不取證諸《禮》，以致屢有注解之失而無法完備。故犨軒便是從何說這種誤解中重新詮釋《春秋》經傳，又刻意尋求與諸經傳之聯繫，而以成一家之言為學術之目的。《清史稿》亦評其公羊學為「孤家專學」〔註11〕。因此，其公羊學實可視為具個人創新之公羊學，而並非是為漢代公羊家作注解的專門著作。

2. 反駁何休以來之「三世說」

「三世說」是《公羊傳》所提出的歷史觀，以為是《春秋》作者刻意要區分十二公為三個世代，便寄託其對《春秋》之褒貶思想。漢代的何休則承此而提出改制的「三世說」，並為後世公羊家所認同。然犨軒對於何休之論則多有反駁，以為其改制的說法具有相當成份的附會，故另提出對公羊「三世說」的重新詮釋，其曰：「承訛率臆，未能醇會傳意三世之限。誤以所聞始文，所見始昭。」〔註12〕從歷史哲學的角度來看，何論與史實並無交集，且其三世的分法亦未必能符合《春秋》的褒貶文辭。故從此意義而論，則犨軒能循漢儒顏安樂的說法，且以《春秋》的文辭為判斷的依據，故反而較何說平實而可信了。

3. 提出創新意義的「三科九旨」

「三科九旨」是歷來公羊家所認同的議題之一，然犨軒所著重的「三科

〔註10〕《春秋公羊通義》，頁8184。
〔註11〕《清史稿》，收入《百納本二十五史》（浙江：浙江古籍出版社，1998年），頁1501。
〔註12〕《春秋公羊通義》，頁8188。

九旨」並非是漢代公羊學的觀點，而是在理論上有所取捨，並增添其見解的全新注釋。

與何休不同的是，顨軒視「三科九旨」爲《春秋》成書的筆法，而非改制的思想，其通過「天道、王法、人情」的三種論點，以爲此三種意義可以詮釋《春秋》褒貶的思想旨趣，並透過董仲舒的論點而疏通《春秋》的文辭、義例等。總而言之，顨軒之公羊思想雖未必盡符合公羊家法，然其在思想上實有創新之處，且其注解之精密亦超乎前人，對於清代公羊學的復起，具有相當的推動作用，故論清代公羊學，則顨軒之公羊思想極有其特殊的價值與意義。

總的而論，顨軒作爲乾嘉學人的代表人物之一，其學術成績仍是相當可觀的。其禮學思想，重視典章制度與生活之實務，可視爲乾嘉學術的延伸發展，與經世、考據的議題是相涉的。而公羊學則影響了乾嘉至晚清公羊學的發展，且具有創新的意義，故實有一定的研究價值。此外，顨軒之音韻學與算學，於清學亦有相當之意義，但二學並非本論所涉及的範圍，故亦冀望他學另以補足，茲而充實孔廣森學術之研究。

參考書目

一、孔廣森著作（依重要性劃分）

1. 《春秋公羊通義》，孔廣森，台北：復興書局，1961 年。
2. 《大戴禮記補注》，孔廣森，上海：上海古籍出版社，1995 年。
3. 《禮學卮言》，孔廣森，台北：復興書局，1961 年。
4. 《經學卮言》，孔廣森，台北：復興書局，1961 年。
5. 《儀鄭堂文集》，孔廣森，台北：藝文印書館，2001 年。
6. 《儀鄭堂駢文集》，孔廣森，台北：中華書局，1965 年。
7. 《少廣正負術內外篇》，孔廣森，台北：藝文印書館，1967 年。
8. 《詩聲類》，孔廣森，上海：上海古籍出版社，1995 年。

二、古籍文獻

（一）經部類

1. 《周易正義》，王弼注、韓康伯疏、孔穎達正義，台北：藝文印書館，1997 年。
2. 《尚書正義》，孔安國傳、孔穎達正義，台北：藝文印書館，1997 年。
3. 《毛詩正義》，毛公傳、孔穎達正義，台北：藝文印書館，1997 年。
4. 《儀禮注疏》，鄭玄注、賈公彥疏，台北：藝文印書館，1997 年。
5. 《周禮注疏》，鄭玄注、賈公彥疏，台北：藝文印書館，1997 年。
6. 《禮記正義》，鄭玄注、孔穎達正義，台北：藝文印書館，1997 年。
7. 《左傳正義》，杜預注、孔穎達正義，台北：藝文印書館，1997 年。
8. 《公羊注疏》，何休注、徐彥疏，台北：藝文印書館，1997 年。
9. 《穀梁注疏》，范寧注、楊士勛疏，台北：藝文印書館，1997 年。

10. 《論語注疏》，何晏注、邢昺疏，台北：藝文印書館，1997 年。

11. 《孟子注疏》，趙岐注、孫奭疏，台北：藝文印書館，1997 年。

12. 《爾雅注疏》，郭璞注，台北：藝文印書館，1997 年。

13. 《孝經注疏》，唐玄宗注、宋邢昺疏，台北：藝文印書館，1997 年。

14. 《儀禮釋宮》，李如圭，台北：商務印書館，1966 年。

15. 《四禮翼》，呂坤，山東：齊魯書社，1997 年。

16. 《尚書古文疏證》，閻若璩，台北：商務印書館，1983 年。

17. 《讀禮通考》，徐乾學，台北：商務印書館，1983 年。

18. 《明堂問》，毛奇齡，山東：齊魯書院，1997 年。

19. 《鄉黨圖考》，江永，台北：商務印書館，1983 年。

20. 《春秋正辭》，莊存與，上海：上海古籍出版社，1995 年。

21. 《明堂考》，孫星衍，台北：藝文印書館，1968 年。

22. 《經籍纂詁》，阮元，安徽：安徽教育出版社，2002 年。

23. 《禮經釋例》，凌廷堪，上海：上海古籍出版社，1995 年。

24. 《五禮通考》，秦蕙田，台北：商務印書館，1986 年。

25. 《群經平議》，俞樾，台北：河洛圖書出版社，1975 年。

26. 《春秋公羊何氏釋例》，劉逢祿，上海：上海古籍出版社，1995 年。

27. 《春秋公羊禮疏》，凌曙，上海：上海古籍出版社，1995 年。

28. 《何氏公羊解詁三十論》，廖平，上海：上海古籍出版社，1995 年。

29. 《公羊義疏》，陳立，上海：上海古籍出版社，1995 年。

30. 《校正孔氏大戴禮記補注》，王樹枏校，上海：上海古籍出版社，1995 年。

31. 《皇朝經世文編》，賀長齡等，台北：文海出版社，1966 年。

32. 《經學歷史》，皮錫瑞，台北：藝文印書館，2004 年。

（二）史傳類

1. 《史記》，司馬遷，浙江：浙江古籍出版社，1998 年。

2. 《漢書》，班固，浙江：浙江古籍出版社，1998 年。

3. 《漢紀》，荀悅，台北：鼎文書局，1977 年。

4. 《後漢書》，范曄，浙江：浙江古籍出版社，1998 年。

5. 《隋書》，魏徵等，浙江：浙江古籍出版社，1998 年。

6. 《明儒學案》，黃宗羲，台北：里仁書局，1987 年。

7. 《宋元學案》，黃宗羲、全祖望，台北：中華書局，1984 年。

8. 《國朝漢學師承記》，江藩，台北：華聯出版社，1965 年。

9. 《清史稿》，趙爾巽等，浙江：浙江古籍出版社，1998 年。

10. 《清儒學案》，徐世昌等，台北：世界書局，1979 年。

（三）諸子總集類（依作者年代排列）

1. 《黃帝四經》，台北：藝文印書館，1976 年。

2. 《春秋繁露》，董仲舒，北京：中華書局，1991 年。

3. 《說文解字》，許慎，香港：中華書局，2000 年。

4. 《老子注》，王安石，台北：藝文印書館，1965 年。

5. 《朱子全集》，朱熹，上海：上海古籍出版社，2004 年。

6. 《慈湖遺書》，楊簡，台北：商務印書館，1983 年。

7. 《困學紀聞》，王應麟，台北：中華叢書編審委員會，1960 年。

8. 《遜志齋集》，方孝孺，台北：商務印書館，1968 年。

9. 《日知錄》，顧炎武，台北：中華書局，1984 年。

10. 《亭林詩文集》，顧炎武，上海：上海古籍出版社，1995 年。

11. 《陳確集》，陳確，北京：中華書局，1979 年。

12. 《四存篇》，顏元，台北：藝文印書館，1985 年。

13. 《鮚埼亭集》，全祖望，上海：上海古籍出版社，1995 年。

14. 《孔氏家儀》，孔繼汾，山東：山東友誼書社，1989 年。

15. 《闕里文獻考》，孔繼汾，山東：山東友誼書社，1989 年。

16. 《群書疑辨》，萬斯同，台北：廣文出版社，1972 年。

17. 《松崖文鈔》，惠棟，台北：藝文出版社，1960 年。

18. 《戴震全書》，戴震，安徽：黃山屋書社，1995 年。

19. 《四庫全書總目提要》，紀昀等，河北：河北人民出版社，2000 年。

20. 《惜抱軒全集》，姚鼐，台北：世界書局，1960 年。

21. 《戴東原先生年譜》，段玉裁，台北：大化書局，1978 年。

22. 《荀子集解》，王先謙集解，台北：世界書局，1996 年。

23. 《春秋繁露義證》，蘇輿，上海：上海古籍出版社，1995 年。

24. 《定盦續集》，龔自珍，台北：商務印書館，1967 年。

25. 《春秋董氏學》，康有為，河北：河北教育出版社，1996 年。

26. 《孟子微》，康有為，台北：宏業書局，1976 年。

27. 《中國近三百年學術史》，梁啓超，台北：里仁書局，2002 年。

28. 《清代學術概論》，梁啓超，上海：上海古籍出版社，1998 年。

29. 《訄書》，章炳麟，香港：三聯書店，1998 年。

三、其他著作（依出版年份排列）

1. 《大清高宗純皇帝實錄》，台北：華文書局，1970年。
2. 《兩漢思想史》，徐復觀，台北：學生書局，1976年。
3. 《胡適文集》，胡適，台北：遠流出版社，1979年。
4. 《中國近三百年學術史》，錢穆，台北：商務印書館，1980年。
5. 《三禮研究論集》，王夢鷗，台北：黎明出版社，1981年。
6. 《孔府檔案資料選》，山東：山東友誼書社，1989年。
7. 《從陸象山到劉蕺山》，牟宗三，台北：學生書局，1990年。
8. 《清初的群經辨偽學》，林慶彰，台北：文津出版社，1990年。
9. 《孔府內宅軼事》，孔德懋，台北：傳記文學出版社，1991年。
10. 《聲韻學》，竺家寧，台北：五南圖書出版公司，1992年。
11. 《焦循年譜新編》，賴貴三，台北：里仁出版社，1994年。
12. 《戴震研究》，鮑國順，台北：國立編譯館，1996年。
13. 《清代公羊學》，陳其泰，北京：東方出版社，1997年。
14. 《戴東原的哲學》，胡適，北京：北京大學出版社，1998年。
15. 《歷史與思想》，余英時，台北：聯經出版社，1999年初版四刷。
16. 《昭代經師手簡釋籤》，羅振玉輯、賴貴三編，台北：里仁出版社，1999年。
17. 《歷史與思想》，余英時，台北：聯經出版社，2001年。
18. 《石頭上的儒家文獻——曲阜碑文錄》，駱承烈彙編，山東：齊魯書社，2001年。
19. 《歷史哲學》，黑格爾著、王造時譯，上海：上海書店出版社，2001年。
20. 《十八世紀禮學考證的思想活清代新義理學力》，張壽安，台北：中央研究院，2001年。
21. 《論清人《儀禮》校勘之特色》，彭林，上海：上海書局出版社，2002年。
22. 《清初三禮學》，林存陽，北京：社會科學文獻出版社，2002年。
23. 《清代新義理學》，張麗珠，台北：里仁出版社，2003年。
24. 《真理的意義》，威廉‧詹姆斯，台北：立緒文化，2005年。

四、期刊、學位論文（依出版年份排列）

（一）期刊論文

1. 〈十七世紀中儒國學思想與大眾文化間的衝突〉，張壽安，台北：《漢學

研究》第二期，1993 年。

2. 〈論孔廣森與劉逢祿的公羊學研究〉，陳居淵，山東：《孔子研究》，1995
年。

3. 〈清儒的考證、經世與制度重建〉，張壽安，台北：《當代史學》第四期，
1998 年。

4. 〈大戴禮記釋詁〉，方向東，江蘇：《南京師大學報》第五期，2000 年 9
月。

5. 〈常州公羊學派的萌生及演進〉，陸振岳，江蘇：《江蘇社會科學學報》
第二期，2000 年。

6. 〈易圖明辨與儒道之辨〉，鄭吉雄，山東：《周易研究》，2000 年。

7. 〈孔廣森公羊通義的學術系譜〉，丁亞傑，台北：中央研究院文哲所，
2002 年。

8. 〈與解經方法〉，「常州學者的經學研究第二次學術研討會」。

9. 〈乾嘉學者的義理學〉（上），林素卿等，台北：中央研究院中國文哲研
究所，《經學研究叢刊》第四期，2003 年。

10. 〈孔廣森公羊學「三科九旨」論述〉，楊濟襄，高雄：國立中山大學第三
屆國際暨第八屆清代學術研討會，2003 年。

11. 〈論董仲舒的災異思想〉，王文濤，河北：河北師範大學出版社，2005
年第六期。

12. 〈論漢代公羊學的夷夏之辨〉，汪高鑫，天津：《南開學報》第一期，
2006 年。

13. 〈孔廣森與何休的經學之異〉，黃開國，山東：《齊魯學刊》第二期，
2006 年。

（二）學位論文

1. 〈公羊傳的政治思想〉，簡松興，台北：台灣師範大學碩士論文，1979
年。

2. 〈全祖望之史學研究〉，張麗珠，高雄：高雄師範大學碩士論文，1987
年。

3. 〈翁方綱年譜〉，陳純適，台中：東海大學博士論文，1995 年。

4. 〈一代禮宗──淩廷堪之禮學研究〉，商瑈，彰化：彰化師範大學碩士論
文，2002 年。

5. 〈從康有為和嚴復看晚清思想之嬗變〉，鄭雅文，彰化：彰化師範大學碩
士論文，2003 年。